《尚书》
周初八诰研究

增订本

杜勇◎著

中国社会科学出版社

图书在版编目（CIP）数据

《尚书》周初八诰研究／杜勇著 . —增订本 . —北京：中国社会科学
出版社，2017.6（2021.6 重印）
　ISBN 978 – 7 – 5203 – 0116 – 9

　Ⅰ.①尚…　Ⅱ.①杜…　Ⅲ.①《尚书》—研究　Ⅳ.①K221.04

　中国版本图书馆 CIP 数据核字（2017）第 058237 号

出 版 人	赵剑英
责任编辑	王　茵
责任校对	石春梅
责任印制	王　超

出　　版	中国社会科学出版社
社　　址	北京鼓楼西大街甲 158 号
邮　　编	100720
网　　址	http://www.csspw.cn
发 行 部	010 – 84083685
门 市 部	010 – 84029450
经　　销	新华书店及其他书店

印　　刷	北京君升印刷有限公司
装　　订	廊坊市广阳区广增装订厂
版　　次	2017 年 6 月第 1 版
印　　次	2021 年 6 月第 2 次印刷

开　　本	710×1000　1/16
印　　张	19.75
插　　页	2
字　　数	275 千字
定　　价	85.00 元

凡购买中国社会科学出版社图书，如有质量问题请与本社营销中心联系调换
电话:010 – 84083683

目　　录

绪　论 ……………………………………………………………（1）

前编　周初八诰的作者和年代

第一章　《大诰》"王若曰"之王考实 ……………………（11）
一　关于《大诰》"王若曰"之"王"的歧见 ……………（11）
二　成王即位的年龄问题 …………………………………（16）
三　周公摄政称王释疑 ……………………………………（22）
四　周公作《大诰》的年代 ………………………………（28）

第二章　《康诰》、《酒诰》、《梓材》作者辩证 …………（35）
一　成王与《康诰》三篇之作的关系 ……………………（35）
二　武王作诰说驳义 ………………………………………（40）
三　周公作诰说平议 ………………………………………（46）

第三章　《召诰》、《洛诰》的制作 ………………………（54）
一　《召诰》的作者问题 …………………………………（54）
二　《洛诰》的错简问题 …………………………………（59）
三　《召诰》、《洛诰》的年代问题 ……………………（62）

第四章　《多士》、《多方》的编次 ………………………（70）
一　《多士》、《多方》编次问题的由来 ………………（70）

二　迁殷顽民与《多士》的制作年代 ……………………（74）

三　伐奄与《多方》的制作年代 ……………………（78）

四　《多士》、《多方》的编次有误 ……………………（84）

第五章　前编结语 ……………………………………（86）

后编　周初八诰相关史实考论

第六章　周公东征与东封 ……………………………（91）

一　三监之设及其性质 ………………………………（91）

二　周公二度东征说 ……………………………………（104）

三　鲁、燕、齐始封的时间问题 ……………………（121）

第七章　殷遗民的社会身份 …………………………（146）

一　迁殷遗民始于何时 ………………………………（147）

二　殷遗民西迁后的境遇 ……………………………（152）

三　封国治下的殷遗民 ………………………………（159）

四　殷遗未尝奴隶化的原因 …………………………（169）

第八章　周初东都成周的营建 ………………………（172）

一　双城说商兑 ………………………………………（172）

二　东都成周的地理位置 ……………………………（178）

三　成周一名的历史演变 ……………………………（183）

四　营建成周的历史作用 ……………………………（188）

第九章　周人的天命思想 ……………………………（193）

一　帝与天的接合 ……………………………………（193）

二　天命无常与有常 …………………………………（201）

三　天命与政治运作 …………………………………（208）

第十章　后编结语 ……………………………………………… （213）

附录

附录一　《洪范》制作年代新探 ………………………… （219）

附录二　清华简《金縢》有关历史问题考论 ………… （236）

附录三　《古文尚书·说命》真伪与傅说身份辨析 ………… （254）

附录四　《左传》"德乃降"辨析 ………………………… （264）

附录五　清华简《尹诰》与晚书《咸有一德》辨伪 ………… （275）

附录六　从清华简《说命》看古书的反思 ………………… （294）

后　记 ………………………………………………………… （309）

绪　论

　　《尚书》是中国最早的历史文献汇编，战国末季盖已编成定本。初以《书》名，汉兴始称《尚书》，意即上古之书。由于孔子曾以《诗》、《书》教授生徒，《尚书》后来便成为儒家推崇备至的煌煌圣典，它既是帝王的政治和道德教科书，又是封建士大夫必读必遵的大经大法，在儒家"五经"中处于最尊的地位。

　　今天，我们当然不必再对《尚书》旧时罩上的五彩衣顶礼膜拜，但它毕竟还是一部研究上古历史可资利用的重要古籍，值得我们倍加珍视。不过，《尚书》要真正成为研究历史的可靠材料，还有诸多繁难的研究工作需要人们去做。近代研究《尚书》最有成就的顾颉刚就曾对这一工作有过自己的规划，他说：

　　　　这部书流传经过的年代太长久，以致其中生出许许多多的问题来。我们若要研究商周史，非先把它彻底整理不可。民国二十年，我在燕京大学讲授"《尚书》研究"一门功课，第一期所讲的便是《尚书》各篇的著作时代，其中如《尧典》、《禹贡》等篇，因为出世的时代太晚了，所以用了历史地理方面的材料去考订它，已经很够。但到了《商书》以下各篇，因为它们的编成较早，要考订它们著作的较确实的时代便很费事，这使我知道不能单从某一方面去作考证的。因此我便有编辑《尚书学》的志愿。编辑的方法，第一是把各种字体的本子集刻成一编，看它因文字变迁而沿误的文字有多少。第二是把唐以前各种书里所曾引用的《尚书》句子辑录出来，参校传本的异同，并窥见《逸书》的原样。第三是把历代学者讨论《尚书》的文章汇合整理，寻出若干问题的结论。第四是研究《尚书》用字造句的文法，并和甲骨文、金文作比较。最后才下手去作《尚书》全部的考定。①

从顾氏拟定并加实施的这个规划来看，研究《尚书》需要做的工作实在太多，其中对各篇著作时代的考定堪称牵动全局的骨干工程。因为文献的著作时代在很大程度上牵连到研究材料的真伪问题，研究中不把材料的真伪问题搞清楚，就有可能造成郢书燕说的谬误，达不到建构科学的信史的目的。所以对史料进行去伪存真的鉴别工作，乃是从事历史研究的先决条件之一。

拿《尚书》的辨伪工作来说，中国学术史上就曾取得过惊天动地的大功绩，此即伪《古文尚书》的揭发和《虞夏书》著作时代的考订。

《尚书》本为先秦旧籍，中经秦火，至汉复出，已无完书。无论是伏生所传《今文尚书》二十八篇本，还是孔安国所传《古文尚书》四十四篇本，恐均非原貌。更为不幸的是，西晋永嘉之乱的发生，致使官藏今古文《尚书》本荡然无存。由于孔氏本多出的《逸书》十六篇未经传习，鲜为人知，至此则石沉大海。东晋时，忽有豫章内史梅赜向朝廷上奏自称是汉代孔安国作传的《古文尚书》，结果被立于学官，着为功令。到唐初陆德明又据以作《经典释文》，孔颖达奉命据以作《尚书正义》，从此梅本便成为隋唐以后广泛流传的官本，今所习见的清阮元所刻《十三经注疏》采用的就是以梅本为底本的《尚书正义》。然而，梅本中除"今古文皆有"的二十八篇外，其余二十五篇并非孔安国所传的真古文。宋儒吴棫、朱熹对此已有怀疑，又经明清学者梅鷟、阎若璩、惠栋等人的严密考证，梅本中为今文所无的二十五篇被判定为魏晋时人所作的"伪古文"，终成定谳。此一历史真相的揭出，以伪古文《大禹

---

① 顾颉刚：《尚书通检序》，书目文献出版社1982年版。

谟》等为核心建立起来的所谓"三圣心法"的道统随之动摇。这确是《尚书》学史上一件震撼人心的快事。

梅本二十五篇伪古文既经确定，保存在伪孔本中的今文二十八篇就成了非常可贵的资料。但清代今文家无视这一事实，由伪古文而疑汉古文，进而疑及汉今文，最后甚至达到疑群经皆伪的程度。其中最为典型者莫如康有为，他不仅说汉代《古文尚书》为刘歆所伪造，而且说《今文尚书》亦为孔子托古改制的作品，实际上一笔勾销了现存《尚书》的史料价值。这种游谈无根的说法，虽以议论闳肆耸动一时，但最终经不起时间的检验而退出学术舞台。我们今天尽管也承认今文《尚书》中确有伪篇的存在，不过这与康氏所论完全是两回事。这里所说的伪篇，主要是指它们的著作时代并非过去认为的那样久远。其中《商书》姑置不论，《虞夏书》非当时作品则绝无疑义。当1923年古史论战展开后，顾颉刚在6月1日给胡适的信中就曾扼要地提出了自己对今文二十八篇著作时代的看法，认为其中《尧典》、《皋陶谟》、《禹贡》是战国至秦汉间的伪作。[①]继后顾氏又与其他学者一道不断深入地进行探讨，从而在这个问题上基本达成共识，有如郭沫若所说："在现今传存的《尚书》中，所谓《虞书》和《夏书》都是战国时的儒者假造的，已经成为了定论。"[②]徐旭生也说："疑古学派的最大功绩，是把《尚书》头三篇的写定归之于春秋战国的时候。"[③]《虞夏书》著作时代基本考订，儒家据此衍申臆建的"三皇五帝"旧古史系统亦随之坍塌，从而为科学的古史观的建立在史料基地上清扫了尘障。

学术史上这两件大事，充分表明辨伪工作在《尚书》研究中的重要性。清代今文家讥讽"辨古籍真伪，为术浅且近者也"[④]，只

---

① 顾颉刚：《论〈今文尚书〉著作时代书》，载《古史辨》第一册，上海古籍出版社1982年版，第201—202页。

② 郭沫若：《先秦天道观之进展》，《郭沫若全集》（历史编第一卷），人民出版社1982年版，第317页。

③ 徐旭生：《中国古史的传说时代》（增订本），文物出版社1985年版，第26页。

④ （清）龚自珍：《武进庄公神道碑铭》记庄存与语，文见《龚定庵全集》，清宣统元年刻本。

是缺乏科学意识的门户之见，不足深论。现在的问题在于，《尚书》学发展到今天，是否辨伪工作已无事可做了呢？事实并非如此。即使按照顾颉刚的意见，《尚书》中的《盘庚》、《大诰》、《康诰》、《酒诰》、《梓材》、《召诰》、《洛诰》、《多士》、《多方》、《吕刑》、《文侯之命》、《费誓》、《秦誓》等十三篇，"在思想上，在文字上，都可信为真"①，辨伪工作也还有向前推进的余地。"一般地说，材料的真伪和作者年代是密切不可分割的"②，所以考察古籍的作者与年代乃是史料鉴别过程中辨伪求真的关键环节。以此看来，顾氏所列可信为真的《尚书》十三篇，因其作者与年代问题迄未解决，故辨伪工作仍有可为。

由于顾氏上列十三篇中的周初八诰自成单元，故不妨作为独立的研究对象。宋人苏轼曾说："自《大诰》、《康诰》、《酒诰》、《梓材》、《召诰》、《洛诰》、《多士》、《多方》八篇，虽所诰不一，然大略以殷人不心服周而作也。余读《泰誓》、《牧誓》、《武成》，常怪周取殷之易；及读此八篇，又怪周安殷之难也。"③苏轼所说"安殷"，实际上就是周克殷后如何巩固对殷人的统治问题，它包括周公东征平叛、封藩建卫、营建东都、措置殷遗、倡扬天命等一系列惨淡经营的建国过程。可见周初八诰的内容是有相通之处的，本书把它们作为一个整体加以研究，应该还是比较适宜的。周初八诰虽是《尚书》中的真文件，但存在的问题仍然很多，我们所能做的工作只是就其作者、年代和相关史实进行考证。如果要像顾颉刚研究《大诰》那样，把校勘、解释、章句、今译、考证五道工序有机地结合起来，组成一个完整而周详的研究体系④，则是后学力所不及的。至于周初八诰的作者与年代，自汉至今，迄无定说，这一混沌状况若不澄清，周初历史的叙述就可能发生严重的错位。而对

---

① 顾颉刚：《论〈今文尚书〉著作时代书》，载《古史辨》第一册，上海古籍出版社1982年版，第201页。

② 赵光贤：《中国历史研究法》，中国青年出版社1988年版，第105页。

③ （宋）苏轼：《书传·多方》，《四库全书》，上海古籍出版社1987年版。

④ 顾颉刚：《〈尚书·大诰〉今译（摘要）》，《历史研究》1962年第4期。

八诰相关史实进行研究，不仅可以加深对诰辞内容的正确理解，而且有助于对其作者与年代形成更为明晰的认识。因此，本书分前后两编，对上述两个方面的问题分别予以探索，以期相辅为用，益见真情。

鉴于周初八诰上述研究内容的设立，考证也就成了我们研究中必加运用的基本方法。说到考证，今人多鄙其琐屑，谓之只见树木，不见森林。固然，史事的考证不等于历史规律的探索，算不上完整的历史学，但历史学也绝不会完全排斥考证。因为作任何研究，材料的鉴别，史事的求真，都是最必要的基础阶段。在这个阶段，离开考证几乎是无从措手的。而没有正确的考据成果作为从事规律性探索的基础，所得结论也很难说是靠得住的。再就考证本身而言，它实际上是一种科学的归纳方法，若客观而精密地加以运用，所达到的最佳境界即是对证据作科学的评价与分析。这在历史研究中无论如何也是不可缺少的。作为中国学者治史的优良传统，我们没有理由一定要蔑视它，并拒之于千里之外。

在《尚书》研究中运用考证方法，笔者以为还有几个问题需要特别加以注意。首先，是处理好今古文学的关系。《尚书》今古文学派的产生，有着复杂的学术和政治原因，一开始就存在着深刻的门户之见，壁垒森严，相与排击，潮涨潮落越两千年。今文家注重微言大义的阐发，古文家注重名物训诂的推释，治学路数的不同并不能决定彼此经说的轩轾，实则各有胜义，亦各有谬解。今日学人没有师传家法的约束，完全应该站在学术公正的立场，采取实事求是的态度，不拘一隅，择善而从，借以提高学术研究的水平。其次，是处理好古文献与古文字材料的关系。在历史研究中，取地下之实物与纸上之遗文互相释证，这种极富科学精神的二重证据法在任何时候都是值得大力提倡的，但二重证据法不等于以此证非彼证，或以彼证非此证。尤其是当文献记载与古文字资料发生抵牾时，我们如果偏重一方而置另一方于不顾，或者以此一方否定彼一方的可靠性，就固执己见，亦未必妥当。我们常说，真理只有一个，但对真理的揭示似不能采取如此带有片面性的简单做法。比较可行的办法是，将地上与地下两方面的材料细加分析，找出其矛盾的根源所在，并做出持之有故的合理解释，然后决定取舍，据以立说，庶几接近历史的真实。再次，是处理好训诂与史证的关系。《尚书》艰涩难读，主要障碍在文字的训释上。充分吸收已有的训诂成果，并不断推陈出新，求其真义，恐怕在相当长的时期内还是《尚书》研究所应从事的一项基础工作。但有些问题也不是单靠训诂就能解决的。比如，《洛诰》中"朕复子明辟"一句，不同的训释几乎直接成了肯定或否定周公摄政称王一事的证据。如果只是从各说的文字训诂来考察，持论双方都有自己的根据，且并无什么错误产生。此时若不通过对周初史实的综合分析，实在是很难断其是非的。这说明把训诂与史证紧密结合起来，当不失为析疑息讼的一条有效途径。凡此三条，我以为都是研究《尚书》必须遵循的重要规则。作者在研究周初八诰的过程中，力图循此轨道进行操作，但工作不一定就能做好。这倒不是操作工具有问题，而是工具操作者的能力低下所致。希望读者不要因为这篇考证性文字的不成熟，就连带怀疑考证方法用于历史研究的必要性。

老实说，我对《尚书》研究是素无功底的，只是师从赵光贤先生问业之后，才渐渐摸出一点门道。记得当初先生讲"《尚书》研读"课，布置的作业是要我写一篇关于《洪范》成书年代的研究论文，作为该门课程的成绩。任务交代下来，我当时心情之惶恐真不敢向外人道。因为对于《洪范》成书年代的研究，前有刘节的《〈洪范〉疏证》①，曾是传诵一时的名篇；后有刘起釪的《〈洪范〉成书时代考》②，亦是大家风范。学殖浅薄如我，实不知在研究上能否再有新的突破。但师命不可违，只有坐下来认真读书研究，最后作成《〈洪范〉制作年代新探》，战战兢兢地送交先生评阅。哪知先生读后，肯定多于批评，要我另行抄正，由他推荐给《人文杂

---

①　刘节：《〈洪范〉疏证》，载《古史辨》第五册，上海古籍出版社1982年版，第399—403页。

②　刘起釪：《〈洪范〉成书时代考》，《中国社会科学》1980年第3期。

志》，得以很快发表①，并被别的学术刊物全文转载，受到学界的重视。这篇习作是我研究《尚书》的最初尝试，其中既凝聚着先生的心血，也寄寓着先生的期望。先生是《尚书》研究的著名专家，一直就有全面整理研究《尚书》的愿望，只是由于年事已高，精力不济，未曾着手。当我决定以《尚书》研究作为博士论文选题时，他颇为高兴，说："现在研究《尚书》的人越来越少了！你们年轻人就该知难而进，敢于攻坚。《尚书》研究虽难，只要肯下功夫，不怕做不出成绩。"之后，我在先生的悉心指导下，历时两年，终于完成了博士论文的写作。本书即是在原博士论文的基础上，经过进一步修订并加以扩充而成的。书中对所要研究的问题作了历史的清理，并提出了自己的见解，是否可以成立，尚望博雅方家不吝赐教！

---

①　杜勇：《〈洪范〉制作年代新探》，《人文杂志》1995 年第 3 期。

前　编

周初八诰的作者和年代

第一章 《大诰》"王若曰"之王考实

　　《大诰》为《尚书》周初诸诰的首篇，是真实可靠的西周王室档案文件之一，具有弥足珍贵的史料价值。只是由于其文字佶屈聱牙，索解不易，先秦诸子不曾道及它，司马迁作《史记》也未引述它，致使它所记述的史迹若明若暗，不彰于世。其后经生解经，各立门户，歧说纷纭，更增添了我们用以复原历史的困难。困难虽犹存在，问题仍须解决。这里首先遇到的问题是，《大诰》究竟为何人制作，又为何时制作？换句话说，《大诰》中的"王若曰"之"王"到底指的是谁，是周公，抑或成王，还是武王？从表面上看，这好像是个无足轻重的经学问题，但实际上却关系到周初若干史实的正确说明。为了避免研究中的历史错位，实有弄清此一问题历史真相的必要。

一　关于《大诰》"王若曰"之"王"的歧见

　　《大诰》为何人所诰，这在学术史上一直存在着分歧。如果追溯得远一点，早在司马迁作《史记》时似乎就有了两种不同的说法。《周本纪》云："初，管、蔡畔周，周公讨之，三年而毕定，故初作《大诰》。"此其一。《鲁世家》又云："管、蔡、武庚等果率淮夷而反，周公乃奉成王命，兴师东伐，作《大诰》。"此其二。前说认定《大诰》为周公所作，不带任何附加条件，后说则称周公奉成王命作《大诰》，似与前说有异。这两种说法是否存在不可调和的矛盾呢？综合《史记》有关记载，应该说二者并无实质性的区别。据《周本纪》云："成王少，周初定天下，周公恐诸侯畔周，公乃摄行政当国。"《鲁世家》亦云："其后武王既崩，成王少，在襁褓之中。周公恐天下闻武王崩而畔，周公乃践祚，代成王摄行政当国。……成王长，能听政。于是周公乃还政于成王，成王临朝。周公之代王治，南面倍依以朝诸侯。及七年后，还政成王，北面就臣位。"从这些材料我们可以看出司马迁认定的两个基本事实，一是武王崩时成王尚幼，不能临朝，仅仅是个名义上的天子；二是周公恐天下叛周，乃践祚代成王治，南面朝诸侯，成为摄王。既然当时成王不能临朝，也就不可能作《大诰》告其"友邦君越尹氏庶士御事"，这个使命自然会落到身为摄王的周公肩上，所以司马迁在《周本纪》中如此肯定地说周公作《大诰》。至于《鲁世家》说"周公乃奉成王命，兴师东伐，作《大诰》"，无非是考虑到幼君与摄王这一层关系，也有可能是周公为了粉碎管、蔡"公将不利于孺子"的流言，曾使用过托命平叛的政治策略。由此看来，史迁二说并不矛盾，前者是就问题的实质而言，后者是就周公所处的政治地位或使用的政治策略而言，都不排斥《大诰》为周公所作，《大诰》中"王若曰"之王就是周公。可是，人们并不这样来理解《史记》，而是各执一端，治丝益棼，徒增许多笔墨官司。

自两汉以来，学者对《大诰》"王若曰"之王的解释，见仁见智，聚讼不息。归纳起来，大致有如下三种不同的意见。

一种是王为武王说。此说提出较晚，为清吴大澂所创。他在《字说》中说："其实《大诰》乃武王伐殷大诰天下之文。'宁王'即文王，'宁考'即文考，'民献有十夫'即武王之'乱臣十人'也。'宁王遗我大宝龟'，郑注'受命曰宁王'，此不得其解而强为之说也。既以'宁考'为武王，遂以《大诰》为成王之诰。不见古器不识真古文，安知'宁'字为'文'之误哉？"①吴大澂是著名的古文字学家，他通过研究金文字形，发现"宁"、"文"二字

———————————

① （清）吴大澂：《字说·文字说》，清刊本；又，（清）孙诒让《尚书骈枝·大诰》亦云："宁王、宁武，即文王、宁武之伪，古钟鼎款识，文皆作，与宁绝相似，故此经文王、文武皆作宁，后文宁考、宁人亦并文考、文人之误。"

相乱，正确地揭示出《大诰》中的"宁王"即"文王"，"宁考"即"文考"，确是独具慧眼，贡献殊大。但他以此论断《大诰》是武王的诰文，却显得过于轻率和武断，很少有学者赞同。傅斯年《大东小东说》有注文云："吾友顾颉刚先生谓康叔之封应在武王之世。《大诰》乃武王即位之诰，《康诰》亦武王之词。案：宁王一词，既由吴大澂君定为文王，此数篇中曾无一语及武王者，其为武王之诰无疑也。"① 傅氏的案语并不能令人无疑，即使早年曾一度信奉武王作《大诰》的顾颉刚，在他晚年撰写《周公执政称王》一文时也放弃了先前的成说，并且对此作了有力的驳正，他说，吴大澂"以为称文王为'考'而自己称'王'的人只有武王，没有作仔细的考虑，就贸然下了这个断语。然而试问'不吊天降丧于我家，不少延'，'有大艰于西土，西土人亦不静'，以及'殷小腆诞敢纪其叙，……曰予复'等事变在武王世里曾经发生过吗？这些事变可能在武王世里发生吗？而且'粖宁、武图功'一语，照了吴氏的发见来解释，即是'完成文王、武王的大功'，它业已把武王和文王对举了，作《大诰》的人还可能说是武王吗？"② 此力辩吴说之非，深中肯綮，堪为定论。我们不必再找理由去相信武王作《大诰》这一谬说了。

第二种意见是王为周公说。这样归纳是就《大诰》为周公所作这一问题的实质而言的，至于周公是否确以王者的身份作诰，却又形成了两派截然不同的见解。一派以郑玄为代表，他说："王，谓摄也。周公居摄，命大事权代王也。"③ 另一派以王肃为代表，他说："称成王命，故称王。"④ 这两种观点我们可以从前引《史记》的记载中找到其渊源，只是司马迁并不认为矛盾的表述反倒导致后儒两千年来的争论。

---

① 傅斯年：《大东小东说——兼论鲁燕齐初封在成周东南后乃东迁》，《中央研究院历史语言研究所集刊》第二本第一分，1930 年。

② 顾颉刚：《周公执政称王》，《文史》第 23 辑，1984 年。

③ 《尚书·大诰》疏引，《十三经注疏》本，中华书局 1980 年版。

④ 《礼记·明堂位》疏引，《十三经注疏》本，中华书局 1980 年版。

伪孔传坚持王说，谓"周公称成王命，顺大道以诰天下"。孔疏："周公虽摄王政，其号令大事则假成王为辞。……'王若曰'者，称成王之言，故言周公称成王命，实非王意。成王尔时信流言疑周公，岂命周公伐管蔡乎？……郑玄云：'王，周公也'，'周公居摄，命大事则权称王'。惟名与器不可假人，周公自称为王，则是不为臣矣。大圣作则岂为是乎？"看来，孔颖达并未完全恪守疏不破注的原则，把周公称成王命作诰说成假成王为辞，算是一个巧妙的调和。但他否认周公自称为王，以为如此有害名教，倒是与伪孔传契合无间。这个看法，颇得宋元以后学者的共鸣，林之奇说："当管蔡挟武庚以叛也，周公摄政，天下之事皆决于公，则夫合邦君御事于朝，而告之以黜殷之意者，周公之任也。然政虽总于周公，而成王在上为天子，号令虽由己出，而必称王命以告之。此经所以称'王若曰'，而序则言'周公相成王'，以相发明也，郑康成曰：'王，周公也'，'周公居摄，命大事则权称王'。此言实害教之大者。"① 焦循也说："然则西汉人说经固以'王若曰'为周公称王践天子位，后汉郑康成延其说耳。王肃之说远胜于郑。顾西汉人不善说经，遂启王莽之逆。后人抑王而右郑，不知其悖戾不特祸于经耳。"② 经师们说来道去，总是跳不出君臣之义这个名教的圈子，只好坚持说"成王命周公东征以讨之，大诰天下"③。由此看来，王肃之说，伪孔袭之，孔疏申之，蔡传是之，遂成为千百年来一种最有影响的官方意见。

王说倡，郑学微。迄至清代，始有改变。王鸣盛《尚书后案》云："郑以王为摄也者，《明堂位》云：'昔周公朝诸侯于明堂之位，天子负斧依南乡而立。'既言周公朝诸侯，又言天子负斧依，明天子即公摄，故郑彼注：'天子，周公也。'《明堂位》又云：'周公践天子之位，以治天下。'《抱朴子》外篇《良规篇》云：'周公之摄王位，舍道用权，以安社稷'是也。周公既摄王，此诰

① （宋）林之奇：《尚书全解·大诰》，《四库全书》本。
② （清）焦循：《尚书补疏·王若曰》，《清经解》本，上海书店1988年版。
③ （宋）蔡沈：《书经集传·大诰》，《四库全书》本。

是周公之语，故郑以为周公，若如王肃及传疏，谓是周公述王命，则当如《多士》、《多方》，先言'周公曰'，更言'王若曰'。此文不然，明王为周公矣。"① 江声、孙星衍、皮锡瑞皆从其说。他们认为："周公既践天子位，则称王自然有之，此篇是周公之诰。则所云'王若曰'，自是谓周公为王矣。"② "云'命大事，则权代王'者，见周公不欲终为王。"③ "史公云'周公奉成王命兴师东伐作《大诰》'，亦史臣推原周公本意而言。……后人乃谓周公无摄王事，用王肃伪孔谬说，以王为称成王，皆陋妄不足辨。"④ 这些意见不戴卫道家的有色眼镜，无疑是比较客观的。郑玄以周公称王作《大诰》之说，"无论从内容或形式来看都是妥当的"⑤，比起王肃称命作诰说，更显示出它的可信程度。

第三种意见是王为成王说。说周公称成王命作诰，尽管成王要呼之欲出了，但多少还保留了一点周公挽狂澜于既倒的色彩。而把这种色彩完全抹掉，以《大诰》"王若曰"之"王"为成王者，似不多见。明代王樵算是其中最彻底的一位。他说："'王若曰'者，成王之言，作《书》者述其大意。凡成王之命而周公传之，则称'周公曰王若曰'。其止称'王若曰'者，或史臣之辞，或当时诰命如后世制诏之类也。"⑥ 其后王夫之亦有类似说法："先儒多以绌殷之举为成王亲行，盖未察《大诰》为王在国播告之文耳。……今按成王方在幼冲，周公摄政，凡郊禘觐会之事公且代焉，况千里东征其敢令冲子尝试哉？则诰者王而行者实公耳。"⑦ 王氏辨成王未尝绌殷伐管、蔡，所言极是，但他把《大诰》说成成王在国播告之文，又不免与"成王方在幼冲，周公摄政"相抵触。在当代学者

① （清）王鸣盛：《尚书后案·大诰》，清乾隆庚子年刻本。

② （清）江声：《尚书集注音疏·大诰》，《清经解》本，上海书店1988年版。

③ （清）孙星衍：《尚书今古文注疏·大诰》，中华书局1986年版。

④ （清）皮锡瑞：《今文尚书考证·大诰》，清光绪二十三年刊本。

⑤ ［日］贝塚茂树：《关于尚书大诰篇的作者》，《贝塚茂树著作集》第5卷，日本中央公论社1976年版。

⑥ （明）王樵：《尚书日记·大诰》，《四库全书》本。

⑦ （清）王夫之：《尚书稗疏·大诰》，《四库全书》本。

中，屈万里力主此说。他说："由于先秦有周公摄政称王的传说，于是汉以后人就把《尚书·大诰》篇'王若曰'的王，解释为周公；其实他就是成王。……后人习焉不察，以为周公称王，既然经有明文，自然是史实；而不知乃是经生解说之误。"① 屈氏是《尚书》研究专家，他的见解无疑进一步扩大了王为成王说的影响。

以上我们简单回顾了学术史上关于《大诰》"王若曰"之"王"的分歧意见。不难看出，弄清成王即位是否年幼、周公是否摄政称王，以及如何正确理解《大诰》文本，乃是解决此一问题的关键所在。我们的探讨就试图从这里入手。

二　成王即位的年龄问题

成王即位，年龄尚幼，这在先秦文献中是斑斑可考的。《尚书·金滕》云："武王既丧，管叔及其群弟乃流言于国曰：'公将不利于孺子。'"伪孔传云："孺，稚也。稚子，成王。"《召诰》云："有王虽小，元子哉。"《洛诰》云："孺子其朋"，"乃惟孺子颂"，"孺子来相宅"。孔疏引郑注云："孺子，幼少之称，谓成王也。"《立政》云："孺子王矣。"伪孔传云："稚子今以为王矣。"以上所引《尚书》诸篇多为周初的真实史料，皆言成王幼少，当可信据。又《逸周书·明堂》云："武王崩，成王嗣，幼弱。"《尸子》云："昔武王崩，成王少。"②《荀子·儒效篇》云："武王崩，成王幼。"这些稍后的战国文献，说法与前引《尚书·周书》诸篇相同，表明先秦时人只知成王嗣位年幼，并不知道他的具体年岁。

秦汉以后，开始涉及成王的具体年龄问题，最令人大惑不解的是说成王幼至童婴。《史记·蒙恬列传》引蒙恬之言曰："昔周成王初立，未离襁褓，周公旦负王以朝，卒定天下。"《史记·鲁世家》、《大戴礼记·保傅》、《汉书·贾谊传》引贾谊《陈政事疏》、

---

① 屈万里：《西周史事概述》，《中央研究院历史语言研究所集刊》第四十二本第四分，1971 年。

② 《诗·大雅·灵台》疏引，《十三经注疏》本。

《淮南子·要略训》等均同此说。这种说法有一个不可克服的矛盾，正如顾颉刚所说："按《鲁世家》既有'成王少，在襁褓之中'的话，下文却说'成王七年，……成王长，能听政，于是周公乃还政于成王'，这事岂非太突兀，难到一个婴孩经过了周公的七年教养就可以看作成年，他就可以独立主持政权了吗?"① 成王幼在襁褓说的致命伤正在这里。

为什么会弄出这种尴尬的局面？恐怕与秦汉以后传说的变形有关。陈梦家认为，"'成王幼在襁褓'是从'成王幼'引申出来的"②，我看更大的可能性是从《尚书》中"孺子"一词推演来的。《说文》："孺，乳子也，一曰输孺也，输孺尚小也。"这说明"孺子"当时有两解：一是乳子，二是幼小。取前解自然可以说成王幼在襁褓之中，但《尚书》不只称成王为"孺子"，还说"汝惟冲子"、"吾王虽小"，显然当取后解为宜。崔述对"孺子"一词的含义有过一番饶有趣味的考察，尤有创见。他说："孺子之称不必皆为婴儿也。晋文公出亡数年而献公卒，其齿长矣，而秦使及狐偃皆称之为'孺子'。有大夫之嫡子而称为孺子者，孟庄子武伯于其父时皆称为'孟孺子'是也。有未成乎大夫而称为孺子者，季孙之称秩，高氏之臣之称子良是也。而子旗于子良亦曰'彼孺子也'，则是亲之、少之，皆可以孺子称之也。是故《金縢》之孺子流言也，未成乎君之称也。《立政》、《洛诰》之孺子，则周公自以亲之少之之故而称之耳，岂得遂以为童子哉?"③ 崔氏所举皆为春秋时事，以其去西周不远，用以说明《尚书》中"孺子"的含义，应该是接近事实的。只是崔氏以为"孺子之称不必皆婴儿"，就决然断定"成王之不幼"则略嫌过头。因为在他所依据的《左传》中还有"孺子"可以解为年少的例子，实在不好回避。《左传·哀公六年》载：

① 顾颉刚：《武王的死及其年岁和纪元》，《文史》第18辑，1983年。
② 陈梦家：《西周铜器断代（一）》，《考古学报》第9册，1955年。
③ （清）崔述：《丰镐考信录》卷四，《崔东壁遗书》，上海人民出版社1983年版，第201页。

　　　　鲍子醉而往。其卫差车鲍点曰："此谁之命也？"陈子曰："受命于鲍子。"遂诬鲍子曰："子之命也！"鲍子曰："女忘君之为孺子牛而折其齿乎，而背之也？"

此处的"孺子"谓已立之齐君荼，以其年幼，人称"幼君"，仅立一年，即被齐悼公所杀。可见"孺子"不必定是"未成乎君之称"，谓之年幼亦可。所谓年幼，也未必就是指蒙昧未开的幼童。《左传·僖公二十七年》载：

　　　　楚子将围宋，使子文治兵于睽，终朝而毕，不戮一人。子玉复治兵于蒍，终日而毕，鞭七人，贯三人耳。国老皆贺子文。子文饮之酒。蒍贾尚幼，后至，不贺。子文问之。对曰："不知所贺。子之传政于子玉，曰：'以靖国也。'靖诸内而败诸外，所获几何？子玉之败，子之举也。举以败国，将何贺焉？子玉刚而无礼，不可以治民，过三百乘，其不能以入矣。苟入而贺，何后之有？"

蒍贾即孙叔敖之父，他此时是否已为人父，不可考订。从他这番已有相当政治见解的话语来看，他的年龄不会太小，或者已是十八九岁的青年，然仍称尚幼。孔颖达于《礼记·曲礼上》作疏云："幼者，自始生至十九时。"有可能反映了先秦时期人们对"年幼"的实际理解。

　　先秦文献说"武王崩，成王幼"，是否有一个具体的年龄判断呢？严格说来，以史载阙如，要准确回答这个问题是很冒险的，所以这里只能暂时选择一种前人合理的推测。《贾子新书·修政语下》云："周成王年六岁，即位享国。"《贾子新书》为后人所编集，这句话是否真出自贾谊，尚不得而知。"六岁"，卢文弨《抱经堂校定本》依据宋代"建宁府陈八郎书铺"本改为"二十岁"，不足凭信，因为建本作"二十岁"只是一个孤证，当时其他的宋刻

18

本均并作六岁。贾谊既认为成王即位尚在襁褓之中，绝不会又说成王二十岁即位享国。到东汉以后，学者对成王即位年龄的估计要稍长一些。王充《论衡·率性篇》谓成王初服厥命乃"十五之子"。许慎《五经异义》引《古尚书》云："武王崩时，成王年十三。"郑玄《尚书·金縢》注云："武王崩时，成王年十岁。……即政时年二十二也。"王肃《金縢》注云："武王崩时，成王已十三，周公摄政七年，致政成王，年二十。"比较起来，以成王即位年十三说近是。《荀子·儒效篇》云："成王冠，成人，周公归周反籍焉。"说成王年十三岁即位，可能就是根据二十而冠的礼制反推出来的。联想尚存周代遗制的战国末期，秦王政"年十三岁"即位，二十一岁"王冠，带剑"① 并开始亲政的史实，这种推测也不能说全无道理。王国维作《周初开国年表》同意"武王崩年五十四"②之说，并认为武王生成王当在四十岁左右，无疑对这种意见是持肯定态度的。按照先秦时期人们对幼少之年的看法，成王十三岁即位，自在年龄尚幼之列。

对于成王年幼说，曾有不少学者提出质疑。如陈梦家就说："武王灭殷已过半百，则成王即位当早已成年。"③ 屈万里也认为成王即位"年龄也不会太小"，"或者已到二十岁以上"④。就武王的年岁来说，《礼记·文王世子》谓"武王九十三而终"，显系讹传，前人多有辩驳。古本《竹书纪年》记"武王年五十四"，与《逸周书·度邑》载武王辞世前对周公说："维天不享于殷，发之未生至于今六十年"相印合，其可靠性今已无人怀疑。那么年过半百的武王死的时候是否就一定能保证成王已经长大成人呢？按常情是可以这样推测的。不过，我们知道，人的生育这件事并没有铁的定律，有的人婚后得子较早，有的人却得子甚晚，以致终身无子者亦不乏

---

① 《史记·秦始皇本纪》，中华书局1982年版。
② 《古本竹书纪年》，《路史·发挥》四引。
③ 陈梦家：《西周铜器断代（一）》，《考古学报》第9册，1955年。
④ 屈万里：《西周史事概述》，《中央研究院历史语言研究所集刊》第四十二本第四分，1971年。

其人。武王的婚配不管是早是晚，都不会因为他是一方诸侯的继承人就可以避免晚得其子的可能性，所以这种推测意义不大。当然，问题并非就是这样简单，持成王即位成年说的学者还利用了金文资料作间接论证。以其资料的权威性，似乎可以定下牢不可破的铁案。这就迫使我们不得不对其持论的主要根据仔细加以检讨了。

根据之一，是通过春秋时《晋公盘》铭文说明成王之弟唐叔受封年之不幼，以证成王即位已在壮年。《晋公盘》有铭文云：

我皇祖唐公，□（膺）受大命，左右武王。□□百蛮，广治四方，至于大廷，莫不来□（王）。（《集成》① 10342）

此器据郭沫若考释，为晋定公午媵女之器。铭文中的唐公"为晋之祖而'左右武王'，自即唐叔虞也"②。郭氏的这一考释是正确的，顾颉刚在此基础上所作的推论却未必也就正确。他说："唐叔膺受大命而左右武王，可见他必曾在克殷时参预军事，其年之不幼可知，其广治四方而东至于大庭氏之墟，其曾从周公东征又可知。"③我们认为铭文中所谓唐叔虞"膺受大命"当是指他始封于唐而成为晋之皇祖，可这事发生在武王死后，《史记·晋世家》言之凿凿："武王崩，成王立，唐有乱，周公诛灭唐。……遂封叔虞于唐。"至于叔虞受封的原因是否缘于成王"援梧叶以为珪"④ 的戏言，我们倒不必去相信它，但武王不曾封叔虞于唐却是可以肯定的。因此紧接"膺受大命"之后的"左右武王"一句，便只能理解为佐助武王开创的基业，此与《尚书·皋陶谟》说"左右有民"的"左右"二字语义相同。如果要说唐叔虞在武王克殷时就"左右武王"

① 中国社会科学院考古研究所：《殷周金文集成》（简称《集成》），中华书局1984—1994 年版。本书所引金文或其他古文字材料，为方便印刷和阅读，释文尽量用通行字。

② 郭沫若：《两周金文辞大系图录考释》（八），科学出版社 1957 年版，第 231 页。

③ 顾颉刚：《武王的死及其年岁和纪元》，《文史》第 18 辑，1983 年。

④ 《吕氏春秋·重言》，《诸子集成》本，上海书店 1986 年版。

而参与军事，那么"太公望为师，周公旦为辅，召公、毕公之徒，左右王"①又该作何解释？既然唐叔虞都参与了克殷的军事行动，为什么他的长兄成王反倒在这次战役中没有任何作为？这不免令人费解！至于说唐叔虞"广治四方，至于大廷"，也不能证明就一定发生在周公首次东征之时，须知成王即政之后东征还在持续进行（说详第六章第二节），此时逐渐长大成人的唐叔随往东征并不是没有可能。因此，以此证明唐叔虞在克殷前年已不幼，进而证明成王在武王死时已在壮年，似显证据不足。

根据之二，是利用周初金文材料证明成王曾偕同周公东征以见其年不幼。论者所据这方面的材料有：

> 王剌伐商邑，诞令康侯鄙于卫。（《康侯簋》，《集成》4059）
>
> 王后屋克商，在成师。周公赐小臣单贝十朋，用作宝尊彝。（《小臣单觯》，《集成》6512）
>
> 王伐楚侯，周公谋，禽祝，禽又胚祝。王易金百锊，禽用作宝彝。（《禽簋》，《集成》4041）
>
> 惟四月辰在丁未，王省武王、成王伐商图，遂省东国图。王立于宜宗社，南乡。（《宜侯夨簋》，《集成》4320）

上引《康侯簋》、《小臣单觯》铭文中的"王"，论者或以为是成王，其实应是周公；《禽簋》铭文中的"王"虽是成王，但此器应作于周公执政之后（说详后），凡此皆不能证明成王在周公摄政期间曾亲与伐商践奄之事。至于《宜侯夨簋》说到"武王、成王伐商图"的问题，也不能支持这一说法。铭文中的"图"字凡两见，陈梦家读为边鄙的鄙，其他学者多读为地图的图。两相比较，似以后说为长。然而，所谓"武王、成王伐商"固然反映了武王伐纣之事，却不能说明成王也曾亲自参加过东征克商之役。这一点，我们

---

① 《史记·周本纪》。

看看《左传·定公四年》祝佗的一段话就比较清楚了：

> 昔武王克商，成王定之，选建明德，以藩屏周。故周公相王室，以尹天下，于周为睦。

此言"武王克商，成王定之"与簋铭"武王成王伐商"语意是一致的，但祝佗又说"周公相王室以尹天下"，表明成王嗣位之初，执政者实为周公，所以《左传·僖公二十四年》也说"昔周公吊二叔之不咸，故封建亲戚以藩屏周"。显而易见，祝佗的话与簋铭正相表里，是知铭中的"成王"也只是表示王世的时间符号而已，并不可作落实看。陈梦家认为"铭记成王伐商鄙，则武庚之叛，成王东践奄，乃是事实"①，恐怕是靠不住的，要以此证成成王即位早已成年的结论也是缺乏说服力的。

成王的年龄问题，在某种程度上可以说与周公摄政称王是互为因果关系的，尤其是周初立国未久，政局动荡，更使这一因果关系成为现实。对于成王即位年幼说在没有发现更可靠的反证材料之前，恐怕是不好遽然否定的。

三　周公摄政称王释疑

《大诰》是以周天子的身份对包括周邦在内的"多邦越尔御事"发布的东征诰词。如果周公当时确曾摄政称王，那么，《大诰》之作就不能说与周公无缘了。

武王死后，周公一度摄政称王以治天下，这事直到战国时还为人所知，并见诸载籍。《荀子·儒效篇》云："武王崩，成王幼，周公屏成王而及武王，以属天下，恶天下之倍周也。履天子之籍，听天下之断，偃然如固有之，而天下不称贪焉，杀管叔，虚殷国，而天下不称戾焉。……教诲开导成王，使谕于道而能掩迹于文武；

---

① 陈梦家：《西周铜器断代（一）》，《考古学报》第 9 册，1955 年。

周公归周，反籍于成王，而天下不辍事周，然而周公北面而朝之。天子也者不可以少当也，不可以假摄为也。"按照荀子的观点，天子不可以少顷当其位，也不可以假摄，那么"周公屏（蔽）成王而及（继）武王"，则等于是说周公实实在在做了一段时间的天子。看来，此前当有周公摄位的说法，荀子并非首肯。《诗·大雅·灵台》孔疏引《尸子》云："昔武王崩，成王少。周公践东宫，祀明堂，假为天子。"据《汉书·艺文志》云："《尸子》二十篇"，班固自注尸子"名佼，鲁人，秦相商君师之，鞅死，佼逃入蜀"。这说明在荀子之前，确有周公假摄王位之说。晚于荀子的《韩非子·难二》也说："周公旦假为天子七年，成王壮，授之以政。"尽管儒法两家对周公践天子之位的具体形式，或以为"及"，或以为"假"，认识各有不同，但都承认周公执政称王所拥有的最高权力地位。只是到了他归政以后，成王才做了实际的王。及至西汉，此一说法日见定型，《逸周书·明堂》、《礼记·明堂位》、《尚书大传》、《韩诗外传》、《淮南子》、《史记》乃至各种纬书，都有这方面的记述，以其大同小异，不再征引。正是此一说法在西汉的普遍流行而不为欺世，才被王莽利用以售其奸，其后东汉的儒生多有强烈的反莽情绪，也不因为王莽篡汉曾利用这种传说就加以否定。如"好论说，始若诡异，终有理实"[1]的王充，也承认"周公居摄，带天子之绶，戴天子之冠，负扆南面，而朝诸侯"[2]。这是在历史事实面前以理性高于情绪的态度所获得的正确认识。

上引材料或嫌晚出，有无更早的文献材料可以说明这个问题呢？当然是有的。《尚书·召诰》说"王乃初服"，意即成王初理政事。既言初理政事，必与当时周公致政成王"复子明辟"有关。《洛诰》所载周公"朕复子明辟"这句话，应该就是周公摄政称王的明证。自汉迄宋，人们对"朕复子明辟"的解释，都说是周公复还明君之政于成王。如《汉书·王莽传》记群臣奏言："《书》逸

---

[1] 《后汉书·王充传》，中华书局1982年版。
[2] 《论衡·书虚篇》，《诸子集成》本，上海书店1986年版。

《嘉禾篇》曰：'周公奉鬯立于阼阶，延登，赞曰：假王莅政，勤和天下。'此周公摄政，赞者所称。成王加元服，周公则致政。《书》曰'朕复子明辟'，周公常称王命，专行不报，故言我复子明君也。"伪孔传亦云："周公尽礼致敬，言我复还明君之政于子。子，成王，年二十成人，故必归政而退老。"孔疏云："周公将反归政，陈成王将居其位，……我今复还子明君之政。"我以为这些解释是符合诰文原意的。可是自宋代王安石作《尚书新义》之后，不赞成这种解释的人就多起来了。王安石说："复，如'复递'之'复'，成王命周公往营成周。周公得卜，复命于成王。谓成王为'子'者，亲之也。谓成王为'明辟'者，尊之也。"又说："先儒谓：成王幼，周公代王为辟。至是乃反政于成王，故曰'复子明辟'。……以书考之，周公位冢宰，正百工而已，未尝代王为辟，则何君臣易位，复辟之有哉?"① 赵宋是个非常注重君臣之分的朝代，此说一出，颇得当时学者称道，如宋叶梦得曰："复如孟子'有复于王'之'复'。自孔氏以'复子明辟'谓周公摄而归政之辞，古今儒者从之不敢易，独王氏以为不然，世或未之信焉。以予考之，周公践天子位以治天下，初无经见，独《明堂位》云尔；《明堂位》非出吾夫子也。盖武王崩，周公以冢宰摄政，此礼之常。摄者，摄其事，非摄其位，世见周公在丧之摄，不知其非以成王幼而摄，故至卜洛邑犹有'归政'之言，则王氏之言为有证。"② 其后蔡沈作《书集传》暗用王安石说，遂至此说影响益有扩大，连王国维作《洛诰解》也不能破此樊篱。若按王安石所解，单就"朕复子明辟"这句话来说，是可以讲得通的，但联系《召诰》所言"王乃初服"，《洛诰》所言"予小子其退，即辟于周"，"乱为四方新辟"来看，若周公未尝摄政称王，又何有"新辟"、"初服"之谓？所以周公复辟之事应该是可信的。再结合《康诰》篇来看，问题就更清楚了。《康诰》开篇说："王若曰：孟侯，朕其弟，小

---

① 王安石作《三经新义》之《尚书新义》，今已佚。此见于林之奇《尚书全解》卷三十一所引。

② （元）董鼎：《书蔡传辑录纂注》卷五引，《四库全书》本。

子封。"此"王"《书序》以为是成王，可成王怎么能称他的叔父康叔为"朕其弟"呢？宋儒在批评这一谬说的同时，又提出此"王"应为武王的新说。但此说也有问题，这就是康叔封于卫，事在武庚、管、蔡作乱平定之后，这时武王早已死去，怎么可能再册封康叔为卫侯呢？于是又有人说《康诰》不是康叔封于卫而是初封于康之诰。但康叔初封之康，地在远离殷墟的豫南，与文献所言"命以《康诰》而封于殷墟"又相抵触。可见《康诰》篇中能称康叔为"朕其弟"的王必是周公无疑（说详下章）。这可以说是周公摄政称王的铁证。正因为周公先已践祚称王，才有后来"复子明辟"之事的发生。

除了文献上可以找到周公摄政称王的证据外，还有先儒所未见到的金文材料也提供了这方面的线索，此即《康侯簋》、《小臣单觯》之铭。

《康侯簋》铭云："王刺伐商邑，诞令康侯鄙于卫，沬司土疑眔及鄙，乍厥考尊彝。"陈梦家以为"此次刺伐商邑之王必须是成王，因封康叔于卫在成王伐武庚以后"①。其实此铭之王应是周公。《左传·定公四年》、《逸周书·作雒》、《史记·卫世家》都说周公相王室，以武庚等殷余民封康叔为卫君，命以《康诰》而封于殷墟。这些材料陈氏是征引过的，但他偏偏要把平定武庚之叛，赐封康叔于殷的主脑人物说成成王而不是周公。果如是，《康诰》也就成了成王之诰，但成王作诰说正如前述是根本站不住脚的，陈氏却对此没有任何解释。杨树达于此簋铭作《跋》云："此记周公伐武庚时事也。'啚'字经传皆作'鄙'。《广雅·释诂》云：'鄙，国也。''诞令康叔鄙于卫'，即封康叔于卫也。……王即谓周公也。"② 这种解释与文献记载相合，确比陈说更胜一筹。所以此铭恰好证明周公摄政称王实有其事，反而不能作为成王亲征武庚并由此否定周公摄政称王的证据。

---

① 陈梦家：《西周铜器断代（一）》，《考古学报》第 9 册，1955 年。
② 杨树达：《积微居金文说》，科学出版社 1959 年版，第 164 页。

接下来我们分析一下前引《小臣单觯》及相关的《禽簋》铭文。二铭所记论者多以为系周公克商践奄之事，成王因与周公偕行，故周公不曾摄政称王。这种看法也值得商榷。拿《禽簋》来说，铭中的"觐"字似不宜隶定为"盖"并引申为奄，还是以释"楚"为当。与《禽簋》同铭的《禽鼎》（见《贞松堂集古遗文》卷三）此字刻作"𡊮"，正是"楚"字的异构，即可为证。此记伐楚事应与《令簋》铭同，皆属成王亲政后的东征之役。是知《禽簋》应作于周公致政以后，铭中王与周公并见不足以成为否定周公摄政称王的理由。而《小臣单觯》铭说"王后屎伐商"，虽有可能是指第二次伐商战役即平定武庚之叛，但铭中的"王"不见得一定就是成王。如果我们把《小臣单觯》和《禽簋》二铭比较一下，便不难发现这样一个问题，即二铭中的"王"对王权的运用是大相异趣的。前者记王与周公偕行，行使诛赏大权的却是周公；后者记王与周公偕行，行使诛赏大权的却是王。这个差别绝不能忽略。如果说《小臣单觯》中的"王"和《禽簋》一样指的是成王，为什么成王要把本由自己行使的权力交与周公？要说周公可以漠视君权而越俎代庖，成王岂不成了无足轻重的摆设？这个矛盾现象该如何解释呢？恐怕只有用周公摄政前后政治地位的变化才能加以说明。《淮南子·氾论训》说："武王崩，成王幼少，周公继文王之业，履天子之籍，听天下之政，平夷狄之乱，诛管蔡之罪，负扆而朝诸侯；诛赏制断，无所顾问，威动天地，声慑四海，可谓能武矣。成王既壮，周公属籍致政，北面委质而臣事之，请而后为，复而后行。无擅恣之志，无伐矜之色，可谓能臣矣。"《史记·鲁世家》也说："周公之代成王治，南面倍依以朝诸侯。及七年后，还政成王，北面就臣位，匔匔如畏然。"据此我们可以认为，由于《小臣单觯》作于周公摄政期间平定武庚叛乱之时，所以铭中的"王"就是"诛赏制断，无所顾问"的周公，而《禽簋》作于周公致政以后，故由成王来行使诛赏大权。二铭所显示的这种差别，应该就是周公确曾摄政称王的反映。可见一铭之中王与周公并见，到底涵指一人还是两人，得依器物制作的时代而定。周公摄政称王是个非常特殊的事件，他本非嗣位为王，却又要践阼代王执政，这种以冢宰代王的双重身份在彝铭中反映出来，就难免出现"王"与"周公"互见的现象。有如《礼记·明堂位》说："昔者周公朝诸侯于明堂之位，天子负斧依南乡而立。"这里同样是"天子"（王）与"周公"互见，郑玄作注却说："天子，周公也。"连竭力反对周公摄政称王说的孔颖达作疏也不得不承认："以周公朝诸侯居天子位，故云'天子，周公也'。"因此，用金文中王与周公并见的语例，还无法否认周公摄政称王的事实。

现在我们再来考察一下周公有无称王的资格，或有助于问题的进一步说明。《逸周书·度邑》云："王曰：'旦！汝维朕达弟，予有使汝，汝播食不遑暇食，矧其有乃室。今维天使予，维二神授朕灵期，予未致于休，予近怀于朕室。……乃今我兄弟相后，我箓、龟其何所即？今用建庶建。'叔旦恐，泣涕共手。"这里记载的是周武王病危时对周公的遗言，表示愿意"兄弟相后"，把王位传给明达有智的叔旦。周公却泣涕沾裳，拱手不肯接受。这说明在武王眼中周公是最有资格继承王位的。周公不愿兄终弟及，大概考虑到实行这种传位制度不利于王室内部的稳定。于是武王"命诏周公旦立后嗣，属小子诵"[1]。"后而崩，太子诵代立，是为成王。"[2] 如果不是管蔡流言、武庚共叛，或许周公以冢宰听政就可以保证周初王位更迭的平稳过渡。可当时的局势过于严重，"彼管叔者，……固以为周之天下或者周公可以取之，己为之兄而不得与也，……遂挟武庚以叛。彼武庚者，瞰周室之内难，亦固以为商之天下或者己可以复取之，三叔之愚可因使也，……遂挟三监、淮、奄以叛。夫三叔、武庚之叛，同于叛而不同于情：武庚之叛意在于复商，三叔之叛意在于得周也。至于奄之叛亦不过助商，而淮夷之畔则外乘应商之声，内撼周公之子，其意又在于得鲁。……当是时，乱周之祸亦烈矣，武庚挟殷畿之顽民，而三监又各挟其国之众，东至于奄，南

---

① 黄怀信等：《逸周书汇校集注·武儆》，上海古籍出版社 1995 年版。
② 《史记·周本纪》。

及于淮夷、徐戎,自秦汉之势言之,所谓'山东大抵皆反'者也。"① 金履祥氏对当时情势所作的这一推测,除有些细节欠妥外,大体上是符合事实的。在这种情况下,不要说成王年幼不能临朝,就是他早已成年而没有相当的政治经验也是难以措手的。想想武王当年伐纣,年过半百还信心不足,犹载文王木主以壮行色,成王又怎能应付这个远比克商还要严峻的局面?正如顾颉刚所说:"为了这个新造的大邦还没有稳固,内忧外患接叠而来,非由一个才干和威望兼全的人担负起领导的责任不可"②,这个人自非周公莫属,而且"不称王无以令诸侯,故权代之也"③。在周公那个时代,王位传子制尚未凝固,"天泽之分未严,诸侯在其国自有称王之俗"④,周公在执政时称王也不过是一件极平常的事。

成王先已嗣位,周公旋又称王,周初政治舞台上出现了二王并存的局面。从人类早期的历史来看,这种二头政长的现象并不是个别的。如易洛魁联盟成立时就有两名军事酋帅;斯巴达有过两个国王;罗马共和国也有两名执政官,遇有紧急事变则以其中一人为独裁者,拥有特殊的权力。周初的情况当然与此不尽相同,但周公与成王可以同时称王则并无二致。成王一直未离王位,周公摄位数年就退居臣列,致使史籍言周公摄政事多与成王并举,或曰"周公相成王",《史墙盘》历数西周诸王而不及周公,其原因正在于此。如果据此否定周公摄政称王这一事实,亦难服人。

四 周公作《大诰》的年代

周公摄政称王既属历史事实,周公制作《大诰》也就具备了相

---

① (元)金履祥:《通鉴前编》卷七,《四库全书》本。
② 顾颉刚:《周公执政称王》,《文史》第23辑,1984年。
③ (清)钱塘:《溉亭述古录·周公摄政称王考》,《清经解》本,上海书店1988年版。
④ 王国维:《古诸侯称王说》,《观堂集林》附《别集》卷一,中华书局1994年版。

应的政治条件。但这还不能保证《大诰》必为周公所作，除非《大诰》本身给我们提供了这种内证。认真推敲《大诰》文意，应该说是不难找出这样的内证的。

其一，《大诰》云："义尔邦君越尔多士、尹氏、御事，绥予曰：无毖于恤，不可不成乃宁考图功。"这里的"宁考"被吴大澂揭出乃是"文考"之误，已成不刊之论。此"宁考"即是指篇中的"宁（文）王"。郑玄、伪孔虽不知此"宁"字为"文"之误，亦认为"宁王"就是"文王"。武王既崩，以文王为亡父的王除了是周公不会再是别人。可是陈梦家、屈万里既承认篇中"敉宁（文）武图功"的"文武"二字系指文王和武王，却又把这里的"文考"说成指的是武王①，实在有违训诂的原则。就是根据金文的"文考"作为亡父的通称，最早也不应早于昭王时代②，不能以彼例此。退一步讲，即使"文考"在周初可以作为亡父的通称，又何以证明此处的"文考"不是指文王而是指武王呢？《大诰》篇中称"宁（文）王"凡六见，"宁（文）武"并称凡一见，表明训诂者对文王有着明显的感情倾向，"文考"自应是指亡父文王，训诂者当然就是周公。但在《洛诰》及《顾命》篇成王的口中，则必文武并称，绝无例外，可见《大诰》中"王若曰"之"王"是周公而不是成王。

其二，《大诰》云："尔惟旧人，尔丕克远省，尔知宁（文）王若勤哉！天閟毖我成功所，予不敢极卒宁（文）王图事。"文中"旧人"，伪孔传云："久老之人，知文王故事者，能远省识古事。"这些"旧人"是历仕文、武二朝的老臣，故深知文王勤于政事的情况。这一点，训诂者亦当有切身体验，才会以此来说服"旧人"，克服"以尔东征"的阻力。若制诰者是年少的成王，或者说他已经成年，也不可能刚刚即位就谙练前朝旧事，至少不会用自己体会不

---

① 陈梦家：《尚书通论》，中华书局 1985 年版，第 215 页；屈万里：《尚书今注今译》，台北商务印书馆 1984 年版，第 92 页。

② 徐复观：《有关周公践祚问题的申复》，《东方杂志》复刊第七卷第十期，1974年。

深的事例作为说服这些老臣的依据。成王在文王时代还不可能参与政事，也说不上"不敢不极卒宁（文）王图事"的问题。具备这种条件的人只有周公，制作《大诰》的人也只能是周公，而与成王无涉。

其三，《大诰》云："若考作室，既厎法，厥子乃弗肯堂，矧肯构？厥父菑，厥子乃弗肯播，矧肯获？厥考翼其肯曰：'予有后，弗弃基。'肆予曷敢不越卬敉宁王大命？若兄考，乃有友伐厥子，民养其劝弗救。"孙诒让《尚书骈枝》云："作室云考，菑云父，考即父也。上章及此先云考翼，后云兄考，亦并指父兄言。"① 今按，此以父兄为喻，强调不可废其基业，可视为"敉宁（文）武图功"的注脚。指父兄言者，以成王无兄，不得作如此不贴切的譬喻。周公有父兄，父兄亦有子，故这种譬喻出自周公之口的可能性最大。

有此三证，《史记·周本纪》和《书序》说周公作《大诰》当可信据。诰词说"庶邦越尔御事"不愿东征，要求"王害不违卜"，说明他们已把周公作为王来看待，尽管周公仅是摄王。

这里还有一点需要讨论，就是《大诰》中"洪惟我幼冲人"，"予惟小子"，"肆予冲人"等语的解释问题。王引之《经传释词》谓"洪惟"为发语词，无义；"予惟"之"惟"为语助词，亦无义，这是非常正确的。问题在于"予冲人"、"予小子"是否一定就是幼年即位之帝王的自称，还值得研究。从《尚书》提供的材料看，事实并不尽然。《盘庚》篇中亦有"肆予冲人"一语，系盘庚自谓，他应该不会是一位年龄尚幼的商王。《汤誓》中商汤自称"台小子"。《大诰》篇中的"庶邦君越庶士、御事"多为文王以来的"旧人"（老臣）也自称"予小子"。《君奭》篇中的周公同样自称"予小子旦"。在《逸周书》的《世俘》、《商誓》篇中，武王亦自谓"予冲子"、"予小子发"。说明这些用语并不具有实际的年龄界限，不过是当时统治者的自谦之词罢了，犹如后世专制皇帝

---

① （清）孙诒让：《大戴礼记斠补》附《尚书骈枝·大诰》，齐鲁书社1988年版。

自称寡人（寡德之人）一样。上古社会，由于知识传播的途径有限，人们经验的积累主要是通过自身的阅历来实现的，于是年龄也就成了知识与才干的象征，人们以"年幼无知"为自谦之词，正是上古社会这一特点的反映。如果以为有人自称"予冲人"、"予小子"就表明他们实际年龄尚幼，不免过于刻板了。总之，《大诰》有此称呼，说是"成王自称"① 有嫌绝对，说是"周公我成王"②亦嫌迂回，综合前述有关材料来看，应以周公自谓为妥。如果把这种称呼视为成王的专利，据此否定《大诰》"王若曰"之王是周公的说法，理由亦欠充分。

下面谈谈周公作《大诰》的年代问题。

武王卒后，成王嗣位，以其年幼，无力应付东方的动荡局面，于是由周公摄位执政，七年后天下初定，周公致政成王。关于周公摄政历时七年，向无异说，由于对新近发现的《何尊》铭文解释的不同，遂生周公摄政只有五年之说。③ 此一问题暂不讨论，这里只先说说周公摄政元年始于何时以及周公纪年与成王纪年的关系问题，在此基础上再来考察《大诰》的制作年代。

关于周公摄政元年始于何时，《史记》的《周本纪》、《鲁世家》认为武王死后的次年即为周公摄政元年。《汉书·律历志》引《世经》及王肃《金縢》注④均同此说。郑玄的看法则截然不同。他说："文王十五生武王，九十七而终，终时武王八十三矣，于文王受命为七年。后六年伐纣，后二年有疾；疾瘳后二年崩，崩时年九十三矣。""文王崩后，明年生成王，则武王崩时，成王年十岁。服丧三年毕，成王年十二。明年将践祚，周公欲代之摄政，群叔流言，周公辟之居东都，时成王年十三也。居东二年，成王收捕周公之属党，时成王年十四也。明年秋大熟，遭雷风之变。时周公居东

---

① 屈万里：《尚书今注今译》，台北商务印书馆1984年版，第92页。
② （清）江声：《尚书集注音疏·大诰》，《清经解》本。
③ 杨宽：《释何尊铭文兼论周开国年代》，《文物》1983年第6期。
④ 《尚书·洛诰》疏引。

三年，成王年十五，迎周公反，而居摄之元年也。"① 我们认为，郑玄此说甚不足取。一是他相信《礼记·文王世子》所记文王、武王的年岁，说武王八十四岁生成王，于事理不容，且武王"服内生子"亦属犯禁。二是武王死，成王或需服丧三年，周公却无此必要，不妨碍他摄位执政以治天下。三是以居东二年为周公避居东都待罪，完全出于臆想，并无根据。② 四是武王死后，周初形势急剧恶化，如《大诰》所云"天降割（害）于我家，不少延（迟延）"，何至于五年后周公才摄政救乱克殷？因此，以武王死后第二年为周公摄政元年应该比郑说更可信。

关于周公摄政七年与成王纪年的关系，亦有两说。《史记》认为周公摄政七年应包括在成王的纪年之内，即成王元年就是周公摄政元年。《世经》则认为周公摄政七年返政，次年为成王元年。我们的意见是，单从形式上看，成王嗣立，王位未弃，纪年似可贯其始终。但从实质上讲，成王嗣位前七年并未亲政，是为周公摄政时期，不必以王年相称，如《洛诰》即云"惟周公……七年"而不说"惟王七年"可证。西周后期国人暴动，厉王被逐，王虽在世，而年号却被共和纪年所替代，也多少可以说明这个问题。待周公返政成王，成王作为名副其实的天子，自有设置纪年以发号施令的必要。据《洛诰》周公摄政第七年，洛邑营成，成为控制东方稳定大局的前沿重镇。周公以此为厚礼献给成王的登基大典，宣布改元，"今王即命曰，记功，宗以功，作元祀"。"元祀"，王国维解作元年，深得其旨。但这不是说周公摄政第七年即称成王"元祀"，而应当以次年为成王元祀。③ 这样看来，以周公摄政的七年为一个独立的纪年单位，并置成王纪年于其后，当是符合历史实际的。

在周公摄政七年中，兴师东征，平定三监之叛是周公稳定政局的重大举措。《大诰》是周公东征的战前动员令，不会作于周公摄政"二年克殷"之时是可以肯定的。清江声《尚书集注音疏》认

---

① 《诗·豳谱》及《礼记·文王世子》疏引。

② 赵光贤：《说〈尚书·金縢〉篇》，《中华文史论丛》1982 年第 1 辑。

③ 赵光贤：《关于周初年代的几个问题》，《人文杂志》1988 年第 1 期。

为，"此篇是居摄二年时事，于武王崩后五年矣"。此说实袭郑玄的意见，虽略有调整，亦不足凭信。元吴澄《书纂言》说："武王克商诛纣，其子武庚曷尝一日忘周哉！顾周未有隙可乘，又在己无土地人民之资耳。会武王崩，成王幼，周公摄政，管叔不平，此可乘之隙也。武庚说管叔，声周公之罪，举兵西向，其心岂为管叔计，直欲伺管、蔡二叔去商，则已得收遗民，据故都以复商也。管蔡庸愚，武庚狡黠，管叔身行叛事而实为武庚所陷，武庚身造叛谋而先籍管叔以发，祸机可畏，折之于方萌则易，遏之于已炽则难，所以不得不速出师也。此诰盖作于武王崩之年，他书载武王崩在十二月，若果尔东征，亦当不出是月也。"吴氏对当时局势的分析切中事理，以周公东征当急速出师亦有见地，只是以出师之日早至武王崩逝之月却显推之过急。据《逸周书·作雒》云："武王克殷，……既归，乃岁十二月崩镐，殡于歧周。周公立，相天子，三叔及殷、东、徐、奄及熊、盈以略（畔）。周公、召公内弭父兄，外抚诸侯。元年夏六月。葬武王于毕。二年又作师旅，临卫政（征）殷，殷大震溃。降辟三叔，王子禄父北奔，……凡所征熊盈族十有七国，俘维九邑，俘殷献民，迁于九毕。"从这段记载来看，武王崩逝之后，周王室内部相当混乱，以致武王只能暂时殡葬歧周，六个月后才归葬于毕。《尚书大传》说"周公摄政，一年救乱"，大体上符合事实。这个救乱的过程，大概包括周公践祚称王，"内弭父兄，外抚诸侯"，进行东征的战前动员与准备。《大诰》对邦君及御事们进行艰苦的说服工作，目的就是"诞以尔东征"。《大诰》制作年代不会外出此年。王肃以为武王卒后"其明年称元年，周公摄政，遭流言，作《大诰》而东征，二年，克殷，杀管蔡，三年而归"[1]，看来是比较近情的。《诗·豳风·东山》言东征战士归来，"自我不见，于今三年"，此与《史记·周本纪》载"管蔡畔周，周公讨之，三年而毕定"相合，应是指周公东征占去了三个年头。而《鲁世家》说周公"宁淮夷东土，二年而毕定"，

---

① 《尚书·洛诰》疏引。

则是指周公东征整整用了两年时间。从《东山》诗来看，东征战士归来之时，"果赢之实，亦施于宇"，"有敦瓜苦，烝在栗薪"，又见"熠耀宵行"（萤火虫），"仓庚（黄鹂）于飞"，皆为夏秋之交的自然景象，说明周公东征于其摄政三年秋天告一段落。东征前周公作《大诰》说"若稿夫，予曷敢不终朕亩"，亦以农夫秋收之事为喻，大概周公于摄政元年夏葬武王于毕之后，即着手兴调甲兵，准备东征。《大诰》之作当为是年秋也。此与周公东征整整用去两年时间正相符合。是年秋，周公面对国家危难的政治局势，挺身而出，知难而进，毅然发动东征之役，坚决讨伐三监之叛，为巩固周邦这个新造的国家做出了极大的努力。《大诰》作为周公东征前发布的政治宣言书，可谓真实地反映了周公这一光辉业绩。

第二章 《康诰》、《酒诰》、《梓材》作者辩证

《康诰》、《酒诰》、《梓材》是西周初年周天子册封康叔封的三篇诰辞，这是没有什么疑问的。康叔封，又称卫康叔封，为周武王同母少弟。周武王同母兄弟十人，周公旦排行第四，康叔名封，排行第九。因康叔曾为一方诸侯，故《周易》与铜器铭文中又有康侯之称。但他到底做过何方诸侯，又为何人所封？这一关系到《康诰》、《酒诰》、《梓材》的作者问题，历来就说法不一，迄今犹见仁见智。有人说《康诰》三篇①是周公摄政称王时封康叔于卫所作，也有人说是成王或周公称成王命封康叔于卫所作，还有人说是武王封康叔于康所作。这些意见到底谁是谁非，实有加以辨析的必要。

一 成王与《康诰》三篇之作的关系

成王与《康诰》三篇之作的关系，主要有两种说法，一是《康诰》三篇为武王封康叔所作，二是周公称成王命封康叔所作。这两种说法尽管含有或多或少的真实成分，但从总体上来说都是不能成立的。

以成王为《康诰》三篇的作者，说得最直截而明确的莫过于《书序》："成王既伐管叔、蔡叔，以殷余民封康叔，作《康诰》、

---

① 为行文方便，此称《康诰》、《酒诰》、《梓材》为《康诰》三篇。

《酒诰》、《梓材》。"由于《书序》在朱熹以前一直被认为是圣人孔子所作，即《汉书·艺术志》说："《书》之所起远矣，至孔子纂焉，上断于尧，下讫于秦，凡百篇而为之序，言其作意"，遂使东汉以降的学者对其推崇备至，几乎没有人怀疑它的可靠性。但《书序》之说有着明显的硬伤，因而受到宋儒无情的驳斥。

其一，《康诰》云："王若曰：孟侯，朕其弟，小子封。"又云："乃寡兄勖，肆汝小子封，在兹东土。"这说明制诰之王与受命之封当是兄弟关系。若以王为成王，诰辞中断然不会出现这种曰兄曰弟的称呼。苏轼说："康叔，成王叔父而周公弟，谓之'孟侯'则可，谓之'小子'则不可，且谓武王为寡兄，此岂成王之言？"① 这种称呼上的混乱，无论如何也是情所不容的。

其二，《康诰》等篇述说先王功德，每每言及文王，于武王却不赞一词。如《康诰》四称文王云："惟乃丕显考文王"，"天乃大命文王"，"今民将在祇遹乃文考"，"乃其速由文王作罚"；《酒诰》三称文王云："乃穆考文王"，"文王诰教小子"，"尚克用文王教。"固然周之立国，由文王肇其基，武王承其绪，时人多美文王之德，但作为武王之子的成王，在制作诰命时对父王"克昏夙有商"的业绩只字不提，毕竟不近情理。朱熹说："若是成王，不应所引多文王，而不及武王，且如今人才说太祖，便须及太宗也。"② 事实上，在《洛诰》和《顾命》中，成王总是以"文武"并称来述说先君业绩的，为何《康诰》三篇有此例外？可见宋儒对《书序》之说的批评是完全正确的。

《书序》此说固有不妥，但我们如果不过分拘泥于文字表象，还是可以从中看出几分道理来。《大诰》书序说："武王崩，三监及淮夷叛，周公相成王，将黜殷，作《大诰》。"此言伐三监，《书序》亦认为系周公事。《康诰》书序说"成王既伐管叔蔡叔"，那不过是因为周公摄政，其后又归政成王，《书序》作者遂将周公行

---

① （宋）苏轼：《书传·康诰》，《四库全书》本。
② （宋）黎靖德编：《朱子语类》卷七十九《尚书》，中华书局1986年版。

事归之于成王而已。同样的道理，《左传》、《史记》言伐三监，封康叔之事，或以成王、周公并提，或曰"周公奉成王命"，"周公旦以成王命"，都可以作如是观，或史臣推原周公本意，抑周公确曾使用过这种政治策略，但都不足以说明《康诰》三篇的制作者就是成王。伪孔传在这个问题上试图会通诸说，最后还是不免陷于进退失据的泥淖。伪孔传在《康诰》书序之后说："以三监之民国康叔，为卫侯。周公惩其数叛，故使贤母弟主之。"这明明是说册封康叔于卫的是周公，却又偏偏不承认周公摄政称王的事实，便只好在《康诰》"王若曰"数语之后作一番似是而非的调和："周公称成王命顺康叔之德，命为孟侯"，"言王使我命其弟封"云云。这种称成王命作诰的说法，不胜缠绕，依然未能揭示出问题的真谛。即使不同意周公摄政称王的学者对此也不投赞成票。如朱熹说："'王若曰：孟侯，朕其弟，小子封！'岂有周公方称成王命命康叔，而遽述己意而告之乎？"① 反问得极是。苏轼并不否定伪孔传的说法，却轻轻撕下了伪孔传遮遮掩掩的面具，他说："盖周公虽以王命命康叔，而其实训诰皆周公之言也。故曰'朕其弟，小子封'。"② 苏轼的见解较少书生气而颇具政治家的眼光，可谓一语中的。伪孔传强作正解的结果，只能是胶柱鼓瑟，于事无补。

通过上面的分析，如果把《康诰》、《酒诰》、《梓材》作为一个整体来看待，其制作者可以说与成王是毫不相涉了。那么，把这三篇诰书作为一个整体来看待是否合适呢？今本《书序》以三篇连言，还说得比较概括，《史记》对此三位一体的实质则揭示得更为充分。《卫世家》云：

> 周公旦惧康叔齿少，乃申告康叔曰："必求殷之贤人君子长者，问其先殷所以兴，所以亡，而务爱民。"告以纣所以亡者以淫于酒，酒之失，妇人是用，故纣之乱自此始。为《梓

---

① ［宋］黎靖德编：《朱子语类》卷七十九《尚书》，中华书局1986年版。
② 《书传·康诰》。

材》示君子可法则。故谓之《康诰》、《酒诰》、《梓材》以
命之。

史迁对《康诰》三篇思想内容的分析，说明了三者不可分割的整体
性。不只如此，《康诰》、《酒诰》、《梓材》三篇还有可能早先就是
一篇，而分上、中、下三部分，以《康诰》总其名。《左传·定公
四年》说到周公封康叔，"命以《康诰》而封于殷墟"，此不言
《酒诰》、《梓材》，说明二者可能包括在《康诰》之中。再验之以
《韩非子》的记述，这个问题就更清楚了。其《说林篇》云："《康
诰》曰'毋彝酒'；彝酒，常酒也。""毋彝酒"这句经文见于今本
《酒诰》，韩非却说语出《康诰》，恐怕不能视为引经之误。因为
《酒诰》谈戒酒，与篇名相照应，故引用其文而混淆其篇的可能性
极小。这只能说明当时《酒诰》还没有从《康诰》中析出，冠以
另名。郑玄也说："案《尚书·盘庚》、《康诰》、《说命》、《泰誓》
之属三篇，序皆云某作若干篇。"① 按郑玄所处东汉末年，《酒诰》、
《梓材》的篇名早已广为传诵，他仍说《康诰》分为上、中、下三
篇，与《盘庚》、《说命》、《泰誓》相同，可见他曾看到与今本
《康诰》书序不同的另一种《书序》，故有此说。这样看来，《康
诰》、《酒诰》、《梓材》"三篇实同一篇"② 并非虚言。今本《尚
书》把《酒诰》、《梓材》从《康诰》中析出，单独名篇，或自伏
生始，但这并不影响《康诰》三篇的整体性，是可以肯定的。

　　当然，仅有《康诰》三篇的整体性说明还不足以推翻成王作诰
说，因为还有一大疑案有待解决，这就是汉本《酒诰》有"成王
若曰"的问题。据孔颖达《尚书》正义说：今本《酒诰》中的
"王若曰"，汉代今文三家本，古文马郑本均作"成王若曰"。于是
有学者据此认为《酒诰》、《梓材》当为成王所诰。清孔广森说：
"然则《酒诰》之首何以独有'成'字，盖《酒诰》、《梓材》与

---

① 《周礼·贾疏·序周礼废兴》引，《十三经注疏》本，中华书局1980年版。
② （清）皮锡瑞：《今文尚书考证·康诰》，清光绪二十三年刊本。孙诒让《尚书
骈枝·康诰》亦同此说。

《康诰》非一时作，封康叔在摄政四年，新邑初基，明辟未复，周公摄王命作诰，故杂以'朕其弟'等语。《酒诰》则成王莅位政之后，又特以殷俗酒荒责成康叔，非始封时诰也。本当在《洛诰》之下，史氏以为均为卫事，上属《康诰》而又嫌年次不明，特加'成王若曰'以别之。斯一为周公代诰，一为成王亲诰显然矣。"① 这就牵涉如何看待汉本《酒诰》"成王若曰"的问题。

汉本《酒诰》"王若曰"之前有一"成"字，这是先秦《尚书》原来就有的，还是有如马融所说"为后录书者加之"②？由于没有别的材料可资参证，实难断其是非，所以对此问题的讨论只好退回到"成王"二字的解释上来。一种解释是以"成王"为诵。今文三家说："王年长，骨节成立。"③ 如果"骨节成立"则为"成王"，那么其他年长的王亦可有此称呼，何以知此"成王"必为小子诵？司马迁是看到过今文《尚书》的，却不采此说以《酒诰》为成王之作，马郑亦斥之为俗儒妄言，足见此说不可信据。"或曰以成王为少成二圣之功，生号曰成，没因为谥。"④ 既说成王幼少，又何以封侯作诰以成文武之功？亦于事理不通。另一种解释是不以"成王"为诵，具体释义则各有不同。卫宏、贾逵以为"戒成康叔以慎酒，成就人之道"⑤。郑玄以为"成王所言成道之王"⑥。明梅鷟说："今按'成王'二字，见篇中'自成汤咸至于帝乙，成王畏相'。又云'助成王德显'。故于篇首即言以古先王之道戒之云耳，晋人不知此意而删去者，非也。"⑦ 这些说法差别很大，但都不以成王为诵却是一致的。这就是说，即使汉本《酒诰》"成王若曰"不误，也没有足够理由证明《酒诰》、《梓材》乃成王之诰。此外，

---

① 《经学卮言·书》，《清经解》本。
② （唐）陆德明：《经典释文》卷四《尚书音义·酒诰》引，上海古籍出版社1985年版。
③ 《尚书·酒诰》疏引。
④ （唐）陆德明：《经典释文》卷四《尚书音义·酒诰》录马融注引。
⑤ 《尚书·酒诰》疏引。
⑥ 同上。
⑦ （明）梅鷟：《尚书考异·酒诰》，《四库全书》本。

还有学者提出："由《酒诰》、《梓材》篇不呼康叔曰'小子'，知为成王书。"① 这种不顾《康诰》三篇的内在联系而采取形式主义看问题的说法，显然难以成立，唯此不暇详辩。

二　武王作诰说驳义

《康诰》、《酒诰》、《梓材》三篇为成王所作说，一度在经学史上占支配地位，但以其存在不可克服的内外在矛盾，要人们恪守不渝自然是一件难事。迄至宋代，学者不再相信《康诰》三篇为成王书，又碍于君臣大义不愿承认周公摄王作诰说，只好另辟蹊径，新创武王作诰说。此说亦漏洞百出，却因宋元以后八股的采用而成为官学，影响甚巨，至今余音未绝，不可不辨。

以《康诰》三篇为"武王命康叔之辞"，系由宋吴棫《书稗传》、胡宏《皇王大纪》率先提出来的。朱熹是其说，认为"《康诰》三篇，此是武王书无疑，……只缘误以《洛诰》书首一段置在《康诰》之前，故叙其书于《大诰》、《微子之命》之后"②。其后他的学生蔡沈作《书集传》益申其说云：

> 康叔，文王之子，武王之弟，武王诰命为卫侯。……按书序以《康诰》为成王之书，今详本篇，康叔于成王为叔父，成王不应以弟称之，说者谓周公以成王命诰，故曰弟，然既谓之"王若曰"则为成王之言，周公何遽自以弟称之也？且《康诰》、《酒诰》、《梓材》三篇，言文王者非一，而略无一语以及武王何邪？说者又谓"寡兄勖"为称武王，尤为非义。"寡兄"云者，自谦之辞，寡德之称，苟语他人犹之可也，武王，康叔之兄，家人相语，周公安得以武王为"寡兄"而告其弟乎？或又谓康叔在武王时尚幼，故不得封。然康叔，武王同母

---

① 程元敏：《论尚书大诰诸篇"王曰"之王非周公自称（下）》，《孔孟学报》第29期，1964年。

② （宋）黎靖德编：《朱子语类》卷七十九《尚书》，中华书局1986年版。

弟，武王分封之时年已九十，安有九十之兄同母弟尚幼不可封乎？且康叔，文王之子；叔虞，成王之弟。周公东征，叔虞已封于唐，岂有康叔得封反在叔虞之后？必无是理也。……特序书者不知《康诰》篇首四十八字为《洛诰》脱简，遂因误为成王之书。

蔡传这段话有许多精辟的见解，对《康诰》三篇为成王所作说的否定是坚强有力的。但他仅据苏轼《康诰》篇首四十八字为《洛诰》错简说就决然肯定此为武王封康叔于卫的诰辞，则失之武断。因为康叔受封于卫是在周公平定三监之叛后，其时武王早已病逝，怎么可能册封康叔为卫侯呢？关于这一点，《史记·周本纪》、《鲁世家》、《管蔡世家》、《卫世家》均言之凿凿，岂可视而不见？兹录《卫世家》云：

> 武王已克殷纣，复以殷余民封纣子武庚禄父，比诸侯，以奉其先祀勿绝。为武庚未集，恐其有贼心，武王乃令其弟管叔、蔡叔傅相武庚禄父，以和其民。武王既崩，成王少。周公旦代成王治，当国。管叔、蔡叔疑周公，乃与武庚禄父作乱，欲攻成周。周公旦以成王命兴师伐殷，杀武庚禄父、管叔，放蔡叔，以武庚殷余民封康叔为卫君，居河、淇间故商墟。

与此内容相同的记载还见于更早的《逸周书·作雒》、《左传·定公四年》及周初《康侯簋》铭文，且与《康诰》"汝乃以殷民世享"、《酒诰》"明大命于妹邦"相互印证。可见宋儒以《康诰》三篇为武王书虽然解决了"王若曰"与"朕其弟"的矛盾，却严重违背了康叔受封于卫是在武王死后这一基本事实。所谓"朱子之说，五峰（胡宏）唱之，九峰（蔡沈）和之，圣人复起，不易斯言矣！"[①] 真不知从何说起！

---

① （元）陈栎：《书集传纂疏·康诰》，《四库全书》本。

宋儒杜创武王作诰的新说，随之产生了新的不可克服的矛盾，于是又有学者巧为弥缝，补苴其说。朱熹的四传弟子金履祥少作《书经注》就有"武王始封康叔于沬邦，至成王始并朝歌而为卫"的猜想，后来作《尚书表注》又说："武王克商，分其故地，朝歌以东封康叔，其西北为武庚地。及武庚叛，成王、周公征之，迁其民，以其故地遗民益封康叔于卫君，盖地相比近。"在这里，金氏完全混淆了沬邦、朝歌、卫三者的关系。据刘起釪研究，"卫"即"殷"，系由同音转化而来。纣时朝歌之地称为殷，商亡后逐渐改称为卫，故《作雒》说"俾康叔宇于殷"，《鲁世家》等篇则作"封康叔于卫"。其境内有沬水，故《诗·桑中》称其地为"沬乡"，《酒诰》亦称沬邦或沬土。① 可见，康叔始封于沬邦，益封为卫君只能是乌有之事。对于这一错误说法，蒋善国却以为"实有见地"，且又加敷衍说："武王克殷，立武庚（王子禄父）于邶，使守殷祀；封管叔于东，封蔡叔、霍叔于殷，使他们监殷臣；又封康叔于康，以沬为首都；……因康叔封国在管、蔡封国殷、东之间，不但不从管、蔡作乱，并且扞卫了'武庚之难'，遂把武庚和管、蔡的封地尽益封了康叔，叫作卫国。……仍把沬作国都。"② 蒋氏的说法除了延续金履祥的错误外，居然还把"康"与"沬"两个毫不相干的地名画上了等号，这尤其没有道理。"康"在今河南禹州、汝州两市之间（详后），"沬"在今河南淇县一带，位居黄河南北而相隔千里的两个地名怎么可以合二为一呢？

回护武王作诰说，还有一种颇为离奇的观点，就是视《康诰》三篇为武王初封康叔于康之诰。徐复观说："自汉以来，有以康叔先封于康国的一说，但断无《康诰》乃康叔封于康国时之诰的说法。此一奇特说法，乃创于陈梦家而继承于屈（万里）先生。"③

---

① 刘起釪：《周初的"三监"与邶、鄘、卫三国及卫康叔封地问题》，《历史地理》第 2 辑，1982 年。

② 蒋善国：《尚书综述》，上海古籍出版社 1988 年版，第 241 页。

③ 徐复观：《有关周公践作问题的申复》，《东方杂志》复刊第七卷第十期，1974年。

据我所知，在陈、屈二氏之前，清人已有是说了。姚鼐有云：

> 《康诰》、《酒诰》、《梓材》三篇非一时辞也。武王既克殷，封建母弟周公于鲁，管、蔡、霍叔毕封。康叔封于康，康地在阳翟东北，为之命书曰："在兹东土"，是为《康诰》。其后周公既诛武庚，分其地以封卫，乃作《酒诰》。康叔自康封卫，在昔武王所命，成王不敢易焉。史氏庸是属三书而次之为一，故祝佗曰"命以《康诰》而封于殷墟"。……宋儒知"小子"、"寡兄"之辞非成王所得言，遂谓武王已封卫则不然，武庚未诛，武父、圃田之土不可得而封畛以与弟也。

吴汝纶《尚书故》引其言，是其说，亦谓"《康诰》作于始邑时"，"《酒》、《材》作于商乱后"[1]。陈梦家、屈万里在《康诰》系武王封康叔于康之诰这一点上，与姚、吴二人的意见是完全一致的。至于《酒诰》、《梓材》陈梦家认为"也是武王所命"[2]。屈万里则认为《酒诰》应是"周公以成王命告之之辞"[3]。《酒诰》、《梓材》的情况前已论及，这里只着重讨论一下《康诰》的有关问题。

先说康叔的初封。按照《史记·管蔡世家》的记载："（武王）封功臣昆弟，……康叔封，冉季载皆少，未得封。"郑玄遂认为康叔"初封于卫"，"康，谥号"[4]。但康叔之子称康伯，若康为谥号，则父子不宜同谥，故康叔封之"康"与谥号无缘。马融说康是"圻（畿）内国名"[5]，验之《康侯鼎》有"康侯丰（封）"之名，可以肯定叔封在封卫之前确曾始封于康，因称"康侯"。武王时康叔"未得封"当系传闻之误。那么，"康"之为国应在何处？陈梦家说："封于武王时食邑于康，而此康与《酒诰》的妹邦或在同一

---

① （清）吴汝纶：《尚书故·康诰》，《桐城吴先生全书》，清光绪甲辰年刊本。
② 陈梦家：《西周铜器断代（一）》，《考古学报》第9册，1955年。
③ 屈万里：《尚书今注今译》，台北商书印书馆1984年版，第106页。
④ 《尚书·康诰》正义引。
⑤ 同上。

范围之内，乃是《康诰》所说的 '东土'。"① 此一判断仅是臆测，却毫无办法证明。屈万里说："按妹邦为纣都所在处，乃武庚或三监所辖之地。康之封域，当不及此。"② 这个意见是正确的。对于康之为国及其所在，孙星衍《尚书今古文注疏》已有正确的考证：

> 以康为国名者，《史记·卫康叔世家》索隐云："康，畿内国名。"宋忠曰："康叔从康徙封卫，畿内之康不知所在。"案：司马氏贞引忠之言，是康之为国，出《世本》也。《卫世家》云："康叔卒，子康伯代立。"……案：康叔子又称康伯，则康非谥甚明，旧说以为国名，是也。《路史·国名纪》云："《姓书》康叔故城在颖川，宋衷以为畿内国。"《姓书》盖何氏《姓苑》，今亡。云"在颖川"者，《说文》："邟，颖川县。"《汉书·地理志》颖川有周承休，侯国，元始二年更名邟。《集韵》："邟，县名，在颖川。又有䢵，同音地名，则即康也。元始二年复古称邟，今河南汝州是。"

按汝州州治即今河南汝州市，这是说"康"在今河南汝州市境内。又江永《春秋地理考实》云："《襄廿九年传》：'吾闻卫康叔、武公之德如是。'今按康叔始食采于康，后徙封卫。《括地志》云：'故康城在许州阳翟县西北三十五里'。阳翟，今许州府禹州。"禹州即今河南禹州市，那么，在禹州的西北，也就是邻近汝州市境了。可知康叔始封于康，地在今河南汝州、禹州两市之间，谭其骧《中国历史地图集》正作如此标示。由于叔封初食邑于康，故称康叔，徙封于卫，又称卫康叔。这与称鲁周公、燕召公的情况没有不同。

　　现在需要进一步讨论的是，武王克商后虽曾封康叔于康，能否就说《康诰》是他封康叔于康的诰书呢？别的且不谈，单就《康

---

　① 陈梦家：《西周铜器断代（一）》，《考古学报》第 9 册，1955 年。
　② 屈万里：《尚书释义》，中国文化大学出版部 1980 年版，第 123 页。

诰》本文来说就存在不少难以克服的困难。

《康诰》说："天乃大命文王，殪戎殷，诞受厥命，越厥邦厥民，惟时叙，乃寡兄勖，肆汝小子封，在兹东土。"如果说《康诰》乃武王所作，此处"寡兄"当系武王自称，而此言文王"殪戎殷"，与史实不合，因为文王事实上并未灭殷。黄彰健据《礼记·中庸篇》"武王缵大王王季文王之绪，一戎衣（按即殪戎殷）而有天下"，并参以其他旁证认为，"天乃大命文王"下应补"武王"二字，才与史实相符。[①] 这是一个很有意义的发现。据此看来，武王自称"寡兄"犹可，则万不能自称武王，故把《康诰》作为武王书是于理不通的，此其一。

《康诰》又说："封！予惟不可不监，告汝德之说于罚之行，今惟民不静，未戾厥心，迪屡未同。"这里的"屡"字不可忽视。若不是武王死后有武庚之叛发生，何得以"迪屡未同"言之？"今惟民不静"亦成无的放矢。《康诰》中的"王"要康叔念念不忘"今民将在祗遹乃文考，绍闻衣德言。往敷求于殷先哲王，用保乂民。汝丕远惟商耇成人，宅心知训"。要康叔"陈时臬司，师兹殷罚有伦"，"罚蔽殷彝，用其义刑义杀"；又要他"时其惟殷先哲王德，用康乂民作求"。再三再四，反复叮咛康叔师殷人之法典，用殷人之义刑，尊礼殷之老成人，时思殷先王之德。这种岌岌重视殷遗的程度，非周公二度克殷后的局势不足以当，舍"河淇间故商墟"亦无地可求。把《康诰》的制作年代提前到武王之时，这些都得不到合理的解释，此其二。

《康诰》还说："往哉，封！勿替敬，典听朕告，汝乃以殷民世享。"此处的"殷民"当是"迪屡未同"的"武庚殷余民"，"康"地之民不堪此称。屈万里说："黄河以南今河南南部地带的居民，在殷代也是殷王统治下的民众，那么，康叔封于康，当然可

---

① 黄彰健：《四论周公受命摄政称王问题》，《大陆杂志》第五十四卷第三期，1977年。

以‘乃以殷民世享’了。"① 其实，商王国并非君主制统治下的
"大　统"国家，而是一个以商本土为核心的方国联盟。除"大邑
商"的直辖区即王畿所在地外，对于其他方国的民众一般是不以
"殷民"相称的。殷代虽有"邦畿千里"之说，实际直辖区却是有
限的。"考古成果表明，以小屯式陶器为代表的晚期商文化的主要
分布区，仅占有河南北部和河北南部。这和吴起所说的‘殷纣之
国，左孟门，右太行，常山在其北，大河经其南’（《史记·吴起
列传》）是基本一致的。如果考虑到在这一地区还可能有商所分建
的侯田之方，则商作为方国来说，本土是不会太大的。"② 因此，
地处河南南部的"康"地似不在商代王畿之内。退一步讲，就算
"康"地仍在商代王畿之内，在武王克商时也早已纳入"小邦周"
的管辖范围。文王时所"伐崇侯虎"之崇，实即后世之"嵩"，其
地在河南登封附近的嵩山一带③，而康地居其南邻，这里的居民经
过文王伐崇之后早该成为"周民"了，康叔缘何还"以殷民世享"
呢？此其三。

由此看来，宋儒以《康诰》为武王封康叔于卫之书不能成立，
时贤以《康诰》为武王封康叔于康之诰同样难纠其谬。我们还是回
过头来看看周公作诰说是否更合理些。

三　周公作诰说平议

自战国秦汉以来，关于《康诰》三篇的作者还有一说，这就是
周公。此说应该是可以信据的，只是后世诸多学者不承认周公摄政
称王的事实，致使治丝益棼，长期看不到解决问题的希望，这不能
不说是一件憾事！下面就此分几个问题来谈，以说明周公作诰说的

---

① 屈万里：《关于所谓周公旦"践祚称王"问题敬复徐复观先生》，《东方杂志》
复刊第七卷第七期，1974 年。

② 林沄：《甲骨文中的商代方国联盟》，《古文字研究》第 6 辑，1981 年。

③ 顾颉刚、刘起釪：《〈尚书·西伯勘黎〉校释译论》，《中国历史文献研究集刊》
第 1 集，岳麓书社 1982 年版；马世之：《文王伐崇考》，《史学月刊》1989 年第 2 期。

可信性。

（一）关于《左传》中的《康诰》问题

《左传·僖公二十四年》说："周公吊二叔之不咸，故封建亲戚以藩屏周。"周公于"文之昭"中即有卫国的封建。《僖公三十一年》又说卫康叔之封系"成王、周公之命"。特别是定公四年载祝佗语云：

> 昔武王克商，成王定之，选建明德，以藩屏周。故周公相王室，以尹天下，……分康叔以大路、少帛、綪茷、旃旌、大吕，殷民七族：陶氏、施氏、繁氏、锜氏、樊氏、饥氏、终葵氏，封畛土略，自武父以南及圃田之北竟，取于有阎之土，以共王职。取于相土之东都，以会王之东蒐。聃季授土，陶叔授民，命以《康诰》而封于殷虚。皆启以商政，疆以周索。

《左传》言周公封康于卫（殷墟朝歌），虽提及成王，但那只是把王室世系作为事件发生的背景而已，对于问题的实质则说得相当清楚，即《康诰》的制作者是"相王室以尹天下"的周公。要否定周公作诰说，对此一材料漠然不顾是不行的，顾之不周也是不行的。程元敏"由先秦典籍引《尚书》推证《左传》定公四年《康诰》非今本《尚书·康诰》篇"，即有可商。他说："《左传》作者未及见《尚书》篇名，但据命辞本文或有关文献，直举所谓篇名，想当然耳，不足采信。基于此，定四年《左传》成王封康叔于殷，命以《康诰》，亦作者见天子封康叔于卫之命书，或根本未见有命书，但凭推测，托以《康诰》之名，实与今本《尚书·康诰》篇毫无关涉。"[1] 这个结论是过于轻率了。其一，《尚书》篇名的最后确定虽有可能在秦季，但绝不是每篇篇名均待此时而能有。《左

---

[1] 程元敏：《论尚书大诰诸篇"王曰"之王非周公自称（下）》，《孔孟学报》第29期，1964年。

传》、《国语》曾引及《盘庚》篇名，《墨子》引及《禹誓》（即《甘誓》）、《吕刑》篇名，《孟子》引及《尧典》、《汤誓》、《康诰》篇名，《荀子》、《韩非子》也引及《康诰》篇名，《吕氏春秋》引及《鸿（洪）范》篇名，其他一些逸书篇名如《武成》、《太誓》亦多所引及。可见《尚书》篇名的出现断不可一刀切在秦季。也就是说，成书于战国中期的《左传》，其作者即使不能看到今本《尚书》的全部篇名，也不能说看到《盘庚》、《康诰》等部分篇名是"想当然"的事。其二，《左传》八引《康诰》文句称《周书》，二引《康诰》文句称篇名[1]，尽管有的录原文，有的述大意，但基本内容与今本《尚书·康诰》并无实质性的差别。以古人引书不十分拘泥原著文字的现象来说明《左传》所言《康诰》与今本《尚书·康诰》篇"毫无关涉"实在是没有道理的。

（二）关于《康诰》篇首的错简问题

《康诰》篇首云："惟三月哉生魄，周公初基作新大邑于东国洛，四方民大和会。侯甸男邦采卫，百工播民，和见士于周，周公咸勤乃洪大诰治。"本段的"洪"字，郑玄注云："洪，代。言周公代成王诰。"孙星衍作疏说："云'洪，代'者，《释诂》文。《尔雅》作'鸿'，古字通也。云'周公代成王诰'者，下称'王若曰'，居摄则称'王'，然仍是周公之言，故又曰'朕其弟'也。"[2] 王鸣盛对郑注评价尤高，他说："谓'周公代成王诰'，则知'王若曰'者王即周公，'朕其弟'者，周公谓康叔为弟无疑也。周公于成王代摄其位即代行其政，故于征伐代为发诰则有《大诰》，于封爵诸侯代为发诰则有《康诰》。……义理或可空谈，事实何容悬断，知郑注不可易也。"[3] 在这里，王鸣盛、孙星衍均把前文的"周公"与后文的"王"看作一人，有学者认为"这未免

---

① 刘起釪：《尚书学史》第二章，中华书局 1989 年版。

② （清）孙星衍：《尚书今古文注疏·康诰》，中华书局 1986 年版。

③ 《尚书后案·康诰》，清乾隆庚子年刻本。

太离奇了"①。联系《多士》前言周公后曰王的义例来看，序文与诰辞有别，史官记事兼记言，何尝不可以互称。所以问题的关键还不在此，而在于郑玄之说不免面临"皮之不存，毛将焉附"的诘难。这就是《康诰》篇首四十八字系他篇错简。苏轼《书传》说：此四十八字"皆《洛诰》文，当在《洛诰》'周公拜首稽首'之前。何以知之？周公东征二年乃克管蔡，即以殷余民封康叔。七年而复辟，营洛在复辟之岁，皆经文明甚，则封康叔之时决未营洛。又此文终篇初不及营洛之事，知简编脱误也。"苏轼此说确有见地，后世学者多所从之。这样，郑玄的周公代诰说似乎失去了它应有的前提。其实，问题并不这么绝对。笔者以为此处的错简给我们提供的暗示倒是饶有趣味的。试想一下，《尚书》的整编者如果不认为《康诰》是周公所作，何至于把这四十八字置于《康诰》篇首呢？我们可以说整编者对《康诰》材料取舍有误，却不能说先秦的《尚书》整编者以《康诰》为周公作毫无根据。因为《尚书》整编发生在秦火之前，这种看法或有我们不曾见到的其他相关材料作依据。因此，就是承认《康诰》篇首四十八字为《洛诰》错简，也不能使周公作诰说产生动摇。

（三）关于周公居摄称王作诰的问题

《汉书·王莽传》载，居摄三年王莽上奏太后说道："《尚书·康诰》'王若曰：孟侯，朕其弟，小子封。'此周公居摄称王之文也。"在《康诰》的作者问题上，这是一种最为简洁明了的说法，比郑玄刻意折中称周公代成王诰更接近历史实际，只是以其出于野心家王莽之口，便长期蒙上了居心叵测的邪说之名。前此司马迁虽然也说周公"初作《大诰》，……次《康诰》、《酒诰》、《梓材》"，却因为前文有"周公奉成王命，伐诛武庚、管叔，放蔡叔"②诸语，便得到了后世学者不同程度的宽容。实际上，司马迁既说成王

---

① 屈万里：《关于所谓周公旦"践阼称王"问题敬复徐复观先生》，《东方杂志》复刊第七卷第七期，1974年。

② 《史记·周本纪》。

幼少，"周公乃践祚代成王，摄行政当国"①，又何尝不是意味着《康诰》三篇是周公摄位所作？可以说，《史记》代表的是西汉今文学家的看法，王莽代表的是西汉刘歆一派古文学家的看法，这就是说周公称王作诰应是当时经学家的共同意见。只有这样，此说才会成为王莽实现其政治野心的有力借口。王莽篡汉，改制未成，"天下散乱，礼乐分崩，典文残落，……四方文士多怀挟图书，遁逃山林"②，故东汉一代的儒生对王莽所为多有切肤之恨。如果王莽此说毫无典据，具有强烈反莽意识的东汉儒生岂能轻易接受并作附和之声？东汉初年的王充是极富怀疑与批判精神的学者，却仍然认为《康诰》的姊妹篇《酒诰》是"周公封康叔，告以纣用酒，期于悉极、欲以戒之也"③。这说明汉代学者还有较为客观而严谨的治学态度，并不感情用事，也不拿后世纲常名教的观念去苛求前人。

（四）关于《康诰》篇名的问题

《康诰》篇名本无甚重要，却也牵涉此诰是否周公所作的问题，不得不谈。屈万里把《康诰》"定为康叔封于康时，武王诰之之辞"有一条理由就是"因本篇标题为《康诰》"④。这无疑是说《康诰》之"康"只能作为国名而不能另有他称了。我们虽也承认《世本》"康叔居康，从康徙卫"之说，但并不认为这个"康"只能是国名而一成不变。叔封初封于康，故称康叔封，徙封于卫，又称卫康叔或卫叔封。⑤ 叔虞封于唐，"故曰唐叔虞"，及子改国号为晋，"故称晋唐叔虞"。⑥ 这说明受封者的国号是可以作为他的别名来用的。《康诰》不言康叔封康事，知其篇名中的"康"是康叔的

---

① 《史记·鲁世家》。
② 《后汉书·儒林传》。
③ 《论衡·语增篇》。
④ 屈万里：《关于所谓周公"践阼称王"问题敬复徐复观先生》，《东方杂志》复刊第七卷第七期，1974 年。
⑤ 《逸周书·克殷》。
⑥ 《史记·晋世家》索引。

代称而不再是国名，与《召诰》之"召"系指召公的情况相同。这种以人名为《尚书》篇名的例子并不罕见，如《尧典》、《皋陶谟》、《禹贡》、《汤誓》、《盘庚》、《微子》、《君奭》，是其证。所以以《康诰》篇名立说不能否定本篇为周公诰康叔于卫之辞，也不能作为武王作诰的有力证据。

又有人说："康叔既已改封于卫，不得复称其昔日的国号……封于卫应以卫为国号。"①《康侯簋》记载了康叔封卫一事，康叔仍被称为"康侯"，其他称"康侯"的器铭也颇多，称"卫侯"则仅见于《尚书·顾命》。这种情况该作何解释呢？是不是康叔徙封于卫就只能称"卫侯"而不能再称"康侯"呢？事实并不尽然，如召公奭"始食邑于召，故曰召公"，"周武王之灭纣，封召公于北燕"②，仍因旧号不改召公之称，其后裔有称"召穆公虎"者，亦不用燕号。又如周公旦初"以太王所居周地为其采邑"③，后封之于鲁，仍称周公。殷微子启封于微，故称微子；周武王封之于宋，仍称微子；其弟衍立，袭称曰微仲，不用"宋"号，微仲衍继兄沿用旧称，与康伯髦承父康叔旧有封号相类似。这说明古人以封国或采邑得号，后虽改封，亦不妨沿用旧号，或间用新号。可见周公封康叔于卫，诰曰《康诰》，侯称康侯，并没有什么悖理之处。

对《康诰》为周公作持怀疑态度的人还有一种说法是，本篇没有涉及"从康迁封于卫的事，如宜侯夨簋侯记虞侯改封于宜为宜侯，内容非常明确，如果此诰是从康改封于卫，则在内容中应该适当地反映出来"④。我们认为康叔的改封与宜侯的改封完全是两回事，不能相提并论。康叔初封于康不过是食采邑而已，还未真正具备后来"受民受疆民"的封国性质。《白虎通·姓名篇》说："管、蔡、曹、霍、成、康、南，皆采也。"此与"岐邦周、召之地为周

---

① 马承源：《有关周初史实的几个问题》，《中华文史论丛》第46辑，1990年。
② 《史记·燕世家》索引。
③ 《史记·鲁世家》集解引谯周曰。
④ 马承源：《有关周初史实的几个问题》，《中华文史论丛》第46辑，1990年。

公旦、召公奭之采地"①的情况一样。从这个意义上说，康叔封于卫才是真正的封藩建国，故司马迁有康叔始封于卫之说："收殷余民，叔封始邑，申以商乱，《酒》、《材》是诰。……嘉彼《康诰》；作《卫世家》。"②所以要从康叔由采邑而封国的诰命中去寻找像宜侯那样由封国而封国的内容，自然是困难的。虽然《康诰》并未明言康叔封卫事，但有《康诰》的续篇《酒诰》"明大命于妹邦"，《康侯簋》"诞令康侯鄙于卫"以及《左传·定公四年》的记载，应该就是康叔徙封于卫的力证。

　　此外，《梓材》篇亦存在错简问题。宋金履祥《尚书表注》云："《梓材》伏生今文作周公教伯禽之书，孔安国（伪孔）古文作成王诰康叔之书。王介甫（安石）、吴才老（棫）、朱子（熹）、蔡氏（沈）皆疑之。吴才老断自'王启监'以下似《洛诰》文，蔡氏断自'今王惟曰'以下，人臣告君之辞。"金履祥的意见是："此篇周公营洛，道王德意，以谕诸侯之书。其叙误冠《康诰》，所谓'洪大诰治'者。以前有《大诰》，故此名《梓材》。"③从《梓材》本文来看，实与伯禽关系不大，亦与营洛之事了无牵涉，都可以不论。至于"今王惟曰"以下后半截，用语确与前半篇有所不同，明显带有下告上、臣戒君的色彩，可能是他篇错简所致。但从总体上来说，《康诰》、《酒诰》、《梓材》三篇当是周公封康叔于卫的诰辞，应该是没有太大的疑问了。

　　就《康诰》、《酒诰》、《梓材》三篇的制作时间来说，可能大致相同或略有先后。据《尚书大传》载，周公摄政"四年建侯卫"。学者多以为《康诰》三篇当为是年所作。从当时的情势来分析，此说似不甚可靠。周公东征，康叔随行"扞禄父之难"④，应是一位年轻勇武的大将，并立有战功，在三年克殷残奄之后，即令康叔留守"妹邦"，周公谆谆告诫以治国之道。从《康诰》说"乃

---

① 《毛诗谱·周南召南谱》。
② 《史记·太史公自序》。
③ （元）金履祥：《尚书表注·康诰》，《四库全书》本。
④ 褚少孙补：《史记·三王世家》。

寡兄勖，肆汝小子封，在兹东土"来看，诰辞不像是周公回师镐京之后才作的，倒有可能于班师前在这个"东土"颁布诰命。如果这个推断不误，《康诰》、《酒诰》、《梓材》就是周公摄政三年所作了。总之，《康诰》三篇的制作非周公莫属，完全与成王、武王扯不上关系，反过来又证明周公摄政称王当属事实。这就是我们的结论。

第三章 《召诰》、《洛诰》的制作

《召诰》、《洛诰》是周初八诰中价值最大同时也是问题最多的两篇历史文献。文中涉及周初营建洛邑，措置殷遗，成王即政，周公监洛等一系列重大史事，学者对这些史事的具体见解颇多分歧，而近年《何尊》铭文的发现使分歧更为扩大。这说明重建西周信史的任务还很艰巨，有待更多学人做出不懈的努力。本章仅就二诰的作者和年代问题试作探索。

一 《召诰》的作者问题

《召诰》为召公诫勉成王之辞，考其本文应无可疑。《召诰》有云：

> 太保乃以庶邦冢君出取币，乃复入锡周公，曰：拜手稽首，旅王若公，诰告庶殷越自乃御事。

这段文字虽有不少难解处，但全句的主辞系太保召公却是洞若观火的。这就是说，取币"入锡周公"也好，进言"拜手稽首"也好，都是召公的行事，诰词的作者不应在召公之外去寻找。这一点，历代学者咸无异辞。

《书序》说："成王在丰，欲宅洛邑，使召公先相宅，作《召诰》。"

郑玄说："召公见众殷之民大作，周公德隆功成，有反政之期，而欲显之，因大戒天下，故与诸侯出取币，使戒成王立于位，以其命赐周公。"①

伪孔传说："召公以币入称成王命曰：敢拜手稽首，陈王所宜顺周公之事。"孔疏："召公以成王新即政，恐王不顺周公之意，或将惰于政事，故因相宅以作诰也。"

蔡沈说："吕氏曰：'洛邑事毕，周公将归宗周。召公因陈戒成王，乃取诸侯贽见币物以与周公。'且言其拜手稽首，所以陈王及公之意。盖召公虽与周公言，乃欲周公取诸侯之币与召公之诰并达之王，谓洛邑已定，欲诰告殷民。"②

这些说法在细节上虽有差别，但以《召诰》为召公诰辞却是共同的意见。这无疑是符合《召诰》原意的。所以王国维说，"此篇乃召公之言，而史逸书之以诰天下"③，应属可信。

对这一传统观点提出质疑并首创新说的是于省吾。他在1934年初版的《双剑誃尚书新证》中说："昔人以《召诰》为召公之词，今审其语气，察其文理，亦周公诰庶殷戒成王之词。史官缀叙其事以成篇也。"其理由是认为"乃复入锡周公曰"之"周公"二字应有重文，后人误脱。1949年于氏又发表《重文例》复申其说，以为本篇"因脱'周公'二字之重文，致失通篇之本义矣。"④遵从于氏的说法，前引《召诰》篇的一段文字也就被《中国哲学史资料选辑》⑤译成：

太保在这里率领许多国家的君长到外边取了币物，又走进来代表王把币物赐给周公。周公说："我恭敬地拜礼答谢王的赏赐。我有话要献给王和召公，同时也想把我的话告诉殷家的

① 《尚书·召诰》疏引。
② 宋元人注：《四书五经·书经》，中国书店1985年版，第95页。
③ 王国维：《殷周制度论》，《观堂集林》卷十，中华书局1994年版。
④ 于省吾：《重文例》，《燕京学报》第37期，1949年。
⑤ 本书为中国社会科学院哲学研究所中国哲学史研究室编，初版于1964年，1984年由中华书局再出修订本。

　　许多君长官吏和国家的官吏们。"

可见于氏的说法是有影响的。这使我们不得不认真检讨一下于说是否确乎可信。

　　于省吾认为本篇"乃复入锡周公曰"之"周公"二字应有误脱的重文，遂列举了不少文献与金文的重文例来证明。无可否认，于氏所举例证本身是正确的，只是这些例证没有一条与《召诰》此句有关，所以这种类比推理的或然性就很大。在没有发现《尚书》版本上的直接证据之前，我们对这一以此类彼的结论就不得不重重地画上一个问号。现在解决问题的办法还是只有遵照于氏的意见，"审其语气，察其文理"，看《召诰》的作者到底是周公还是召公。

　　如依于氏之说，本篇系召公奉王命以币赐周公，周公作答拜之词，"旅（嘉）王若（及）公"，那么下面几个问题便很难得到合理的解释。其一，《召诰》篇末说："我非敢勤，惟恭奉币，用供王能祈天永命。"这句话的意思是说：我不是表示自己的勤劳，只不过恭敬地奉上币物，用来进献成王，以祈求上天给予我们永久的命运。说这话的若是周公，他为什么接受了王的赏赐，又把币物再献给成王呢？这不会是要拒绝成王对他的赏赐吧？其二，召公既然代表成王致赐，为什么礼品不是来自王室，而由"庶邦冢君出取币"呢？周公受赐后对王表示谢意即可，为什么还要嘉及召公？周公的地位恐怕不会低于召公吧？其三，二公奉命营洛，成王时在丰镐。"惟太保先周公相宅"，八天后周公始至洛邑。为什么召公奉命致赐出行在前，周公受赐反而出行在后？不会是召公享有某种便宜行事的权力吧？其四，如果周公作诰，身份自然明确，何至于诰词中有"旦曰：其作大邑"云云？在《金滕》、《洛诰》、《君奭》、《立政》诸篇中，周公虽以"旦"自谓，但绝无一处又缀以"曰"字，此篇"旦曰"视为引语即可，若以周公自谓，等于是说"我周公旦说"，语调不免强横，不像是周公作答拜之词恭承王命的口气。凡此四点，皆于事理不合，实在教人无法相信于氏的新说。在这个问题上，于省吾极力驳斥伪孔传的说法，到头来还是未能摆脱伪孔传之窠臼，最突出的就是同意伪传训锡为赐，并相信"召公以币入称成王命赐周公"之说。其实，所谓"称成王命"者，纯属增字解经的臆说。召公奉成王命至洛相宅虽是事实，但若要说召公奉成王命赐币周公则没有任何证据。

黄彰健对于氏此说的弱点看得比较清楚，他一方面采信于省吾的说法，另一方面又对于说加以新的修正。他把"乃复入锡周公"的"锡"训为献，"旅王若公"的"旅"训为陈（告），这都是很正确的，但他据此得出的结论却有可商。他不认为此诰是召公奉王命取币赐周公，而是召公取币献给周公，再由周公转献成王，《召诰》"应系周公献币与王时所致辞"①。然而，黄氏要证成其说也不是没有困难。这里最大的问题是，"旅王若公"之时，是否"成王已住在新邑（洛邑）"。郑玄注《召诰》云："史不书王往者，于相宅无事也。"②伪孔传云："诸侯公卿并觐于王，文不见王（当重王字）无事。"这些解释都很成问题。既然"史不书王往者"，或曰"文不见王"，诸侯公卿怎么能"并觐于王"？诸侯公卿真有必要"并觐于王"，又怎能说王"于相宅无事"？王鸣盛说："伪孔言'王与周公俱至'，考《洛诰》言'予惟乙卯朝至于洛师'，又言'伻来以图及献卜'，若王与公同于乙卯至洛，何用伻来献卜乎？"③此言甚是。但王氏又说"相宅时王留西都未来，当于使来告卜之后而来洛也"。这话却值得推敲。《洛诰》记周公曰："孺子其朋，孺子其朋，其往！"句中的"朋"字颇为费解。清吴汝纶说："朋当读为冯。《集韵》倗、淜并通作冯。《韩策》公仲朋，《史记》集解作冯。是朋、冯通借。郑《仪礼》注：'冯，服膺之。'《史记》索引：'冯，持念之意。'孺子其朋，犹言帝其念哉！戒王之词也。"④或近是。赵光贤先生以为"朋"当系"明"（训勉）之讹⑤，亦可

① 黄彰健：《召诰解》，《经学理学文存》，台北商务印书馆 1976 年版。
② 《尚书·召诰》疏引。
③ （清）王鸣盛：《尚书后案·召诰》，《四库全书》本。
④ （清）吴汝纶：《尚书故·洛诰》，清光绪三十年刊本。
⑤ 赵光贤：《说〈尚书·召诰·洛诰〉》，《古籍整理研究学刊》1991 年第 4 期。

备一说。仔细体会这句话的意思，可见成王往洛之志不坚，在周公殷殷切切反复劝诫下才最终与"周工（官）往新邑"。可此事发生在是年岁末，即《洛诰》所说"戊辰，王在新邑烝，祭岁。文王骍牛一，武王骍牛一"。冬祭曰烝，这是成王在新建成的洛邑举行冬祭时，用岁祭之礼祭文王、武王。岁祭在年终，《洛诰》所记"在十有二月"，戊辰为晦，正当年终，与岁祭合。如果前此成王曾去洛邑，待新邑落成举行改元大典时还如此迟疑不前，这实在很难有一个合理的解释。因此，我们可以肯定地说，成王至洛是在周公摄政七年的十二月，而是年三月成王并未住在新邑，周公绝不可能向远在丰镐的成王面陈诫勉之词，此其一。其二，《召诰》若是周公直接向成王陈词，语曰"吾王虽小，元子哉"，便多少表示出贪恋权位的心态，显得殊不得体。其三，《洛诰》中周公称成王为"孺子"，《召诰》中周公却自谓"予小臣"，与周公一贯的思想作风不合。由此看来，黄彰健对于说的补苴是不成功的，同样难以自圆其说。比较起来，旧说以《召诰》为召公通过周公转致成王的诰词，仍是不可动摇的。

　　现在我们再回头看看"史不书王往者"，何以产生"王与周公俱至"的错觉。恐怕问题是出在"旅王若公"的训释上。孙星衍说："言'旅王若公'则王在矣。"[1] 孙氏与蔡传一样均把此处的"若"字训为连词"及"。实际当时成王并未至洛，训"若"为"及"便不妥当。伪孔传训"若"为顺，用其本意，谓"陈王所宜顺周公之事"，也与成王即政当享有最高权力相冲突。曾运乾训"若"通"那"作"于"讲，其说近是。曾氏说："若读如那，日母读入泥母也。《尔雅·释诂》：'那，于也。'《越语》：'吴人之那不谷，亦又甚焉。'韦注：'那，于也。'此若亦当释为于。'旅王若公'者，言旅王于公。意欲周公转达于王也。召公奉命作洛，周公继来，宅洛已有成议。既而周公献卜于王，王答言'二人共贞'，盖无往洛之志。周公复由洛返周，责勉成王，《洛诰》所谓

----

① （清）孙星衍：《尚书今古文注疏·召诰》，中华书局1986年版。

'孺子其朋其往'也。周公返周，召公留洛。乃以宅中图大，镇抚殷顽之意，陈言于王。事由周公转达。故言'拜手稽首，旅王若公'矣。"① 这个解释比较符合《召诰》的原意，也可以澄清"王与公俱至"的误解。可以说，《召诰》为召公诰词，是没有太大的疑问了。

二 《洛诰》的错简问题

《洛浩》除篇末为史逸记事之辞外，通篇皆为周公与成王的对答之语，制诰者非周公即成王，灼然可见，因而不存在作者问题。但《洛诰》有缺文错简，却不可忽视。

《洛诰》有错简，苏轼以为《康诰》篇首"惟三月哉生魄周公初基作新大邑于东国洛"至"乃洪大诰治"等四十八字即是《洛诰》之文。据《召诰》、《洛诰》可知，周公在三月乙卯朝至于洛，是月丙午朏，乙卯为十日，故"哉生魄"（初吉）应为"既生魄"之讹。召公于三月三日（戊申）至洛，正值哉生魄，盖史臣将召公至洛月相误移于周公。从《洛诰》行文来看，开篇即言"周公拜手稽首"云云，殊嫌突兀，以此四十八字移为序文，正与诰体相合。苏轼以此四十八字为《洛诰》错简，比后儒坚持置之《大诰》、《康诰》、《梓材》、《召诰》、《多士》显得要合理得多。

《洛诰》的错简，更严重的是郭沫若以为有《鲁诰》佚文的串入。郭氏在《殷周青铜器铭文研究》中说："其自'周公曰：王肇称殷礼祀于新邑'以下，直至'王若曰：公明保予冲子……夙夜毖祀'一节，插在王与周公对话之间，与上下文了不相属。……余谓此等辞句均周公教导伯禽之语也。"又谓"王若曰"节为"成王诰命伯禽之文"，"当作周公告戒伯禽者之前"②。此即《鲁诰》窜入《洛诰》者。所谓《鲁诰》就是《左传·定公四年》祝佗说的《伯

---

① 曾运乾：《尚书正读》，中华书局1964年版，第192页。
② 郭沫若：《殷周青铜器铭文研究》，大东书局影印本1931年版。

禽》之命。郭氏此说可能受到郑玄的影响。郑玄注《洛诰》"王命作册逸祝册,惟告周公其后"有云:"使史逸读所作册祝之书,告神以周公其宜立于后者。谓将封伯禽也。"① 郑玄这一说法颇有望文生义之嫌。"王命周公后"在《洛诰》中凡三见,如果前引两条语义不明,下一条则把问题说得再清楚不过了:

> 王曰:"公,予小子其退,即辟于周,命公后。四方迪乱未定,于宗礼亦未克敉。公功迪将其后,监我士师工。诞保文武受民,乱为四辅。"

蔡传云:"此下成王留周公治洛也。成王言我退即居于周,命公留后治洛。盖洛邑之作,周公本欲成王迁都以宅天下之中,而成王之意则未欲舍镐京而废祖宗之旧。故于洛邑举祀发政之后,即欲归居于周,而留周公治洛。……先儒谓封伯禽以为鲁后者,非是。"王国维《洛诰解》无疑对蔡沈的意见是首肯的,他说:"'予小子其退'以下,则又成王将归宗周。命公留守新邑之辞也。后者,王先归宗周,命公留雒,则为后矣。……时虽行宗礼,四方尚有未服者,故命公留新邑以镇之也。"可见郑玄"立后"之说,实为曲解经文,不可信从。

郭沫若以为《洛诰》之中有《鲁诰》窜入,虽未称引郑说,实则异曲同工。郭氏不以郑说为据,大概是因为他有新的证据,这就是《令彝》"王令周公子明保尹三事四方"之铭。郭氏以《令彝》证《洛诰》,认为"王若曰:公明保予冲子"之"明保"与《令彝》之"明保"同为人名,系指鲁公伯禽,因读此句为:"王若曰:公,明保,予冲子",与《康诰》之"王若曰:孟侯,朕其弟,小子封"为例正同。② 按郭说之有失偏颇是异常明显的。其

---

① 《诗·周颂·烈文》疏引。
② 郭沫若:《殷周青铜器铭文研究》,大东书局影印本1931年版。

一，《洛诰》中的"明保"绝非人名，当为勉保之意①，不能与《令彝》中周公之子"明保"牵合为一。其二，就算是《洛诰》中的"明保"为伯禽，成王也不能以"予冲子"相呼。"予冲子"自称为"示谦"，称人则等于说"我的孩子"，伯禽与成王同辈，成王即使"示爱"也不应有如此称呼。其三，此所谓《鲁诰》半为成王之命，半为周公之言，何以一诰分由两人共作，且有对答之语？其四，周公教伯禽何来"惟以在周工往新邑"？成王命伯禽何以称"惟公德明光于上下"？这恐怕没有什么特殊的道理可说。总之，视此节为《鲁诰》佚文，多有欠通之处。

黎子耀与郭氏的看法略有不同，他认为"王若曰：公明保予冲子"以下至"刑四方，其世享"一段诰词，原在《召诰》篇末，错在此篇，理由是《洛诰》和《令彝》中的"明保"非伯禽而是召公奭，又据此认为《召诰》乃召公封燕之诰。② 黎氏与郭说商榷的结果，既承续其误，又别生葛藤，也没有什么说服力，在此就不多谈了。

我们不同意《洛诰》之中有《鲁诰》或《召诰》之文窜入，并不是说《洛诰》就无缺文错简，而是说对何处有"缺文"、何处是错简，当持谨慎态度。如果轻易将诰辞割裂开来，《洛诰》所记周公营洛与还政之本事遂沉霾不显，此于古史研究并无多大益处。宋金履祥《尚书表注》说："《召诰》、《洛诰》相为首尾，惟《洛诰》所纪若无伦次。有周公至洛使告图卜往复之辞，有周公归周迎王往洛对答之辞，有成王在洛留周公于后而归之辞，有周公留洛相勉叙述之辞。辞从其辞，事从其事，各以类附，然无往来先后之叙，盖其年月必已具在系年之史，故此篇各以类附，不嫌其乱杂。但其间亦必有缺文错简。"金氏所言，大体不差，尤其是不以缺文错简而肆意割裂经文的做法，甚为可取。

---

① 赵光贤：《"明保"与"保"考辨》，《古史考辨》，北京师范大学出版社1987年版。

② 黎子耀：《〈洛诰解〉献疑》，载《王国维学术研究论集》第一辑，华东师范大学出版社1983年版。

以上通过对《洛诰》错简问题的检讨，说明所记并无大误，这样，我们就可以利用其材料来进一步探索二诰的制作年代了。

三　《召诰》、《洛诰》的年代问题

《召诰》篇记事有日月而无纪年，学者对其年代认识多有分歧尚有可说，而《洛诰》篇明有系年，学者还言人人殊，则不能说是得其旨归。下面分几个问题来谈。

（一）析"惟周公诞保文武受命惟七年"

《洛诰》篇末云："戊辰，王在新邑烝，祭岁。……王宾杀禋咸格，王入太室裸。王命周公后，作册逸诰。在十有二月。惟周公诞保文武受命惟七年。"此"惟周公诞保文武受命惟七年"一句的含义是什么，能否说明《洛诰》的制作年代，这是问题的关键所在。我们先来看看历代经学家对此是怎样解释的。

马融说："'惟七年'，摄政七年，天下太平。"（《经典释文》引）

郑玄说："文王、武王受命及周公居摄皆七年。"（《经典释文》引）

伪孔传说："言周公摄政尽此十二月，大安文武受命之事，惟七年，天下太平。"孔疏云："在十有二月，惟周公大安文武受命之事，于此时惟摄政七年矣。"（《尚书正义》）

孙星衍说："经言'在十有二月'，则周公居摄周七年也。此上文言'祭岁'，则是成王岁朝即政而祭也。故此于篇终记公居摄之年数。"（《尚书今古文注疏》）

在上述诸说中，马融把"惟七年"与"惟周公诞保文武受命"割裂开来作解，郑玄把周公与文王、武王三者并列起来作解，都是不正确的，但他们二人都认为此年当为周公摄政七年，却与后世大多数经学家的意见相一致。在此之前，《史记·周本纪》也说："周公行政七年，成王长，周公反政成王，北面就群臣之位。成王在丰，使召公复营洛邑，如武王之意。周公复卜申视，卒营筑。居九鼎焉。曰：'此天下之中，四方入贡道里均。'作《召诰》、《洛诰》。"史迁所说"周公行政七年"，据《鲁世家》知其包含在成王纪年之内，亦即成王即位七年。刘歆则认为此为周公摄政七年"复子明辟"之岁，次年为成王元年。二说于成王纪年的安排有所不同。前者注重王位相继的形式，后者言其问题的实质，故有此异。但他们二人都把《洛诰》作为周公摄政七年的诰文则无二致。验之《洛诰》本文，一则周公曰"朕复子明辟"，"兹予其明农哉"；二则王若曰"公明保予冲子"，"予小子其退，即辟于周"，确系周公致政、成王即政之辞，故知周公摄政七年说可据，亦知《洛诰》作于周公摄政第七年不诬。

王国维曾提出不同于传统观点的新看法，他说："'惟周公诞保文武受命，惟七年'者，上纪事，下纪年。犹𦨶尊云'惟王来正人方，惟王廿（按当为十）有五祀'矣。'诞保文武受命'，即上成王所谓'诞保文武受民'，周公所谓'承保乃文祖受命民'，皆指留守新邑之事。周公留雒，自是年始，故书以结之，书法先日、次月、次年者，乃殷周间记事之体，殷人卜文及庚申父丁角、戊辰彝皆然。周初之器或先月后日，然年皆在文末，知此为殷周间文辞通例矣。……自后人不知'诞保文武受命'指留洛邑监东土之事，又不知此经纪事纪年各为一句，遂生周公摄政七年之说，盖自先秦以来然矣。"[①] 王氏以先日次月次年的行文格式为殷周间文辞之通例，这是对的，不过卜辞彝铭文首若有年月日相次的行文格式，也不能算是例外，如周初甲骨即有"六年史乎（呼）宅商西"之辞。这里我们的疑问是，卜辞彝铭的纪年均指某王之年，《洛诰》"惟七年"应该是什么样的纪年呢？王国维在《周开国年表》"文王元祀"之下有解释说："成王即位，周公摄政之初，亦未尝改元。《洛诰》曰'惟七年'，是岁为文王受命之十八祀，武王克商后之

---

① 王国维：《洛诰解》，《观堂集林》，中华书局 1994 年版。

七年，成王嗣位，于兹五岁。"① 我们认为，这种解释是成问题的。

首先，"惟七年"与"惟周公诞保文武受命"是两句密不可分而又相互发明的文句，同为纪年之辞，不能将其割裂开来，残头去尾，句中用两个"惟"字正表明同为纪年的一致性。如果一定要把此句分别断开，"惟七年"也只能看作"惟周公七年"之省文，因为前已述及周公，后句则可略去。

其次，所谓"文武受命"，应理解为《康诰》言"天乃大命文王（包括武王）殪戎殷，诞受厥命越厥邦厥民"，《酒诰》言"克受殷之命"，《顾命》言"昔君文王武王……用克达（挞）殷集大命"，而不能解为留洛邑监东土之事，因为这与"文武受命"毫不相干。王氏以"惟七年"为"武王克商后之七年"实际已经包含这一层意思，实不知为什么又对"文武受命"另出新解。"惟七年"果真从武王克商之年算起，在武王未殁的两年间，他"受天命"，"定王业"，何须周公来"摄行政当国"，何须周公来安保"克殷之命"呢？

最后，以某一事件为纪年的基点，恐怕也不符合卜辞彝铭的通例。卜辞彝铭所谓"惟王某年"应是指某王即位后的某年（如果某一事件与某王即位同年，那就另当别论）。如《小孟鼎》铭："惟八月既望，辰在甲申……惟王廿又五祀。"（《集成》2839）此为康王二十五年器。又如《兮甲盘》铭"惟五年三月既死霸庚寅"（《集成》10174），此为宣王即位五年器。前者"惟王廿又五祀"指的是王年，后者仅称"惟五年"也指的是王年，这类材料很多，不能说不是通例。为什么《洛诰》"惟七年"有此例外，不是周公摄政七年（亦不是成王嗣位七年）而是"武王既克商之七年"呢？如果这种纪年可以以某一事件作为基点，那么，大量的卜辞彝铭中"惟王某祀"又是从什么事件发生开始计算某一积年的呢？把简明的纪年方式弄得如此复杂之至，实在出人意料。

陈梦家对"惟周公诞保文武受命惟七年"的解释更为有趣。他

---

① 王国维：《周开国年表》，《观堂集林》附《别集》卷一，中华书局1994年版。

说："'文武受命惟七年'指周受天命以来之七年。今若以文王称王仅一年（如《尚书大传》六年称王七年而崩之说），武王四年克纣灭殷，武王既克商二年而崩，次年即成王元祀。如此则文王称王以后至成王元祀适为七年，'文武受命惟七年'是文王受命之八年，武王即位之七年。"①陈氏截语解经我们姑不论其然否，只需将他这一结论来检验一下他拟作的"周开国年表"，就不难看出其自相矛盾处。陈氏年表的年次是：文王元祀，武王克商之年，武王既克商一年，武王既克商二年，成王即位之年，成王即位二年，成王即位三年，成王元祀。试问，既然武王克商二年而崩，次年为成王元祀，为何年表又把成王元祀放在崩后第四年呢？陈氏要在成王元祀"作新邑，诰诸侯"之前插入伐武庚、伐奄等东征之事，实在不易找出别的办法，便只好在武王既克商二年与成王元祀之间再安排成王即位三年，殊不知与其结论大相抵触。陈氏自己的结论不能用来解释自己拟定的年表，这样的结论要人们信服是很难的。

（二）《召诰》与《洛诰》制作同年

《史记·周本纪》和《汉书·律历志》引刘歆《世经》都说《召诰》与《洛诰》同作于周公摄政七年，但郑玄据《尚书大传》认为《召诰》作于周公居摄五年。我们若将二诰作一番比较研究，即知当以周公摄政七年之说为是。

《召诰》说："惟二月既望，越六日乙未，王朝步自周，则至于丰。惟太保先周公相宅。越若来三月，惟丙午朏。越三日戊申，太保朝至于洛，卜宅。厥既得卜，则经营。越三日庚戌，太保乃以庶殷攻位于洛汭。越五日甲寅，位成。若翼日乙卯，周公朝至于洛，则达观于新邑营。"

《洛诰》记周公说："予乃胤（继）保大相东土，……予惟乙卯，朝至于洛师。我卜河朔黎水，我乃卜涧水东、瀍水西，惟洛食。我又卜瀍水东，亦惟洛食。伻（使）来以图及献卜。"

---

① 陈梦家：《西周年代考》，商务印书馆1955年版，第42页。

　　比较这两段文字可见二诰记事内容的一致性。从时间上来说，召公至洛相宅在先，周公继后朝至于洛。召公至洛在三月三日（戊申）。周公至洛在三月十日（乙卯）。有学者认为二诰所说"乙卯"并不同年，"《洛诰》的乙卯是将营成周之前，而《召诰》的乙卯则在新邑建成之后"①，恐未谛。二诰所记周公至洛相宅在召公之后，何至于《洛诰》的"乙卯"偏在《召诰》的"乙卯"之前？果若是，周公先已卜宅定位，何由召公再卜？不会是召公的地位高于周公，最后由召公拍板吧？再从二公卜宅的地点来看，亦于同一位置得到吉兆。召公得卜兆之后，随即命庶殷攻位于洛汭。周公至洛复卜之后，派使臣把图卜送给远在宗周的成王，成王认为"休，恒吉"，准予备案。二诰记事内容如此契合无间，怎好说不是作于同年呢？

　　更重要的是，二诰记周公致政成王一事相得益彰，是其作于同年最有力的证据。《召诰》云：

　　　　王乃初服。呜呼！若生子，罔不在厥初生，自贻哲命。今天其命哲，命吉凶，命历年，知今我初服，宅新邑。肆惟王其疾敬德。王其德之，用祈天永命。

在这段话中，"服"字尤其值得我们注意。《诗·大雅·荡》："曾是在位，曾是在服。"毛传："服，服政事也。"说明"在服"与"在位"意思相近。"知今我初服，宅新邑"一句，伪孔传解释说："天已知我王初服政，居新邑。"把"初服"释为"初服政"，很是正确。《酒诰》所说"内服"、"外服"，《多方》所说"有服在大僚"，《毛公鼎》所说"在乃服"的"服"，都是这个意思。"王乃初服"表明成王在是年二月告庙于丰之时，已经开始临朝视政，周公也就不再称王了。不过周公对政权的移交有一个循序渐进的过程。成王开始只是初步接触处理政事，还缺乏独当一面的经验和能

---

　　① 唐兰：《西周青铜器分代史征》，中华书局1986年版，第23页。

力，当"伻来以图及献卜"时，他对周公表示"我二人共贞"，正说明这种情况。待年底新邑告成，成王经过一年的视政实践，基本具备了亲政的条件，这时再举行祀天改元大典，完成权力的最后移交。正是因为是年成王开始即政，所以才有召公对成王的戒勉。希望他"其疾敬德"，"我受天命，丕若有夏历年，式勿替有殷历年"。所谓"今冲子嗣"就是"今王嗣受厥命"，不是说成王年少嗣位，而是指成王亲掌国家大权。

《召诰》记成王即政，《洛诰》言周公致政，二者相辅相成。《洛诰》记周公说："朕复子明辟"，就是周公复还成王君位的意思。又说："乃惟孺子颁（分任政事），朕不暇听。……汝往敬哉！兹予其明农哉。"表明周公至此完全退居臣列，甚或有致仕之意。而成王"即辟（君位）于周"，正式成为周之国君了。由此看来，二诰同记周公致政成王之事，其制作不同年是说不过去的。

《尚书大传》说，周公摄政，五年营成周，七年致政成王。按照郑玄的理解，这是说《召诰》作于周公摄政五年，《洛诰》作于周公摄政七年，后世经学家对此说极为推崇。如王鸣盛《尚书后案》说："伏生《大传》乃秦火以前之书，其说原于七十子，故郑（玄）从之。《史记》杂采群书，刘歆恐亦出揣测，皆不如伏生为可信。"究其实，《召诰》既言营洛又及成王即政，二事不可分割。既然《大传》认为周公致政在摄政七年，怎么能置《召诰》"王乃初服"之事于不顾，把它定在居摄五年所作呢？这种自相矛盾的说法，偏偏有人深信不疑，实在是一件大可怪异的事。

（三）关于《何尊》铭文年代的纠葛

由于近年《何尊》铭文的发现，人们对《召诰》、《洛诰》的制作年代更是众说纷纭，这里也略作讨论。兹录此尊铭文于下：

> 惟王初迁宅于成周，复禀武王礼，福自天，在四月丙戌。王诰宗小子于京室，曰：昔在尔考公氏，克逨文王，肆文王受兹大令。惟武王既克大邑商，则廷告于天。曰：余其宅兹中

国，自之乂民。呜呼！尔有惟小子亡识，视于公氏，有爵于天。彻令敬享哉！唯王恭德裕天，顺我不敏。王咸诰，何易贝卅朋。用作庚公宝尊彝。惟王五祀。（《集成》6014）

关于何尊铭文解释的分歧，过去主要集中在"惟王初迁宅于成周"和"惟王五祀"的考释上。对于"迁宅"的考释，比较有影响的是"迁都"和"营洛"两说。主张迁都说的人，把"惟王五祀"解释为周公归政成王后的第五年；[①] 主张营洛说的人，则把"惟王五祀"说成成王即位的第五年（周公摄政五年），也就是《召诰》、《洛诰》所作之年。[②] 我们认为营洛说还有待斟酌。

从《何尊》铭文的内容来看，是说成王在天（太）室山举行福祭，又在京室诰训宗小子，并赐贝于何等事，通篇全无初始营洛的气象。如果按照杨宽的说法，"《召诰》应与何尊作于同年"[③]，《何尊》的月份干支亦与《召诰》、《洛诰》同年，那么，营成洛邑之神速就令人不可想象，从三月甲子周公命"庶殷丕作"算起，到四月丙戌成王于京室作诰，其间不过二十三日。周公秉武王遗命，营建东都，必有宫室宗庙，即所谓"左祖右社，面朝后市"[④]，即令这些建筑不如后世豪华，也绝非在不及一月的时间里就能完成。据《逸周书·作雒》载周公"及将致政，乃作大邑成周于土中，立城方千七百二十丈，郛（郭）方七十里，南系于雒水，北因于郏山，以为天下之大凑"。其"千七百二十丈"，《艺文类聚》、《初学记》、《太平御览》等引作"千六百二十丈"，这与《考工记》所说"匠人营国方九里"大致相合。规模如此庞大的建筑，毕其功于一年尚且费事，怎么可能在短短的一月之内竣工？又怎么可能在不曾竣工的京室来举行福祭并诰训宗小子？前面还曾说到，是年三四月间成王并未至洛，四月丙戌也就不可能在成周作诰。这样看来，

---

① 唐兰：《何尊铭文解释》，《文物》1976 年第 1 期。
② 马承源：《何尊铭文初释》，《文物》1976 年第 1 期。
③ 杨宽：《释何尊铭文兼论周开国年代》，《文物》1983 年第 6 期。
④ 《周礼·考工记》。

"迁"字即使有营造之意，也不能以此求解何尊之铭。要把《何尊》的年月干支与《召诰》、《洛诰》的年月干支相整合，进而得出二诰与《何尊》制作同年的结论，在事实上是说不通的。

比较起来，还是迁都说更合理些。在我看来，《何尊》所谓"迁宅"，无非是把成周洛邑作为与宗周镐京并立的两个政治中心，周天子可以根据形势需要选择居处以备事急，而镐京仍然保持作为旧都的特殊地位。"迁宅"之"迁"也不能完全视为离散之辞，由于多种原因，古时帝王可以随意迁居。汤居亳，祖乙居庇，阳甲居奄，盘庚迁殷，是其常事。即以姬周而言，文王时就"自岐下而迁都于丰"①，武王时又作宅于镐。及克商之后，武王更有宅洛之意："余其（将）宅兹中国，自之乂民"。成周既建，成王尊武王遗命，迁居于此，以稳定东方局势，自不足怪。有学者以为成王迁居成周，于古籍无征。赵光贤先生根据文献和金文材料，证明"成王曾迁居成周确有其事，《何尊》不仅证实其事，而且告诉我们此事发生在成王五年四月"②。此说甚是。从《洛诰》所记内容来看，当新邑落成，成王举行改元大典之后，随即返回宗周，是年并无迁居之事。因此把"惟王五祀"放在成王亲政后的第五年，应该是符合事实的。以《何尊》的纪年来考察《召诰》、《洛诰》的制作年代，更说明二诰作于周公摄政七年是无须怀疑的了。

---

① 《史记·周本纪》。
② 赵光贤：《成周考》，《中华文史论丛》1989年第1期。

第四章 《多士》、《多方》的编次

　　《多士》、《多方》在《尚书·周书》中孰先孰后本应如何编次，学者的意见颇为分歧。这不是一个简单的文献编排问题，实则涉及这两篇诰文的制作年代，也关系到周初伐奄、营洛、迁殷遗民、征伐东夷等一系列重大史实的发生和演变。这个问题不予解决，不仅影响到两篇历史文献的科学运用，也不利于周初史实的正确说明，故有必要作深入探讨。

一　《多士》、《多方》编次问题的由来

　　《多士》、《多方》在《尚书·周书》中的编篇之次，今文经与古文经并无差别。伏生所传今文二十八篇，据孔颖达《尚书正义》"虞书"下所载，今所流传的伪孔本五十八篇中，除去比郑玄注本增多的二十五篇（即伪古文）外，其余为"于伏生所传二十九篇内无古文《泰誓》，除《序》尚二十八篇，分出《舜典》、《益稷》、《盘庚》二篇、《康王之诰》，为三十三篇"。可知伏生本无《泰誓》，《舜典》合在《尧典》，《益稷》合在《皋陶谟》，《康王之诰》合在《顾命》，《盘庚》三篇合一，共为二十八篇，这就是今所保存的汉代今文本。据刘起釪研究，其《周书》各篇的编次是：

　　（10）《牧誓》、（11）《洪范》、（12）《金縢》、（13）《大诰》、（14）《康诰》、（15）《酒诰》、（16）《梓材》、（17）

《召诰》、(18)《洛诰》、(19)《多士》、(20)《毋佚》、(21)《君奭》、(22)《多方》(23)《立政》、(24)《顾命》、(25)《鲜（费）誓》、(26)《吕刑》、(27)《文侯之命》、(28)《秦誓》。①

又据《汉书·艺文志》载："《尚书古文经》四十六卷。"阎若璩考证其《周书》的编次是：

> 伪《泰誓》三篇卷二十三，《牧誓》卷二十四，《洪范》卷二十五，《旅獒》卷二十六，《金縢》卷二十七，《大诰》卷二十八，《康诰》卷二十九，《酒诰》卷三十，《梓材》卷三十一，《召诰》卷三十二，《洛诰》卷三十三，《多士》卷三十四，《无逸》卷三十五，《君奭》卷三十六，《多方》卷三十七，《立政》卷三十八，《顾命》卷三十九，《康王之诰》卷四十，《冏命》卷四十一，《费誓》卷四十二，《吕刑》卷四十三，《文侯之命》卷四十四，《秦誓》卷四十五，百篇《序》合为一篇卷四十六。②

比较今古文《尚书·周书》的编次可以看出，《多士》、《多方》都排在《召诰》、《洛诰》之后，且《多士》位于《多方》之前。《尚书》的编次顺序并不是随意的，它实际反映的是《尚书》整编者对各篇成书年代先后的基本看法。当然这种看法是否完全正确，还需要我们进行实事求是的分析。现在我们先来看看前人对此问题有什么意见。

《史记·周本纪》云："周公行政七年，……作《召诰》、《洛诰》。成王既迁殷遗民，周公以王命告，作《多士》、《无佚》。召公为保，周公为师。东伐淮夷，残奄，迁其君薄姑。成王自奄归，

---

① 刘起釪：《尚书学史》，中华书局 1989 年版，第 68 页。
② （清）阎若璩：《言古文书题卷数篇次当如此》，《尚书古文疏证》卷一，上海古籍出版社 1987 年版。

在宗周，作《多方》。"

今本《书序》云："成王在丰，欲宅洛邑，使召公先相宅，作《召诰》。召公既相宅，周公往营成周。使来告卜，作《洛诰》。成周既成，迁殷顽民，周公以王命诰，作《多士》。召公为保，周公为师，相成王为左右，召公不说，周公作《君奭》。成王东伐淮夷，遂残奄，作《成王征》。成王既践奄，将迁其君于蒲姑。周公告召公，作《将蒲姑》。成王归自奄，在宗周诰庶邦，作《多方》。"

《史记》和《书序》无疑是肯定《尚书》对《多士》、《多方》所作的编次的，伪孔传在这个基础上对其制作年代更有进一步的说明：《多士》系"周公致政明年三月始于新邑洛，用王命告商王之众士"；《多方》之作亦为"周公致政之明年，淮夷、奄又叛，鲁征淮夷作《费誓》；王亲征奄，灭其国，五月还至镐京"。这就是说，《多士》、《多方》分别作于周公致政次年的三月和五月。蔡传亦从其说。这种看法基本上代表了历代大多数经学家的意见。

另一种与此迥异的看法认为《多方》应编次于《多士》之前。第一个明确提出《多士》、《多方》编次有误的是郑玄。《书序》疏引郑注《多方》云："此伐淮夷与践奄，是摄政三年伐管蔡时事，其编篇于此，未闻。"此说当本《尚书大传》周公摄政"三年践奄"之说。宋王柏《书疑》云："凡化顽民之书，不过《多士》、《多方》两篇而已。缘中间纷乱脱落，序者不得其要，读者莫知条理。是故随文解义，卒不能贯通。愚不敢观序，止熟读正文，而知其有脱简焉。窃谓《多方》当在前，《多士》当在后。"① 金履祥《尚书表注》用其意云："《多方》叙云'王来自奄'，书云'我惟大降尔四国民命'。则《多方》在《多士》诸篇之前也。故《皇王大纪》系《多方》于前、《多士》于后。又疑其间章有差互，以其俱有洛邑云云也。履祥按：周公初年秉政，既尔群叔流言，周公居东二年，成王悟而迎公归，归而三叔竟挟武庚以叛，于是东征，三

---

① （宋）王柏：《书疑》，《续修四库全书》，上海古籍出版社 1995 年版。

年践奄，则东征之最后也。践奄而归，降四国殷民之命，迁之洛邑，归于宗周，作《多方》之诰，于是制礼作乐，明年遂营洛邑为东都，作《多士》篇。是则《多方》作于东征之归，《多士》作于宅洛之始。"宋儒此说，清人顾炎武、王夫之、阎若璩、刘逢禄从之，崔述《丰镐考信录·周公相成王中》列专条"《多士》在《多方》后之证"，以为申论。这种见解对《多士》、《多方》在《尚书》中的编次是持否定态度的。

近人对《多士》、《多方》编次的研究虽有新的进展，但两者孰先孰后的问题仍未解决。就《多士》的具体制作年代而言，就有以下几种意见。

（1）周公摄政五年（成王嗣位五年），朱廷献、杜正胜主此说。①

（2）周公摄政七年（成王嗣位七年），杨筠如、屈万里主此说。②

（3）成王元年（周公致政明年），曾运乾、周秉钧主此说。③

关于《多方》的制作年代，也有三种不同意见。

（1）周公摄政三年（成王嗣位三年），陈梦家、顾颉刚主此说。④

（2）成王元年（周公致政明年），曾运乾、周秉钧、朱廷献主此说。

（3）成王五年（周公致政后第五年），杨筠如、屈万里、杜正胜主此说。

这些看法，有的属于因袭旧说，有的则是另作新解，但都有进

① 朱廷献：《尚书研究》，台北商务印书馆1987年版；杜正胜：《尚书中的周公》，《周代城邦》附录，台湾联经出版事业公司1985年版。
② 杨筠如：《尚书核诂》，陕西人民出版社1959年版；屈万里：《尚书释义》，中国文化大学出版部1980年版。
③ 曾运乾：《尚书正读》，中华书局1964年版；周秉钧：《尚书易解》，岳麓书社1984年版。
④ 陈梦家：《西周文中的殷人身份》，《历史研究》1954年第6期；顾颉刚：《周公东征和东方各族的迁徙》，《文史》第27辑，1986年。

一步的阐述。笔者拟在检讨各说的基础上，谈谈自己的意见。

二　迁殷顽民与《多士》的制作年代

《多士》篇首叙云："惟三月，周公初于新邑洛，用告商王士。"此"三月"应该系于何年，解者不一。今有周公摄政五年、七年和周公致政明年（成王元年）三说。前两说所定年代虽有不同，但都依据《召诰》"用书命庶殷"立说却是一致的。如屈万里说："三月，当为成王七年（按指周公摄政七年）之三月。《召诰》言周公于三月甲子，以书诰庶殷，殆即此文。"① 杜正胜则说："周公称王第五年三月廿一甲子'用书命庶殷——侯、甸、男、邦伯'（召诰），这篇诰辞经由史官记录下来，窃疑即尚书的多士篇。"② 既然他们都认为"用书命庶殷"之书即此《多士》，为什么又产生年代上的差异呢？这是对《召诰》制作年代的看法不同所致。上一章我们已经说过《召诰》作于周公摄政七年，而不是周公摄政五年（成王嗣位五年，既克商七年），故对《召诰》的年代问题不再涉及，仅就两说的立论依据加以讨论。

比较《召诰》"用书命庶殷"与《多士》"用告商王士"的内容，至少有三方面的不同点足以把二者区别开来。

第一，作书的性质不同。据《召诰》、《洛诰》，周公于摄政七年三月乙卯"朝至于洛，则达观于新邑营"。这里的"营"字并不意味着洛邑营建的完成，而是说周公至洛全面视察新邑的营建情况，并通过复卜"定宅"，验证了召公相宅"攻位"的可行性。接着在选定或经初步营建的基址上进行了郊祭和社祭。待甲子这一天，"周公乃朝用书，命庶殷侯甸男邦伯。厥既命殷庶，庶殷丕作"。伪孔传说："是时诸侯皆会，故周公乃昧爽以赋功属役书，命众殷侯甸男服之邦伯，使就功。"此把周公所用之"书"解释为

①　屈万里：《尚书今注今译》，台北商务印书馆1984年版，第131页。
②　杜正胜：《尚书中的周公》，《周代城邦》附录，台湾联经出版事业公司1985年版。

"役书"是正确的。《左传·昭公三十二年》载,"冬十一月,晋魏舒、韩不信如京师,合诸侯之大夫于狄泉,寻盟,且令城成周",此与周公营洛的情况应无大异:

> 士弥牟营成周,计丈数,揣高卑,度厚薄,仞沟洫,物土方,议远迩,量事期,计徒庸,虑材用,书糇粮,以令役于诸侯。属役赋丈,书以授帅,……以为成命。

《召诰》所记周公的营洛工程计划比较简略,但实施的步骤却与春秋时"城成周"相差无几,即先由周公对"侯甸男邦伯"发布役书,再由他们对庶殷具体分派工作,最后经过"庶殷丕作"以完成事功。可见《召诰》所记"用书"当属役书,与《多士》对"商王士"的"诰辞"不能等量齐观。因为《多士》并不包括营建洛邑的工程计划和实施细则,也就不具备指导"庶殷丕作"的特定作用。

第二,作书的背景不同。《召诰》所记周公"用书命庶殷侯甸男邦伯",仅是新邑大规模营建的开端,而《多士》发布之时,不仅洛邑已经建成,而且还有大批的殷遗民西迁于此。《多士》云:"今朕作大邑于兹洛,予惟四方罔攸宾,亦惟尔多士攸服奔走,臣我多逊。尔乃尚有尔土,尔乃尚宁干止。……今尔惟时宅尔邑,继尔居,尔厥有干有年于兹洛。尔小子乃兴,从尔迁。"这段话的意思是说,现在我在洛地建成一座大城,主要是考虑到四方诸侯无处朝贡,也是为了你们服务王事而奔走效命的方便,你们应该顺从地臣服我们。你们可以保有你们需要的土地,过上安宁的生活。现在你们要安居于你们的城邑,继续你们的家业,这样你们就能在洛邑长久地安身立命。随同你们迁来的族嗣子孙也将兴旺发达起来。从这段话可以看出,这些"迁居西尔"的殷遗多士并不是前来修筑洛邑的,而是来为周室奔走效命,接受周人直接政治监控的。如果此时洛邑尚未建成,殷遗多士怎么可能举族迁来"宅尔邑,继尔居"呢?《史记·周本纪》说:"成王既迁殷遗民,周公以王命告,作

《多士》。"《书序》也说："成周既成，迁殷顽民，周公以王命诰，作《多士》。"都应该是符合事实的。由此看来，把洛邑建成后迁殷的诰辞说成周公始营洛邑的役书，显然是很不恰当的。

　　第三，作书的对象不同。《召诰》载周公"用书"的对象是"庶殷侯甸男邦伯"，孔疏："众殷在侯、甸、男服之内诸国之长"，《多士》的诰令对象则是"商王士"，即下文的"殷遗多士"，二者的区别应该是很明显的。《酒诰》云："自成汤咸至于帝乙……越在外服，侯、甸、男、卫、邦伯，越在内服，百僚庶尹，惟亚，惟服，宗工，越百姓，里居（君），罔敢湎于酒。"又《大盂鼎》铭："惟殷边侯田（甸）于殷正百辟率肆于酉（酒）。"（《集成》2837）这说明殷代的政治区划有内服、外服之别。周公"用书"之"侯、甸、男、邦伯"就是殷代外服制下的邦国诸侯。他们原来臣属于殷，武王克商及周公东征以后又臣服于周。斯时营洛，"四方民大和会，侯甸男邦采卫"前来效命，"和见士（事）于周"，以力役的提供和币帛的献享表示臣服周邦的姿态。而《多士》所诰令的"殷遗多士"则与之不同。他们是殷代内服制下可以在朝为官的子姓贵族，是与"百姓"地位约略相当的族群之长。他们曾参与武庚叛乱，复国之心未泯，所以周公将其迁居洛邑，置于周人有效的政治监控之下，以安东方的反侧。由于"惟尔洪无度，我不尔动，自乃邑"，被迁徙只是咎由自取，周公却说这是奉天命行事："予惟时其迁居西尔，非我一人奉德不康宁，时惟天命。"他们被迁居洛邑，却还希望能像夏遗臣那样在新邦享有一定的政治地位，可以"迪简在王庭，有服在百僚"，周公以"予一人惟听用德"为由，有限制地堵住了这些来自"天邑商"的殷遗多士的仕途。他们只有"比事臣我宗（周）"，乖乖听命，才能"尔乃尚有尔土，尔乃尚宁干止"，否则"尔不啻有尔土，予亦致天之罚于尔躬"。可见这些殷遗多士不仅与前去营洛的"庶殷"之民不同，而且与领有"庶殷"的"侯、甸、男、邦伯"的身份地位也迥然有别。

　　从上述三个方面来看，《多士》与《召诰》所记周公"用书命庶殷"并不是一回事，以《召诰》求证《多士》的年代，以为作于周公摄政七年或五年都是不可信的。

现在我们再来考察一下《多士》作于周公致政明年（成王元年）这一传统说法。此说虽由伪孔传明确提出，实际上却是沿袭先前汉儒的意见。《史记·鲁世家》记载《多士》作于周公摄政"七年后"，《书序》以为作于"成周既成"时，郑玄说是成王元年三月周公"用成王命告商王之众士以抚安之"①。以当时的情势论，我以为这些说法还是可以信据的。据《洛诰》，洛邑的建成是在周公摄政七年十二月之前，成王至此举行落成大典后，命周公留守洛邑，旋即返回宗周。周公留守洛邑的第一要务应该就是迁殷遗民。东都洛邑的营建，名义是说这个地方居天下之中，四方入贡，道里平均，实际是周公的治兵之所，为周人经营东方，镇压东方殷商残余势力的大本营。迁殷遗民入洛，不仅便于就近监控，强干弱枝，而且有利于补充周师兵员，东向作战。其后成周有"殷八师"执行镇抚东南的战斗任务，应该就是殷遗民服役组成的军事编队。② 周公营洛已毕，"四方迪乱未定"，迁殷民尤显迫切。成王元年三月，周公迅即西迁"殷遗多士"，并作诰抚安，无疑是符合当时情势的。顾颉刚说："本篇篇首云：'惟三月，周公初于新邑洛用告商王士。'这'三月'不知道是否即《召诰》的'三月'，那时周公至洛亦曾用书'命庶殷'。只是《召诰》三月正当作洛，未必即会板下脸来，对商士说出这一番话。揣度情势，恐是作洛后的翌年三月所为。"③ 这个看法是正确的。

有人认为迁殷顽民应在作洛前而不当在成周既成后，因为营洛需要大量劳动力，且营洛过程中已有"庶殷"供其役使了。其实，"庶殷"的构成是相当复杂的，除一部分是"侯、甸、男邦伯"的属民外，还有一部分就是战争中被俘西迁的"殷献民"。《洛诰》说"孺子来相宅，其大惇典殷献民"，是其证。不过这部分"殷献

---

① 《尚书·多士》疏引。
② 许倬云：《西周史》（增订本），生活·读书·新知三联书店1994年版，第124—125页。
③ 顾颉刚：《〈尚书·多士〉校释译论》，《文史》第40辑，1994年。

民"（亦即殷顽民）迁洛的时间比较早，据《逸周书·作雒》载，周公东征曾"俘殷献民，迁于九毕"。孔晁注："九毕（王念孙以为当是九里），成周之地近王化也。"又《汉书·地理志》云："武王崩，三监畔，周公诛之，……迁邶庸之民于洛邑。"这说明早在营洛前就有大量殷顽民迁居洛邑了，不过这些人以战俘居多。《洛诰》称洛地为"洛师"，当有周师驻扎此地。这些首批迁洛的"殷献民"，可能就处在周人军队的管制之下，当营洛开始，他们也就成为力役的主要承担者。所以营洛之初"庶殷"中即有殷顽民效力是很自然的事，这与成周既成，周公复迁"殷遗多士"并不矛盾。成周既成，周公西迁"殷遗多士"居洛，正是周公对殷遗民分而治之的大手笔。这样看来，周公作《多士》之诰，抚安殷遗多士，事在致政后的成王元年三月，当仍可信据。

三　伐奄与《多方》的制作年代

《多方》的制作与周初伐奄之役密切相关这是人所公认的。《多方》篇首云："惟五月丁亥，王来自奄，至于宗周。"说明伐奄归来当年即是《多方》制作之时。因此，弄清周初伐奄的史实，无疑是确定《多方》制作年代的关键所在。

在叙说周初伐奄事之前，我们先把奄的族属、姓氏、地望等情况交代一下。《尚书》中的"奄"，《左传》称之为"商奄"，《韩非子》称之为"商盖"。奄原为殷代东方大国，是与薄姑齐名的东夷族邦之一。《左传·昭公九年》载："薄姑，商奄，吾东土也。"《鹽鼎》铭文载"伐东夷"而言及薄姑，是奄与薄姑同属东夷族邦之证。《吕氏春秋·察微篇》也说："故智士贤者相与积心愁虑以求之，犹尚有管叔、蔡叔之事与东夷八国不听之谋。"高注："东夷八国附从二叔，不听王命，周公居摄三年伐奄，八国之中最大。"东夷的种类很多，故在古籍中又称为"九夷"，也称为淮夷。孙诒让在《墨子间诂·非攻中》考证说：

《书叙》云："成王伐淮夷，遂践奄。"《韩非子·说林上》篇云："周公旦攻九夷而商盖服。"商盖即商奄，则九夷亦即淮夷。

又宋翔凤说："奄盖淮夷之长帅"①，这都是十分正确的见解。

奄为嬴（盈）姓，并非与殷同族的子姓诸侯。《左传·昭公八年》云："周有徐、奄"，杜注："二国皆嬴姓"，正义："《世本》文也。"《史记·秦本纪》称嬴姓"其后分封，以国为姓"，其中"运奄氏"当即奄国。《逸周书·作雒》称徐奄为熊盈族，刘师培《周书补正》卷三说："熊者嬴之转，……熊、盈、嬴三文通用。"其说至确。奄之地望，古无定说，唯《续汉志·郡国志》以鲁为古奄国，但不知所本，学者疑之。及至清人汪中考定，始白于世：

中按《汉书·艺文志》："《礼古经》者，出鲁淹中。"苏林曰："里名也。"《楚元王传》："少时尝与鲁穆生、白生、申公俱受《诗》于浮邱伯。"服虔曰："鲁国奄里人。"《续汉志注》引《皇览》曰："奄里，伯公冢在城内祥舍中，民传言鲁五德奄里，伯公葬其宅也。"《说文》："郁，周公所诛；郁国在鲁。"《括地志》："兖州曲阜县奄里，即奄国之地也。"淹、郁、奄古今字尔。②

这说明奄国在鲁（今山东曲阜市）与薄姑（今山东临淄）仅是中间相隔一座泰山的邻国。

殷商末年，东夷与大邑商的关系极度恶化，帝乙、帝辛时的卜辞和金文每有"王来征人方"的记录。人方就是夷方，亦即文献上所说的"东夷"。商王大规模征伐东夷，对商自身的力量损耗很

---

① （清）宋翔凤：《尚书略说·周公摄政》，《清经解续编》，上海书店1988年版。
② （清）汪中：《周公居东证》，《述学·内篇二》，《清经解》本。

大，此所谓"纣克东夷而陨其身"①，结果仍未使东夷完全臣服。武王克商以后，东夷与华夏国家的对抗关系并未改善，而且还对一朝而为天下共主的"小邦周"抱有敌视的态度。故在"管蔡启商，惎间王室"②的三监之叛中，东夷族邦遥相呼应，起而叛周，奄则成为东夷族邦中最大的敌国。《尚书大传》说："武王死，成王幼，管、蔡疑周公而流言。奄君、薄姑谓禄父曰：'武王既死矣，成王尚幼矣，周公见疑矣。此百世之时也，请举事！'然后禄父及三监叛也。"③这是说东方诸国集团叛周的起因，先由于管、蔡的流言，继成于奄君的鼓动。奄成了反周阵线的重要参与国，自然成为周公东征的主要打击对象之一。

　　关于周公东征伐奄一事，先秦典籍多有记述。《逸周书·作雒》载："武王……崩镐，殡于岐周。周公立，相天子，三叔及殷、东、徐、奄及熊、盈以略（畔）。周公、召公内弭父兄，外抚诸侯。……二年又作师旅，临卫政（征）殷，殷大震溃。辟三叔，王子禄父北奔，……凡所征熊盈族十有七国，俘维九邑，俘殷献民，迁于九毕。"此熊盈诸邦自有奄国在其中。银雀山汉墓竹简《孙膑兵法·威王问》说："帝（当为商之误）奄反，故周公浅（通践）之。"《吕氏春秋·古乐》篇说："成王立，殷民反，王命周公践伐之。商人服象，为虐于东夷。周公遂以师逐之，至于江南。"这里所说的"商人"和"东夷"即指奄、徐、淮夷诸国。他们在这次反抗斗争中曾使用象阵作战，足见战事进行得相当激烈。那么，在这次东征中商奄、薄姑等东夷族邦是否遭到了彻底覆灭的命运呢？《书序》说："成王东伐淮夷，遂践奄。"《尚书大传》释之曰："遂践奄。践之者，籍之也。籍之，谓杀其身，执其家，潴其宫。"④按照伏生这一说法，奄是国破家亡，不复存世了。自郑玄以降，笃信此说的学者甚众，尤以清儒为最。我以为，伏生对"践

---

①　《左传·昭公十一年》。

②　《左传·定公四年》。

③　《诗·邶鄘卫谱》正义引。

④　《诗·豳风·破斧》正义引。

奄"的理解并不十分准确。"践"固然有"剪灭"的意思,却不能说"践奄"就完全等于灭奄。试想一下,殷季纣伐东夷,劳师靡时,屡攻不克,何至于周公就能一役制胜?再说当时周公东征的主要目标是管、蔡、武庚三监,奄君、薄姑虽参与谋叛,但并不对周邦构成最直接的威胁,周公在平定三监之叛后,经过一番破斧缺斨的苦战,兵锋已成强弩之末,怎么可能在短时间内一举剪灭东夷叛乱诸邦呢?从周公伐武庚犹有微子继其宗祀来看,商奄、薄姑等国虽遭重创,也当得存亡继绝。如此看来,"践奄"之"践"以"剪灭"为训,恐非确当。我以为,还是依《释名·释姿容》"践,残也,使残坏也"为训较为妥帖,《史记·周本纪》释作"残奄",可谓正解。验之《韩非子·说林上》所载,益证残奄说比《大传》灭奄说更得历史之真相:"周公旦已胜殷,将攻商盖(商奄)。辛公甲曰:'大难攻,小易服,不如服众小以劫大。'乃攻九夷,而商奄服矣。"可见当时周公的伐奄战略是"服众小而劫大",即进攻九夷(东夷)小国,使商奄震慑臣服就算达到目的了。至于商奄、薄姑的最后覆灭,当是周公致政后再行东征的事,这一点,我们将在第六章第二节予以详论。

周公东征,奄是东夷族邦中最大的敌国,平奄是东征的结束。《孟子·滕文公下》说:"周公相武王,诛纣,伐奄三年讨其君。"孟子叙说周公伐奄之役发生在武王之世,这是他的疏误,但他说"伐奄三年讨其君",却给我们确定周公践奄的年代提供了线索。据《史记·周本纪》载:"初,管、蔡叛国,周公讨之,三年而毕定。"由于践奄是征伐东夷的最后一役,故"伐奄三年"当是指周公东征的第三年,而不是说伐奄用去了三年时间。此与《尚书大传》所言周公摄政"一年救乱,二年克殷,三年践奄"是一致的,说明"残奄的年代也就的确在周公摄政三年"[1]。周公伐奄的时间既明,《多方》的制作年代也就随之可考了。《多方》云:"惟五月

---

① 段渝:《〈多方〉〈多士〉的制作年代及诰令对象》,《四川大学学报》1987年第3期。

丁亥，王来自奄，至于宗周。周公曰，王若曰：'猷告尔四国多方！'"四国多方是殷周间的习惯用语，犹言四方之国众多之邦，并没有实指管、蔡、商、奄诸国的意思。周公东征胜利后，从伐奄前线回到镐京，把原为殷朝属国的许多国君召集到那里，对他们进行了一番严厉的训话，要他们俯首帖耳地接受周朝的统治。我们在第一章曾经谈到，周公东征归来约在周公摄政三年的夏秋之交，此与《多方》说"惟五月丁亥"周公作诰的时间大致吻合。这说明《多方》的制作时间就在周公摄政三年五月丁亥，是日殆即周公发布《多方》之诰的时间。我们这样说似乎与郑玄的意见相同，实质上却是有差别的。原因是，我们所说的周公摄政三年是指武王死后的第三年，而郑玄说的周公摄政三年是指武王死后的第七年，这一点在此也附带交代一下，提请读者注意。

以上我们主要是通过分析周初伐奄的史实来考察《多方》的制作年代，现在我们换一下视角，看能否从《多方》文本找到内证。《多方》有云：

> 猷告尔有方多士暨殷多士：今尔奔走臣我监五祀，越惟有胥伯小大多正，尔罔不克臬。

《尚书大传》引此文，"胥伯"作"胥赋"，是即力役和赋税。正，同征。臬，法也。原文的大意是，你们臣服我周家已有五年了，向你们征发的大小徭役赋税，你们遵照法令完成了义务。文中所谓"臣我监五祀"应如何理解，是考察《多方》制作年代的一条重要线索。在这个问题上，人们的意见颇有分歧。如孙星衍谓"监"指三监[1]，皮锡瑞谓"监"指康叔[2]，杨筠如谓"监"指周公[3]，等等。三监之设，康叔封卫，周公监洛，年代各不相同，据此推算"五祀"的积年当然不能形成共同的认识。从上述诸家对"监"字

---

[1] （清）孙星衍：《尚书今古文注疏·康诰》，中华书局1986年版。
[2] （清）皮锡瑞：《今文尚书考证·康诰》，中华书局1989年版。
[3] 杨筠如：《尚书核诂·康诰》，陕西人民出版社1959年版。

的解释来看,有一共同特点即直接视"监"为某人。这是不正确的。关于"监"的字义,清人姚鼐已有过一番很好的考察,他在《管叔监殷说》一文中说:"周谓诸侯君其民曰'监',故曰'监殷',非监武庚之谓。《梓材》曰'王启监',言天下之诸侯也。《多方》曰'今尔奔走臣我监五祀',言畿内诸侯也。"① 姚氏以为"监"是指周初诸侯对地方人民的统治,不是专为钳制武庚而设,此说今已得到金文材料的证实(说详第六章第一节)。这样看来,《多方》所说"臣我监五祀"的"监"无疑是指诸侯对地方人民的统治,即"周谓诸侯君其民曰监",不必定指某人。既如此,这"五祀"当从武王克殷大封诸侯以治天下算起,即武王克商后的二年,加上周公东征三年的总计。如果此说不误,《多方》"臣我监五祀"正是此诰作于周公摄政三年的绝好证明。

从周初伐奄史实的分析和《多方》本身提供的内证来看,把此诰的制作年代确定在周公摄政三年应该是合理的。可是,人们对这一说法不敢轻信,也是有原因的。其一,《史记》、《书序》、伪孔传都把诰文中"王来自奄"的"王"说成成王,而成王年幼嗣位,不可能偕同周公东征伐奄,这就意味着此次伐奄当在成王亲政以后,故《多方》之作不该置于周公致政以前。其实,"王来自奄"的王还是摄政称王挥师东征的周公,不过篇首"王若曰"之前又冠有"周公曰"字样,似乎表明"王"与"周公"并非一人。但仔细考察起来,《多方》此一书法是有问题的。它既不同于周公摄政称王时作诰仅称"王若曰"(如《大诰》及《康诰》三篇),也不同于周公致政后作诰仅称"周公曰"(如《无逸》、《立政》),可见《多方》这个"周公曰"来得很蹊跷。顾颉刚以为"这原是后世史官或经师们的增字,来表明这'王'就是周公"②,看来是有道理的。因此,说《多方》作于周公摄政三年,也就不存在此时成王年幼不能偕行出征伐奄的障碍。其二,由于《多方》有"尔乃

---

① (清)姚鼐:《管叔监殷说》,《惜抱轩全集·九经说五》,清同治丙寅年刊本。
② 顾颉刚:《周公东征和东方各族的迁徙》,《文史》第 27 辑,1986 年。

自时洛邑，尚永力畋尔田，天惟畀矜尔，我有周惟其大介赉尔，迪简在王庭，尚尔事，有服在大僚"诸语，遂成为《多方》作于洛邑建成周公致政后的又一条理由。这个问题确实令人费解。自宋迄今，有很多学者怀疑这段文字是他篇错简所致，如宋代王柏①、清儒刘逢禄②、近人顾颉刚③都作如是观。但错简说似乎把问题简单化了，也不足以服人。我们认为这里的"洛邑"可能不是错简，也并非表示洛邑已经建成而有殷遗民迁居于此，而是说将在洛地营建都邑以迁殷遗民。"尔乃自时洛邑"似可这样训释：时者，待也。《广雅·释言》："时，伺也。"《易·归妹》："归妹愆期，迟归有时。"王弼注："愆期归迟，以待时也。"邑者，营建城邑也。《左传·隐公十一年》："吾先君新邑于此"，即此用法。据此，"尔乃自时洛邑"这段话的大意当是说，你们待到洛地建成都邑，还可以长久地在那里耕种田地，上天会怜悯你们，我们周人将要大大地扶助赏赐你们，选拔你们到王庭做事，使你们拥有重要的官职。这实际只是周公将要营洛迁殷的预告，并不表示洛邑已经建成，殷遗已经西迁。因此我们似可不必因为有"洛邑"二字的出现就怀疑《多方》作于周公摄政三年的可靠性，并进而推断《多方》只能作于洛邑建成周公致政以后。至此，对《多方》制作之年的两个疑团大概可以解释了。

四 《多士》、《多方》的编次有误

根据我们前面的论述，得知《多士》作于周公致政明年，即成王改元元年；《多方》作于周公摄政三年，即成王嗣位三年。这说明《多方》是先于《多士》而成篇的。此一结论我们还可以从两篇诰文的对比中找到证据。

其一，《多方》说："王来自奄，至于宗周，……猷告尔四国

---

① （宋）王柏：《书疑》，《续修四库全书》，上海古籍出版社1995年版。

② （清）刘逢禄：《书序述闻》，《清经解续编》，上海书店1988年版。

③ 顾颉刚：《周公东征和东方各族的迁徙》，《文史》第27辑，1986年。

多方惟尔殷侯尹民。"《多士》则说:"昔朕来自奄,予大降尔四国民命。"是知《多方》所诰在"昔",《多士》所诰在《多方》之后。故《多士》又称"予惟时命有(又)申",是第二次对殷遗多士的训诫。

其二,《多士》言及殷遗多士"迁居西尔",且有"迪简在王庭,有服在大僚"的政治要求,表明此时营洛迁殷已告完成。而《多方》却说:"尔乃惟逸惟颇,大远王命,则惟尔多方探天之威,我则致天之罚,离逖尔土。"意思是,你们如果放荡邪僻,大大地违抗王命,那你们就是冒犯上天的威严,我将遵照天意对你们进行惩罚,使你们远远离开原来居住的地方。这说明《多方》制作之时洛邑尚未营建,也谈不上迁徙殷民的问题,故不会像《多士》一样作于营洛迁殷完成之后。

其三,二诰首章同叙殷周革命之由,但《多方》文繁,《多士》文简,表明前日既言其详,后日但举其略。同时,《多方》之作,平叛甫定,故言辞极显严厉,如说:"尔乃迪屡不静,尔心未爱;尔乃不大宅天命,尔乃屑播天命,尔乃自作不典,图忱于正,我惟时其教告之,我惟时其战要囚之,至于再,至于三。乃有不用我降尔命,我乃其大罚殛之,非我有周秉德不康宁,乃惟尔自速辜!"而《多士》之作,平叛既久,又迁殷民,故言辞相对温和。如说:"予惟时其迁居西尔,非我一人奉德不康宁,时惟天命,无违。朕不敢有后,无我怨。……予惟率肆矜尔,非予罪,时惟天命。"这种差别也是《多方》作于《多士》之前的反映。

综上所述,《多方》作于《多士》前应上接《梓材》,《多士》作于《多方》后可上接《洛诰》,今古文《尚书》把《多士》编次在前《多方》编次在后的做法应该是错误的。这种错误可能早在先秦即已发生,以致司马迁作《史记》也莫辨正误。其后经生解经,相沿成说,遂使周公东征一事被重重迷雾所笼罩。现在我们澄清这一事实真相,对周初历史的复原应该不是多余的。

第五章　前编结语

　　考察《尚书》周初八诰的作者和年代，有如甲骨金文的分期断代一样，是一项非常繁难而又必不可少的基础性工作。学术界在这个问题上之所以产生严重的分歧，主要原因在于对周公摄政称王一事持有不同看法。往古学者对于周公摄政称王或予肯定或予否定，由于对名教的不同态度或对文献的不同解释而产生意见分歧。近世学者以文献时有伪篇且多窜乱之迹，往往以地下出土古文字材料为尚。特别是当文献记载与古文字材料发生矛盾时，宁取信于古文字材料而不惜置文献材料于不顾。因此，尽管文献上不乏周公摄政称王的明确记载，也因《小臣单觯》、《禽簋》、《宜侯夨簋》诸篇铭文似乎与此形成反证而持保留态度。顾颉刚曾作《周公执政称王》的长文力申此说，也因对这些金文材料未予解释或解释不尽合理，而未得到学术界的广泛认同。如今我们再来考察这个问题，力图对古文字资料与古文献记载的矛盾给予合理的分析，以期能对周公摄政称王一事获得较为真切的认识。由此再对周初八诰的作者和年代进行考察，似可得出如下结论。

　　一、在《大诰》、《康诰》、《酒诰》、《梓材》的作者问题上，我们不相信武王或成王作诰说，认为只有周公才是诰文的真正作者。周公摄政元年秋，管蔡流言，协武庚作乱，以成王年幼，周公乃摄政称王，召会诸侯，兴师东伐，于是有《大诰》之作。周公摄政三年，东征暂告结束，周公遂封康叔于卫，诰教治殷之策，于是有《康诰》、《酒诰》、《梓材》之作。

　　二、《召诰》为召公诰庶殷诫成王之辞。诰辞虽由周公最后转致成王，但周公绝非制诰之人。《召诰》、《洛诰》同记周、召二公营建洛邑及周公致政成王诸事，互见其义，相得益彰，说二诰制作不同年是说不过去的。所谓二诰制作同年，也并非像有的学者说的那样是在周公摄政五年，而是在周公摄政七年。

三、《多士》、《多方》亦为周公制诰之文，但它们在《尚书》中的编次有误。《多士》作于周公致政明年，即成王改元元年；《多方》作于周公摄政三年，即成王嗣位三年。故《多方》作于《多士》前应上接《梓材》，《多士》作于《多方》后应当上接《洛诰》。

后　编

周初八诰相关史实考论

第六章　周公东征与东封

在《尚书》周初八诰中，《大诰》是周公东征的战前动员令，《多方》是周公东征归来对殷人及四国多方发布的诰令，《康诰》三篇则是周公东征结束后册封卫侯的命书。各篇虽从不同侧面反映了周公东征与东封的史实，但毕竟是雪泥鸿爪，不可言详。这就需要我们在此基础上广泛搜求有关文献和考古资料，才能对周初这一重大历史事件作出较为全面的思索。在这方面，已有学者作过不少努力，每有创获，但有些问题仍多分歧，真相难明。譬如，怎样看待三监之设及武王分封的性质，周公东征是否毕其功于一役，燕、鲁、齐始封于何时，这些都是研究周公东征与东封所涉及的重要课题，本章试予讨论。

一　三监之设及其性质

武王克商后的大分封，是历来为人们所津津乐道的一件盛事。但是不过两年的时间，武王所封三监即兴兵叛周，给周初分封制抹上了一层淡淡的阴影。这就牵涉如何看待武王分封的性质问题，值得我们认真探讨。欲明武王分封的性质，须先考察三监人物及其封地。

（一）三监其人

"三监"之称不见于周代文献，应是汉儒正式提出的一个历史概念。①《尚书大传》说："武王杀纣，立武庚，继公子禄父，使管叔、蔡叔监禄父。禄父及三监叛。"② 这是现存历史文献中关于"三监"一词的最早记载。伏生说"禄父及三监叛"，似乎武庚禄父之外另有三监其人，但观前言监禄父者仅管叔、蔡叔二人，三监似又成为经传所无的二监了。这种依违两可的模糊说法，说明汉初今文家对"三监"一词的历史内涵并无清楚的认识。司马迁作《史记》没有采用"三监"这个概念，恐怕与此不无关系。又《书序》说："武王崩，三监及淮夷叛，周公相成王，将黜殷，作《大诰》。"这里虽未明言"三监"所指，但从"将黜殷（武庚）"一语来看，武庚作为兴兵叛周的首恶似应包括在"三监"之内。《大传》和《书序》这种自身含糊其辞而又彼此冲突不谐的说法，给后世学者对"三监"的解释留下了各持己见的自由空间。

从东汉开始，人们对"三监"究系何人的问题便有了明显的分歧意见。《汉书·地理志》云："河内本殷之旧都。周既灭殷，分其畿内为三国，《诗·风》邶、鄘、卫国是也。邶，以封纣之武庚；鄘，管叔尹之；卫，蔡叔尹之；以监殷民，谓之'三监'。"班固以武庚、管叔、蔡叔为"三监"，这是一种说法。郑玄却说："邶、鄘、卫者，商纣畿内方千里之地。……周武王伐纣，……以其京师封纣子武庚为殷后。庶殷顽民被纣化日久，未可以建诸侯，乃三分其地置三监，使管叔、蔡叔、霍叔尹而监教之。自纣城而北谓之邶、南谓之鄘、东谓之卫。"③ 此以管叔、蔡叔、霍叔为三监，是另一种说法。这两种说法到底哪一个对，历来人们就各执一端，今日学者亦见仁见智，似乎仍是一个悬而未决的历史疑案。

在三监人物这个问题上，顾颉刚、刘起釪二氏都作过专门的长

---

① 今按：此说不妥。近年发现的清华简《系年》第三章说："周武王既克殷，乃设三监于殷。"（李学勤主编《清华大学藏战国竹简（二）》，中西书局 2011 年版，第141 页）清华简系战国中后期物，说明战国时期即有"三监"的说法。

② 《毛诗正义·邶鄘卫谱》疏引。

③ 同上。

篇考证文章①，细致而周详地论述了"三监"应指武庚、管叔、蔡叔的观点。我同意他们的看法，一是因为它与春秋至西汉间可靠的文献材料相合，二是因为它与周代"监"字的历史内涵相合。

"三监"既是西汉时期形成的一个历史概念，它应该是从当时或以前大多数文献材料中综合概括出来的。与其相合者是正确的，不合者则是不正确的。分析这方面的材料，有管、蔡二叔并提的，也有管、蔡、武庚（禄父）并提的。前者有如《左传·僖公二十四年》："昔周公吊二叔之不咸，故封建亲戚，以藩屏周。"《左传·昭公元年》："周公杀管叔而蔡蔡叔。"《国语·楚语上》说到历代圣王的不肖之子，称"文王有管、蔡"。《诗·小雅·常棣》序："闵管、蔡之失道。"《吕氏春秋·开春》："周之刑也，戮管蔡而相周公。"又《察微》："犹尚有管、蔡之事。"《淮南子·氾论篇》："诛管、蔡之罪。"《春秋繁露·五行相生篇》："周公相，诛管叔、蔡叔以定天下。"后者则有《左传·定公四年》："管、蔡启商，惎间王室，王于是乎杀管叔而蔡蔡叔。"《淮南子·要略篇》："管叔、蔡叔奉公子禄父而欲为乱，周公诛之，以定天下。"《史记·周本纪》："武王……封商纣之子禄父殷之余民，武王为殷初定未集，乃使其弟管叔鲜、蔡叔度相禄父治殷。"又《殷本纪》、《鲁世家》、《管蔡世家》、《卫世家》、《宋世家》也都说以管蔡相武庚，而后管、蔡与武庚作乱。这两类材料不管是站在什么角度说的，都不涉及霍叔其人，故知"三监"当以"管蔡启商（武庚）"所言人物为是。

班固的"三监"人物说与上述大量的文献材料相印合，相反，郑玄的"三监"人物说却缺乏可靠的根据。有的学者笃信郑说，认为"说三监之即管、蔡、霍三叔，有两条铁证：其一就是《诗谱》孔疏引用过的《古文尚书·蔡仲之命》：'致辟管叔于商；囚蔡叔于郭邻，以车七乘，降霍叔于庶人，三年不齿'；其二就是《逸周

---

① 顾颉刚：《"三监"人物及其疆地》，《文史》第 22 辑，1984 年；刘起釪：《周初的"三监"与邶、鄘、卫三国及卫康叔封地问题》，《历史地理》第 2 辑，1982 年。

书·作雒》：'建管叔于东，建蔡叔、霍叔于殷'；这都是不容置疑的可靠史料。另外，《商君书·刑赏》说：'昔者周公杀管叔、流霍叔'，也是三监中有霍叔的有力佐证。"① 其实，这些所谓铁证都是有问题的。第一，孔颖达所引用的《蔡仲之命》并不是真《古文尚书》，而是郑玄所未见的伪《古文尚书》。郑玄说霍叔"盖赦之也"②，表明郑玄不曾见到这篇伪《古文尚书》，否则他不会说出"《蔡仲之命》亡"③ 之类的话。而伪《古文尚书》不能据以证史，这已是一个常识问题，无须多说。第二，《逸周书·作雒》篇并非西周作品，很可能是春秋或战国时人根据有关资料编写而成的④，观其篇中有五方配五色以及郡县之制即知。所以使用其中的材料，若别无参证，就不好说一定可靠。文称"建蔡叔、霍叔于殷"，以二人同建一地，即于理不顺。由于后文"三叔"当为"二叔"之讹，遂有好事者不加详察便在"建蔡叔于殷"一句增羼"管叔"二字⑤，以致与下文"管叔经而卒，囚蔡叔于郭邻"大不相谐。实际上，《逸周书》也是持三监为管、蔡、武庚之说的。其《大匡》篇"管叔自作殷之监"一句，孙诒让《周书斠补》据宋本《史略》所引加以校订，认为此句应为"管叔、蔡叔臬（暨）殷三监"。其说确有识见。这说明《逸周书》也不能支持郑玄的三监之说。第三，《商君书》通行本说"杀管叔、流霍叔"，而《通典》卷一百六十九《刑七》所引则为："诛管叔、放蔡叔、流霍叔。"王引之以为《通典》"放蔡叔"三字，"盖后人以意增之"⑥，无从验证。相反，《左传》说"蔡（杜注：蔡，放也）蔡叔"，《史记》称"放蔡叔"，倒有可能仅此一见的"流霍叔"系后人妄加。不管怎么说，这是一条孤证，还不足以说明三监就一定是管、蔡、霍三

---

　　① 刘运兴：《三监考》，《人文杂志》1985 年第 6 期。

　　② 《毛诗正义·邶鄘卫谱》疏引。

　　③ （清）孙星衍：《尚书今古文注疏》卷三十引。

　　④ 赵光贤：《〈逸周书·作雒〉篇辨伪》，《文献》1994 年第 2 期。

　　⑤ （清）朱大韶：《实事求是斋经义·二叔辨》，《清经解续编》卷七三九，上海书店 1988 年版。

　　⑥ （清）王引之：《经义述闻》卷三《三监》条，《清经解》本。

人。总之，郑玄始倡的"三监"人物说并不是什么不可动摇的铁证，用这几条漏洞百出的材料来推翻春秋至西汉间大量可靠的文献记载，就方法论而言不能算是很科学的。

尽管如此，不少人还是不愿意放弃郑玄的三监人物说，这在很大程度上是对"监"字的误解所致。依《尚书大传》说："使管叔、蔡叔监禄父"，似乎三监不为监制武庚而设，它就失去了所监的对象和存在的理由。实际上，周代的"监"并不具有秦汉中央政权向地方派出监官这种后起之义，《礼记·王制》说："天子使其大夫为三监，监于方伯之国，国三人"，只是汉儒以秦汉之制附会周制的一种说法。关于"监"的字义，清人姚鼐曾提出过比较妥当的解释，他说：

> 周谓诸侯君其民曰"监"，故曰"监殷"，非监制武庚之谓也。《梓材》曰："王启监"，言天下之诸侯也。《多方》曰："今尔奔走臣我监五祀"，言畿内诸侯也。周制亲贤并建，武庚为殷侯，存商祀也；管蔡为侯，富贵之也，是谓"三监"①。

姚鼐认为周代的"监"可以作为一国统治者的称呼，这一点郑玄也曾发现。他注《周礼·大司马》"建牧立监，以维邦国"时说："监，监一国，谓君也。"又《周礼·大宰》："乃施典于邦国，而建其牧，立其监"，郑玄注："监谓公侯伯子男，各监一国。"但郑玄把三监理解为对武庚"尹而教之"，即有违此之"监"义。由于国君治民可谓之"监"，故统治者治其国事亦可引申为"监"。如《洛诰》云："迪将其后，监我士师工。"《善鼎》铭："令汝佐𦲷㝬侯监𦎫师戍"（《集成》2820）。《颂鼎》铭：王令颂"监司新造贾"（《集成》2827）。当国君因事离职由他人代掌国政，则称"监国"。如《左传·闵公二年》："君行则守……守曰监国。"《国语·晋语一》："君行，太子居，以监国也。"凡此说明，周代的"监"

---

① （清）姚鼐：《管叔监殷说》，《惜报轩全集·九经说五》，清同治丙寅年刊本。

实谓国君统治臣民之义，"三监"也不例外。《逸周书·作雒》谓封管叔、蔡叔"俾监殷臣（臣民）"；《史记·管蔡世家》说：武王"封叔鲜于管，封叔度于蔡，二人相纣子武庚禄父，治殷遗民"，《汉书·地理志》则说置管、蔡、武庚三国"以监殷民"，均得周代"监"之真义。

现在我们还要讨论一下金文中"应监"、"荣监"、"诸监"的问题，看它们与上述"监"之字义是否相合，是否表明周代存在着一种鲜为人知的监国制度。有关彝铭文如下：

> 《仲几父簋》：仲几父史（使）几史（事）于诸侯、诸监。（《集成》3954）
>
> 《应监甗》：应监作宝尊彝。（《集成》883）
>
> 《叔趯父再》：叔趯父乍旅再其宝用。（背面另有两字铭文："荣监"）。（《集成》11719）

1958年《应监甗》在江西余干县出土以后，郭沫若随即作《释应监甗》一文，认为："作器者自称'监'，监可能是应侯或者应公之名，也可能是中央派往应国的监国者。……我觉得可能以后者为确，即应国之监，犹他器称应公也。"[①] 此说有不少人信从，并由此推断西周存在着周王有时向诸侯国派遣监国使臣的所谓监国制度。[②] 但我们知道，"应"是武王之子的封国，以"周道亲亲"得封，亲者信也，为何还要派监国使臣予以督察牵制？再说周代真有这样重要的与分封制相辅而行的监国制度，为何在先秦诸多文献不露一点痕迹？这些都是"监国"说不好予以解释的。那么，"应监"之"监"的真实含义是什么？过去因材料有限确实也难以说得明白。如顾颉刚就说："从《仲几父簋铭》看来，别'诸侯'与'诸监'为二，侯与监应当有所区分；但从《逸周书·王会》看，

---

① 郭沫若：《释应监甗》，《考古学报》1960年第1期。
② 耿铁华：《关于西周监国制度的几件铜器》，《考古与文物》1985年第4期。

有'内台西面正北方：应侯、曹叔'之文，《诗·大雅·下武》
'应侯顺德'是和'成王之孚'并提的，彝器中又有《应侯鼎》，
可知应亦称'侯'，又似'侯'与'监'没有什么区分。由于周初
史料的过度贫乏，现在还没法解决这个问题。只是这'监'并不是
为了钳制武庚而设，则其意义甚为明显。"① 顾氏这种实事求是的
科学态度是很值得称道的。不过，随着新的考古材料的出土，我们
今天似乎可以对这个问题提出新的解说了。

　　1981 年在陕西扶风沟原发现的《叔趯父卣》②，颇值得我们注
意。铭文中"叔趯父"之"叔"为排行，"趯父"为字。背铭"荣
监"之"荣"，当为国名，此从《荣有司卣鬲》称"荣有司"、
《卯簋》称"荣公室"可知。《荣有司卣鬲》1975 年出土于陕西岐
山董家村西周铜器窖穴③，与《叔趯父卣》的出土地正相邻近，是
知"荣"可能是封于岐山的畿内小国。现在的问题是，荣国何以设
"监"？为何叔趯父被命为"荣监"？在思考这个问题时，我们不能
不联想到彝铭中有关"荣伯"的记载。"荣伯"屡见于西周中晚期
的铜器铭文中，诸如《卫盉》、《卫簋》、《永盂》、《同簋》、《应侯
见工钟》、《卯簋》、《弭师耤簋》、《辅师嫠簋》、《敔簋》、《康鼎》
即是。铭文中的"荣伯"作为身居高位的王室执政大臣，其活动时
间很长，可能不是一人。从《卯簋》荣伯言及"荣公室"来看，
荣伯当为荣国族的首领，故"荣伯"之"伯"兼有诸侯之伯与行
辈之伯的双重意义。"荣伯"以荣氏长子继为荣国诸侯之后，又入
朝担任王室执政大臣，其国中的政务必然要有人代理才行。叔趯父
可能就是在这种情况下作为荣伯之弟而代理国政的，因而被任命为
"荣监"。这与《晋语》所说君行以太子监国的情况大致相类。这
样看来，把彝铭中的"某监"理解为代理诸侯治国的最高统治者，
或近实情。要说《仲几父簋》中"诸侯"与"诸监"的分别，恐

---

① 顾颉刚：《"三监"人物及其疆地》，《文史》第 22 辑，1984 年。
② 罗西章：《扶风沟原发现叔趯父卣》，《考古与文物》1982 年第 4 期。
③ 庞怀清、镇烽、忠如、志儒：《陕西岐山县董家村西周铜器窖穴发掘报告》，
《文物》1976 年第 5 期。

怕就在于前者是正式国君，后者是代理国君，但二者都是一国的最高统治者，故可相提并论，不分轩轾。可见金文中的"应监"、"荣监"、"诸监"与我们前面分析的"监"之字义并不相违，也说明西周并不存在什么周王向诸侯国派遣监国使臣这种监国制度。

讨论至此，我们还是归结到所要说明的三监人物问题上来。由于班固的三监人物说可与大量的先秦西汉文献材料相印证，又与周代"监"之字义相吻合，因而比郑玄的三监人物更可信据。当然，以管叔、蔡叔、武庚为三监，也并不绝对排斥管蔡之封负有防范武庚复辟的用意，但这个用意也体现在武王所封的其他诸侯身上，不独以管蔡为然。此与管叔、蔡叔、武庚合称"三监"并不矛盾，这是可以肯定的。

（二）三监封地

说到三监其人，人们总要连带考察其封地所在。说到三监封地，人们又总是把它同《诗经》中的"邶鄘卫"联系起来予以说明。自汉迄今，绝大多数学者都是走的这条路子。然而，这条路子是否可行，人们似乎并未深思过。我以为，把三监封地与邶鄘卫联系起来加以考察不过是一个误区，不值得多花力气。

首先，在东汉以前的文献中，三监封地并未与邶鄘卫挂起钩来。最早把三监封地与邶鄘卫联系起来说明的人是班固，继之是郑玄，次之是皇甫谧。班固、郑玄之说前已具引，这里再把皇甫谧的说法也抄录下来："自殷都以东为卫，管叔监之；殷都以西为鄘，蔡叔监之；殷都以北为邶，霍叔监之：是为三监。"① 综观班固、郑玄、皇甫谧三人的说法，分歧至为明显：班固说武庚封于邶，郑玄、皇甫谧则认为武庚仍居京师或殷都；班固说管叔尹庸，郑玄却说管叔尹邶，皇甫谧则认为管叔监卫；班固说蔡叔尹卫，郑玄、皇甫谧却认为蔡叔监鄘；班固不言霍叔，郑玄却认为霍叔尹卫，皇甫谧则说霍叔监邶。这些纷纭之说各有什么更早的文献根据呢？除前

---

① 《史记·周本纪》正义引。

引《作雒》篇所言与之近似外，我们再也看不到相关的记载。即以《作雒》篇而论，也只说到"建管叔于东，建蔡叔、霍叔于殷"，并未把三监封地与邶鄘卫联系起来。这就是说，三监封地不在邶鄘卫之外，只是东汉以后学者的看法，以其文献无征，并不足据。

其次，把三监封地与邶鄘卫联系起来，与叔鲜、叔度之称管叔、蔡叔相矛盾。叔鲜、叔度之称管、蔡，皆因其封地而得名。周人封建是武王伐纣以后的事，这是两千年来史家的共同见解，向无疑义。但是，叔鲜、叔度既封于管、蔡，又怎么可能同时领有邶鄘卫中某一国呢？要说是徙封，在武王伐纣至三监反叛的两年时间里，并无大的政治波动，这种徙封的可能性并不大。再说，文献上也从未有过管叔、蔡叔曾被徙封的记载。为了调和这个矛盾，杨宽把管、蔡之封置于武王克殷前①，似乎克殷后管叔、蔡叔、霍叔就可以在邶鄘卫分别立国了。可惜这只是一种没有根据的推想，同样无法自圆其说。

最后，以邶鄘卫为三监封地，其基本前提也不可靠。这个前提就是班固、郑玄说的："周既灭殷，分其畿内为三国"，"三分其地置三监"。但据东汉以前的文献记载，武庚的疆地与武王伐纣前的殷畿并无太大变化，不存在只居其三分之一的问题。《左传·定公四年》说：康叔封卫，其"封畛土略，自武父以南及圃田之北竟，……命以《康诰》而封于殷墟"。《史记·卫世家》说：周公"以武庚殷余民封康叔为卫君，居河淇间故商墟"。又《管蔡世家》说：周公"伐诛武庚，杀管叔而放蔡叔，……而分殷余民为二，其一封微子启于宋，以续殷祀；其一封康叔为卫君，是为卫康叔。"《书序》说："成王既伐管叔、蔡叔，以殷余民封康叔，作《康诰》、《酒诰》、《梓材》。"从这些记载来看，康叔封卫的疆地就是原来武庚所辖的地区，康叔所治殷民就是原来武庚所领殷余民的一部分（另一部分已随微子迁宋）。而卫国的地境与原来的殷畿大致

① 杨宽：《论西周初期的分封制》，载《纪念顾颉刚先生学术论文集》上册，巴蜀书社 1990 年版。

相当，故武庚的疆地亦即殷畿可知。由此看来，武王伐纣以后，并不曾把殷畿分为邶鄘卫三国，而是由武庚一人实领其地。《康诰》三篇屡言"以殷民世享"，只字不提邶鄘卫之事，道理恐怕就在这里。至于卫地后来何以有邶鄘卫之分，有待进一步探索，但武王伐纣以后并未将殷畿分为邶鄘卫三国并封置三监，应该是没有什么问题的。马瑞辰《邶鄘卫三国考》说："盖周封武庚于殷，实兼有邶、鄘、卫之地，二监别有封国，而身作相于殷，并未尝分据邶、鄘、卫之地也。"① 这个说法是有其合理成分的。

基于以上几点理由，我们认为三监封地与邶鄘卫并不相涉，没有必要拘泥于班、郑旧说，硬把二者扯在一起以论其归属。这样，我们再来考察管、蔡、武庚三监的封地，问题就比较明朗了。

关于武庚的封地，上文说过是仍其殷畿旧壤，并未徙置他地。《史记·卫世家》说："武王已克殷纣，复以殷余民封纣子武庚禄父，比诸侯，以奉其先祀勿绝。"既曰复以殷余民受封，又称奉其先祀勿绝，则知武庚必不远离其故都宗庙，很可能仍居朝歌以治殷畿旧地。否则，周公东征之师"临卫政（征）殷，殷大震溃"② 便无从说起。武庚也只有居其故都，才可能在武王死后迅速纠集武装力量发动反叛事变。从这一点来看，郑玄、皇甫谧以为武庚仍居京师或殷都还是可取的。

管、蔡二叔的封地，《史记》说武王"封弟叔鲜于管，弟叔度于蔡"，亦即《左传·僖公二十四年》所言文昭十六国中的"管、蔡"。管之地望所在，《汉书·地理志》与《后汉书·郡国志》于河南郡中牟条下分别自注云："有管叔邑"，"有管城"。《史记·管蔡世家》集解引杜预云："管在荥阳京县东北。"又《周本纪》正义引《括地志》云："郑州管城县外城，古管国城也。周武王弟叔鲜所封。"这说明管地即在现今的郑州市区，此地在殷末周初就是一个重镇，也就是《利簋》铭中"王在𣪠师"的"𣪠"。据研究，

---

① （清）马瑞辰：《毛诗传笺通释》，中华书局1989年版，第18页。
② 《逸周书·作雒》。

此字乃管之初文。① 这就是说，早在殷末已有了管地，周初封叔鲜于此，因有管叔之称。

关于蔡之地望，《管蔡世家》集解引《世本》曰："居上蔡。"《周本纪》正义引《括地志》云："豫州北七十里上蔡县，古蔡国，武王封弟叔度于蔡，是也。县东十里，有蔡冈，因名也。"这说明叔度所封蔡地，即今河南上蔡。叔度亦以国为氏，因称蔡叔。朱佑曾在《逸周书集训校释·文政》篇中说："蔡叔食邑疑即今祭城，其后成王改封蔡仲于蔡，今汝宁府上蔡县地。"杨宽从其说，认为蔡叔所封的蔡原来应该在"祭"，"祭"、"蔡"古音同通用，祭在今河南荥阳西北，与管地接近，后来周公之子就封在这里。② 这个说法未必可信。据《管蔡世家》说："蔡叔度既迁而死，其子曰胡。胡乃改行率德驯善。……于是周公言于成王，复封胡于蔡，以奉蔡叔之祀，是为蔡仲。"从成王"复封胡于蔡"来看，叔度与蔡仲的封地前后相沿，实未发生变化，并不存在成王改封蔡仲于蔡的问题。

三监人物及其封地既明，接下来我们就可以进一步探讨武王分封的性质问题了。

（三）由三监看武王分封的性质

武王克商后的大分封，虽为历代学者所乐道，但其性质如何，却还是一个鲜见论及的问题。然而这却是我们深入认识三监之乱发生的原因以及全面理解周代分封制的关键，故有必要在此作些探讨。

关于武王大分封的情况，以《史记·周本纪》所载较为详备，兹节录如下：

> 封商纣子禄父殷之余民。武王为殷初定未集，乃使其弟管

---

① 李民：《与殷末周初之管地》，《殷都学刊》1995 年第 4 期。
② 杨宽：《论西周初期的分封制》，载《纪念顾颉刚先生学术论文集》上册，巴蜀书社 1990 年版。

叔鲜，蔡叔度相禄父治殷。……武王追思先圣王，乃褒封神农之后于焦，黄帝之后于祝，帝尧之后于蓟，帝舜之后于陈，大禹之后于杞。于是封功臣谋士，而师尚父为首封。封师尚父于营丘，曰齐。封弟周公旦于曲阜，曰鲁。封召公奭于燕。封弟叔鲜于管，弟叔度于蔡，余各以次受封。

根据这段记载，我们可以看出所封诸侯大致有三种类型。

一是褒封古代圣胄后裔，以收揽民心，确立周人天下共主的政治地位。先圣之王苗裔广被，有的式微了，有的仍具有相当的实力和影响。故褒封的对象可能很多，并不以焦、祝、蓟、陈、杞诸国为限。① 但这种褒封除重定国号、班赐宗彝之外，并不具有"授民授疆土"的实质内容，说到底无非是争取他们与周人合作，并在他们原来据以立国的土地上树起一面以周为天下共主的新旗帜。所以武王褒封先圣后裔只是一种政治策略，还不完全反映周代分封制度的本质。

二是复封殷代王室显贵，继续统治殷之余民，以弭其反抗情绪。如微子之微、箕子之箕、录子圣之录，皆殷时故国，武王"复其位如故"②，以分化拉拢旧贵族势力。至于河淇间的殷畿腹心地带则"封纣子武庚禄父，以续殷祀"，"为诸侯，属周"③。这表明武王伐纣虽代殷而为天下共主，但武庚治殷仍不失其大国诸侯的地位。殷周间的主从关系发生颠倒，殷人的政治势力却未因此遭受彻底毁灭，这是后来武庚集团得以发动反周复国叛乱的一个重要因素。此与周公东征胜利后于殷畿建卫，将殷民四分（一留于卫，二徙于宋，三迁于洛，四封于鲁），予以有效统治的做法相比，不能说不是一个败笔。所以武王对殷代旧贵族的分封在很大程度上不过是一种安抚怀柔政策，也未反映周人分封的本质特征。

---

① 彭邦本：《武王之世分封的初步探索》，载《西周史论文集》（下），陕西教育出版社 1993 年版。

② 《史记·宋世家》。

③ 《史记·殷本纪》。

三是封功臣同姓，以为宗周藩辅。这本是周人封建的重心所在，但这个重心在武王分封时似未形成。例如，卫、晋封于周公东征之后，尽人皆知；而燕、齐、鲁封于成王亲政之时，后将详论。这几个主要封国既未建立，对武王分封的成果就很难再作夸大的估计。即以管叔、蔡叔、康叔所封管、蔡、康三国而论，亦非对新征服区的武装殖民。管、蔡、康位于大河以南的成周东部，早在文王"既伐于（邘）崇（嵩）"之后，这一带大致已成周人的势力范围。管叔、蔡叔、康叔封此三地，其裂土分民以整合新的族群结构作为周人统治基础的意义并不明显。从武王死后管、蔡随即勾结武庚发动叛乱以及康叔"扞禄父之难"来看，他们三人可能各自掌握着一支举足轻重的王室武装力量，成为武王在此布下的一道战略防线，以防备武庚及淮夷可能发动的叛乱。这就是说，管、蔡、康之封未必真有建国于东的规模与气象，或因军事驻防兼食采于此，始有所封。这固然是势之所致，却也暴露出武王分封手段的不成熟性，乃至成为三监之乱之所以发生的又一个潜在因素。

根据上面的分析，我们对武王分封的性质问题大致可以获得这样一些认识：第一，武王分封的规模甚大，但实质性的内容很少，尚不完全具备赐姓、胙土、命氏的封建要素[①]，也未使所封之国变成中央政府直接管辖的地方行政区域[②]，只不过是周人初始分封以确立自己天下共主地位一个不成熟的创意而已。第二，武王所封诸国大多居其故壤，治其旧民，并未形成征服、殖民、封建三位一体的政治范式。[③]因此，这种分封的策略意义大于拓疆建国的政治意义，无助于封国衍生新的族群结构以发展地缘单位的政治性格。[④]第三，武王所封管、蔡、武庚三监在诸国之中地位最为重要，以其

---

①　杨希枚：《先秦赐姓制度理论的商榷》，《中央研究院历史语言研究所集刊》第26本，1955年。

②　李志庭：《西周封国的政区性质》，《杭州大学学报》1981年第3期。

③　杜正胜：《西周封建的特质》，载《中国史学论文选集》第4辑，台湾幼狮文化事业公司1981年版。

④　许倬云：《西周史》（增订本），生活·读书·新知三联书店1994年版，第150页。

缺乏有效的制约机制终使潜存的危险因素未免致乱，给周初政局的稳定造成很大困难。只有待周公东征胜利后，分封制才得以全面推行并渐趋完备，成为周王朝巩固统治的一项重要措施。

二　周公二度东征说

周公东征是西周开国史上的一件大事，它不仅稳定了刚刚诞生不久的姬周中央政权，而且对周人进一步拓疆建国、直接统治天下发挥了不可低估的积极作用。可是，古籍关于周公东征的记载大都十分简略，历来人们的认识也就大致局限在周公"一年救乱，二年克殷，三年践奄"的范围之内。近世学者根据铜器断代的科学成果，利用彝铭资料并参照文献记载对周公东征进行再探索，终于取得了前人所未有的可喜成绩。其中一项重要的进展就是明确了周公东征并不止于平定三监及淮夷之叛，而在周公致政成王后亦曾发起过东征之役。[①] 前者发生在周公摄位时，我们可以仍其旧惯称为"周公东征"，后者发生在成王亲政后，且持续到周公死后很长一段时间，我们不妨名之曰"成王东征"。从有关金文材料的时代性来看，周公二度东征的区别无疑是明显的。但近年杨善群所作《周公东征时间和路线的考察》[②]（以下简称杨文）似乎混淆了二者的区别，把周初艰难缔造新国家的曲折历程看得有些简单化了，我以为这是有待商讨的。本节即针对杨文涉及的有关问题展开讨论，益申周公二度东征之说。

（一）周公东征事甄

根据杨文征引的诸多铜器铭文来看，周公东征除自任统帅之外，偕同作战的高级将领尚有召公、王姜、伯懋父、毛叔郑多人。

---

① 杜正胜：《尚书中的周公》，《周代城邦》附录，台湾联经出版事业公司 1979 年版；王玉哲：《周公旦的当政及其东征考》，载《西周史研究》，《人文杂志》丛刊第二辑，1984 年。

② 杨善群：《周公东征时间和路线的考察》，《中国史研究》1988 年第 3 期。

这个看法是否符合历史实际？我们准备对有关铭文的时代细做考察来说明这个问题。

杨文依据《太保簋》、《旅鼎》、《保卣》诸铭文，认为召公也是这次东征的主帅之一，可能是有问题的。这从《尚书·金縢》的故事中可以找到证明。《金縢》应是一篇晚出的文字，但其真实性经学者研究无可怀疑。① 篇中有云：

> 武王既丧，管叔及其群弟乃流言于国曰："公将不利于孺子。"周公乃告二公曰："我之弗辟，我无以告我先王。"周公居东二年，则罪人斯得。于后，公乃为诗以贻王，名之曰《鸱鸮》，王亦未敢诮公。

这里说的"周公居东"，古文家误以为周公避居东都待罪，实不可从，当以今文家周公东征说为是。② 这段记载表明，周公在国家存亡之秋，不避嫌疑，摄政称王，决计东征，讨伐三监之叛。所谓"乃告二公"者，无非是争取太公、召公的支持，非谓二公亦偕同出征，否则周公不必向二公申告己意。其后周公救乱时又遗诗于王③，恐怕也不是给年少的成王看的，而应是再告留朝辅政的二公能明白他的良苦用心，达成进一步的谅解与合作。该篇"秋大熟"以下一段，今文家谓记周公身后之事，文意大不连贯，当以古文家说是周公生前事为宜。④ 这最后一段是讲周公东征归来，"二公及王"感风雷之变，启金縢之书，彰周公之德，亲往郊外以国家大礼相迎。根据《金縢》这些记载可以看出，太公、召公在周公东征期间自始至终一直留佐王室，并未偕同周公出征。至

---

① 赵光贤：《说〈尚书·金縢〉篇》，《中华文史论丛》1982年第1辑。

② 同上。

③ 今按：近出清华简《金縢》谓"周公乃遗王诗曰《鸱鸮》"（李学勤主编《清华大学藏战国竹简（一）》，中西书局2011年版，第158页），说明周公不是"为诗"而是"遗诗"。

④ 杨筠如：《尚书核诂·金縢》，陕西人民出版社1959年版。

于《逸周书·作雒》说"周公、召公内弭父兄,外抚诸侯",则甚可疑。正如我们上节所论,《作雒》篇成书较晚,且多后人窜乱之迹,其中有些内容是否可信,需要作具体分析。这条材料似乎表明召公与周公一道主持东征大计,但却与《金縢》所记二公留治朝中的事实相违,也与《诗·豳风·破斧》云"周公东征,四国是皇"不合,故不能作为召公曾与东征的确证。总之,二公既留朝辅政未尝偕同周公东征,则《太保簋》、《旅鼎》等记召公东征事应当发生在成王即政以后,不能据此得出召公也是东征主帅的结论。

杨文又据《令簋》、《禽簋》说周公东征曾伐南楚,亦非允当。《禽簋》、《禽鼎》作于周公致政之后,这在第一章已经讨论过了,兹不赘述。而《令簋》是否周公东征时器,则需再作研究。《令簋》作于何时,弄清铭文中"王姜"这个关键人物的身份即可了然。"王姜"一名见于以下诸器:

> 《令簋》:惟王于伐楚伯,在炎。惟九月既死霸丁丑,作册矢令尊俎于王姜,姜商(赏)令贝十朋,臣十家,鬲百人。(《集成》4300)
>
> 《叔卣》:惟王宩于宗周,王姜吏(使)叔事于太保。(《集成》4132)
>
> 《旟鼎》:惟八月初吉,王姜易旟田三于待劀。(《集成》2740)
>
> 《作册睘卣》:惟十又九年,王在庠,王姜令作册睘安夷伯。(《集成》5407)
>
> 《息伯卣》:惟王八月,息伯易贝于姜。(《集成》5385)
>
> 《不寿簋》:惟九月初吉戊戌,王在大宫,王姜易不寿裘。(《集成》4060)

上述六器中"王姜"的身份有武王后、成王后、康王后、昭王后四种不同的说法。① 我以为四说之中以王姜为成王后似较合理。

第一，据《国语·周语》记载，昭王娶于房，房君祁姓，则昭王后当为王祁而非王姜。要说王姜为昭王新后，不仅没有文献材料可资证明，而且与有关金文材料亦相抵触。有学者认为，《作册睘卣》与《作册折尊》都有"王在庤"的记载，当同作于"惟王十九年"，并记昭王南征之事②。《作册折尊》要说作于昭王十九年，恐怕还不能论定。铭记"王在庤"的铜器有《作册折尊》、《作册折方彝》、《作册折觥》、《作册睘卣》、《作册睘尊》、《趠卣》、《趠尊》七器。此组铜器诸家认为作于同年，应可信从。但《趠尊》铭文云："惟十又三月辛卯，王在庤"，这是值得我们留意的。若诸器作于昭王十九年，则"昭王南征而不复"③ 恐不至于在这年十三月尚未发生，昭王还有雅兴对趠行锡，令趠对扬王休。另据李学勤研究，微氏家族中的《商尊》、《商卣》两器花纹及铭文日辰同于《作册折觥》，均为同时所作④，这就意味着《商尊》、《商卣》与"王在庤"器亦为同时物。可是，《商尊》中庚嬴其人自作《庚嬴鼎》谓在"二十又二年既望乙酉"，而昭王在位只有十九年，因此又知"王在庤"诸器不作于昭王时，《作册睘卣》中的"王姜"也不可能是昭王之后。

第二，《作册睘卣》不作于昭王时，也不可能作于成王时，因为与此同时制作的折器中的作册折，根据微氏家族的谱系来分析不可能生活在成王时代。⑤ 这就是说"王在庤"诸器只有订在康王时代才比较恰当。《息伯卣》的形制与《作册睘卣》完全一致，《不寿簋》颈部有出现较晚的窃曲纹，此二器应当是属于康王晚期制作的。然而，这是否意味着"王姜"就是康王之后呢？也不一定。从

《叔卣》铭"王姜"与"太保"并见来看，二人活动的时间大致相当。召公作为太保活动于成康时期，表明"王姜"既有是康王后的可能也有是成王后的可能，这就需要通过别的器铭来加以判断了。合观《作册大鼎》与《令簋》二铭，我们可以把"王姜"为康王后的可能性予以排除。《作册大鼎》铭文称"铸武王成王异鼎"，这种武、成二王连称的现象与《宜侯夨簋》一样，表明它也是康王时器。只是《作册大鼎》当作于成王新死不久，故有分铸武王、成王大鼎的必要。这与铭中召公作为首席顾命大臣称"皇天尹太保"的身份正相符合。据郭沫若研究，作册大与《令簋》中的作册夨令应是父子关系，确不可易。他说："作册大乃夨令子，令为作册，大亦为作册，父子世官。令之父为丁，在大自为祖丁，令器有鸟形纹族徽，此亦然。令器以宝为休，此亦然。"[1] 刘启益无视这些事实，坚持认为作册大乃作册夨令之父[2]，不免有些本末倒置。作册夨令在《令彝》铭文中曾告王命于周公，也是他在成王即政后早已担任作册一职的力证。既然《作册大鼎》作于成王新死不久，则《令簋》必作于成王时应无疑问。《令簋》铭文中"王姜"与"夨令"并见，表明"王姜"当为成王之后。《旟鼎》形制浑厚，文字古朴，具周初特征；《叔卣》作为隋方形之器，存在于商末周初，二器均应作于成王时，铭中的"王姜"与《令簋》一样，亦为成王后之称。

第三，王姜不可能是武王之后邑姜。武王死时已年过半百，邑姜虽有可能在成王即政后尚从事军旅，但不可能到康王十九年还是一位驰骋沙场的女将。而王姜作为成王后则存在着这种可能性。《史记·周本纪》说："成康之际，天下安宁，刑错四十余年不用。"成王即政时年仅二十来岁，经过成康四十余年，他的王后也不过六十多岁，故在康王时随子出征大致还是可以胜任的。微氏家族的《商尊》、《商卣》与折器作于同时，也应是康王时器。二器

---

①　郭沫若：《两周金文辞大系图录考释》（六），科学出版社1957年版，第33页。

②　刘启益：《微氏家族铜器与西周铜器断代》，《考古》1978年第5期。

铭文中的"帝后"据李学勤研究应指"先王之后"①，那么这位"帝后"就该是成王之后王姜了。她在康王时仍有活动是没有疑问的。

根据以上论述，我们认为"王姜"为成王后的说法应该是正确的。而《令簋》也只有作于成王亲政以后始有王姜用事的可能。与《旂鼎》铭文中"旂"相关的《员卣》、《奢鼎》亦当与《令簋》大致同时。因此，杨文用《令簋》、《员卣》、《奢鼎》诸铭文来说明周公东征的史实，也是不恰当的。

杨文还征引《小臣謎簋》、《吕行壶》、《师旂鼎》诸铭文以说周公东征之事，这样，铭文中的伯懋父也就成了此次东征之役的重要将领。关于伯懋父其人，郭沫若考证说：《小臣謎簋》"言征东夷事，且上文云'以殷八师'，下文云'归在牧师'，足知牧即殷郊牧野，而白懋父必系周初人而封近于殷者。《逸周书·作雒解》'俾康叔宇于殷，中旄父宇于东'，孙诒让谓中旄父即康叔之子康伯髦，《左传·昭公十二年》之王孙牟父。余谓即此白懋父。懋、牟、髦、旄均同纽，而幽宵音亦相近。中盖字之讹也。"② 此说至确，今已得到金文家的认同。只是在伯懋父活动的时间问题上，人们的意见还有分歧。唐兰力主康伯髦是康昭时人，并把伯懋父诸器置于昭穆时代③，恐非是。我们知道，康叔封是武王同母少弟，为成王亲叔。他早在成王即政的前十年即已活跃在周初政治舞台。如武王克商后举行社祭由"卫叔封傅礼"，还与毕公"出百姓之囚"④，继后封侯于康，又参加平定武庚叛乱的战争。周公东征结束后徙封康叔于卫，以治殷遗民，因此，他的年龄必长于成王十岁以上。而康伯髦作为康叔封的长子，有可能小于成王但也不会小到哪里去，估计成王即政后时间不长他也长成壮年。若《尚书·顾

---

① 李学勤：《西周中期青铜器的重要标尺》，《中国历史博物馆刊》1979 年第 1 期。

② 郭沫若：《两周金文辞大系图录考释》（六），科学出版社 1957 年版，第 24 页。

③ 唐兰：《西周青铜器铭文分代史征》，中华书局 1986 年版。

④ 《逸周书·克殷》。

命》中的"卫侯"仍是康叔封，则康伯髦有可能在康王时才继位为卫侯。《左传·昭公十二年》说："熊绎与吕伋、王孙牟、燮父、禽父并事康王"，这是否说明康伯髦（王孙牟）在继为卫侯之前就一定无所作为呢？恐怕不能这样看。与康伯"并事康王"的伯禽早在成王时就做了鲁侯，而太公在康王继位时已不在人世，其子吕伋也应在成王时继任了齐侯，可见康伯髦在当时也有参加军事活动的可能。彝铭文中的白懋父东征北伐，独当一面，必在年富力强之时，这很符合他在成王时正值壮年的年龄特征。所以郭沫若把有关白懋父的器铭置于成王时还是大致不差的。从《小臣谜簋》铭文来看，白懋父指挥的"殷八师"当是康叔封卫以后利用殷遗民组成的武装部队，故在征伐东夷之后"复归在牧师"。所谓"复归"表明这支部队先前就驻扎在牧师。如若三监之乱未平，康叔封卫未遂，又怎么可能组成"殷八师"并早早驻于牧野之地呢？所以白懋父此次征伐东夷必在成王即政之后。又《小臣宅簋》铭云："同公在丰，令宅事白懋父"（《集成》4201），则同公与白懋父当为同时人；而同公又见于《沈子也簋》，其铭云"沈子作𣪘于周公宗"（《集成》4330），则知与同公同时的白懋父大概活动于周公辞世前后。由此看来，白懋父诸器虽作于成王时，但绝不会作于成王即政前的周公摄政时。《逸周书·作雒》说周公摄政期间"中旄父（白懋父）宇于东"必是搞错了时间，不足凭信。因此，杨文利用《小臣谜簋》、《吕行壶》、《师旂鼎》诸铭文以说周公东征之事，把白懋父视为参加此役的重要将领，无疑也是不正确的。

此外，杨文还把《班簋》所记"三年静东国"比附成周公东征前后经历的时间，亦即《史记·周本纪》记载的："管蔡叛周，周公讨之，三年而毕定"；并依据郭沫若的意见把铭中的"毛伯"解为毛叔郑，说他曾率领增援部队协同周公东伐践奄。这个看法也难以成立。

首先，铭文中的"毛伯"代替虢城公在朝的职务后始得称毛公，时王称毛公为"毛父"，表明二人为叔侄关系。但这里的"毛伯"并非毛国始封之君毛叔郑，因为毛叔郑乃文王庶子，既为"毛叔"，就不得称"毛伯"。故时王非成王，此簋亦非成王时器。

其次，"毛伯"与铭文末的毛班并非一人，而应是父子关系①，此从毛班受命"以乃族从父征"可知。这就意味着铭文中的"毛伯"也不是毛叔郑之子。因为毛叔郑在武王克商时即"奉明水"②以助社祭，则他到康王时可能已经作古，而由其子继为毛国之君。但康王时召公作为首席顾命大臣宰辅朝政，他就不可能享有"粤（屏）王位，作四方极（准则）"那样高的政治地位。是知此"毛伯"非毛叔郑之子，此簋亦非黄盛璋所论为康王时器。③

最后，根据西周昭穆制度的规定，毛国别为小宗，以毛叔郑为祖，则其子为昭，孙为穆，其曾孙为昭，玄孙为穆。而毛班称其父为"昭考"，则知他当为毛叔郑之玄孙。又时王称毛公为"毛父"，知时王与毛班同辈，亦当为武王之玄孙，故时王只能是穆王。《穆天子传》卷四、卷五亦见"毛班"、"毛公"其名，正好与《班簋》铭文的时代相印合。可见于省吾、杨树达、唐兰、李学勤等人订《班簋》为穆王时器是合理的，无须怀疑。

既然《班簋》作于穆王时，就不能用来补证周公东征之事。杨文未能仔细推敲《班簋》的时代，就轻信成王说据以立论，这是有失谨慎的。

总而言之，杨文对周公东征时间和路线的考察，看似缜密，实则多不可信。文中所涉周公东征诸将问题，即其显例。他如与《畏卣》、《趞尊》同时制作的《中鼎》、《中甗》应为康王时器，也被杨文用来说明周公东征曾用兵南国，实属李代桃僵。由于杨文未能充分吸收近年有关铜器断代的新成果，仅据旧说立论，故不免发生上述种种失误。因此，杨文对周公东征诸事所作的考察，虽然使用了大量金文材料，却因断代有误，并未真正揭示出此一重大历史事件的原貌，这是十分令人遗憾的。

根据目前所能见到的各种材料来分析，我们对周公东征一事大

---

① 李学勤：《班簋续考》，《古文学研究》第 13 辑，1986 年。
② 《逸周书·克殷》。
③ 黄盛璋：《班簋的年代、地理与历史问题》，《考古与文物》1981 年第 1 期。

概只能形成如下一些认识。

周公摄政元年秋，以管、蔡流言，武庚共叛，周公作《大诰》以定东征之计，"内弭父兄，外抚诸侯"，加强内部团结，争取友邦支持，动员臣民，兴调甲兵，全力做好讨伐三监的准备工作。所谓"一年救乱"大致如是。

次年，周公指挥东征大军，与管蔡叛军开始正面接触。《史记·卫世家》载："管叔、蔡叔疑周公，乃与武庚禄父作乱，欲攻成周。"表明管蔡叛军在西向进攻途中，曾于洛阳一带与东征军接战，结果一触即溃。管蔡只好带领残兵败将北渡黄河，与集结于朝歌的武庚叛军联手，企图再一次负隅顽抗。周公"又作师旅，临卫政（征）殷，殷大震溃。降辟三叔，王子禄父北奔，管叔经而卒，乃囚蔡叔于郭凌"①。这是一场硬仗，战事可能相当激烈，故谓"殷大震溃"。此役不仅管蔡叛军彻底覆灭，以致管叔走投无路而自尽，蔡叔聊以求生而被囚，而且武庚也丧师失地，逃离一直盘踞的老巢朝歌，旋即在北奔途中被东征军截获处死。故史籍有"诛武庚"、"杀武庚禄父"的说法。由于康叔在这次战役中"扞禄父之难"立下功勋，故被周公委以镇守朝歌的重任，此即《康侯簋》所说："王（周公）来伐商邑，诞令康侯鄙于卫。"（《集成》4059）至此，平定三监之叛告一段落。所谓"二年克殷"是也。

《尚书大传》又说"三年践奄"，此为克殷后东伐淮夷之役。淮夷时即东夷，以其部族甚众，又有"九夷"之称，徐、奄、薄姑为其大者。三监叛乱时，徐、奄、薄姑等东夷族邦亦结盟兴兵，遥相呼应。《尚书大传》载："奄君、薄姑谓禄父曰：'武王已死矣，周公见疑矣，此世之将乱者，请举事。'"由于"殷东徐、奄及熊、盈以略（畔）"②，故周公在克殷之后，于出师第三年发起了"践奄"之役。《小臣单觯》云："王（周公）后堕克商，在成师。"是见周公东征军从殷都出发，在伐奄途中曾于郦地（今山东濮县东

---

① 《逸周书·作雒》。
② 同上。

南）驻师①，再节节向前推进。然"践奄"非谓灭奄，不过"残奄"而已。《韩非子·说林上》载："周公旦已胜殷，将攻商盖（商奄），辛公甲曰：'大难攻，小易服，不如服小以劫大。'乃攻九夷而商奄服焉。"这是说周公伐奄采取了攻小服大的策略，"凡征熊、盈族十有七国"②，大抵徐、奄、薄姑几个大国因被剪其羽翼不得不宣告臣服。此伐奄之役的结束，也就是周公东征全过程的结束。作于周公摄政三年的《多方》即谓"王（周公）来自奄，至于宗周"，是知周公平奄之后即班师回朝，时在是年夏秋之交。

推算起来，周公东征整整用了两年时间，故《史记·鲁世家》说周公"宁淮夷东土，二年而毕定"。但从出师到班师前后却经历了三个年头，故《诗·豳风·东山》言东征战士归来，称"自我不见，于今三年"；《史记·周本纪》又云："管蔡叛周，周公讨之，三年而毕定。"这样看来，《尚书大传》说周公东征"一年救乱，二年克殷，三年践奄"，还是基本可信的。

关于周公东征的具体情况，目前我们只能知其大略如是。若欲再闻其详，只有等待将来更多的地下材料出土面世了。

（二）成王东征发微

周王室在成王即政后曾大举东伐的情况，文献记载不只简略，而且模糊淆乱，几致这段重要史实湮没无闻。如《左传·昭公二十二年》载："若武王克商，成王靖四方"，而成王到底如何"靖四方"，说这话的王子朝并未交代明白。又《史记·周本纪》说："周公行政七年，成王长，周公反政成王，北面就群臣之位。……召公为保，周公为师，东伐淮夷，残奄，迁其君薄姑。成王自奄归，在宗周，作《多方》。……成王既伐东夷，息慎来贺。"此一记载颇多疑窦，一是奄君非薄姑，东伐淮夷残奄似与周公东征之事相乱；二是《多方》作于周公摄政三年，非成王即政后伐奄归来之

---

① 陈梦家：《西周铜器断代（一）》，《考古学报》第9册，1955年。
② 《逸周书·作雒》。

诰。这样，除谓"成王既伐东夷"外，其他可信成分就不多了。尽管如此，我们认为，上述记载还是多多少少折射出成王即政后亦曾有过东征的史实。

《洛诰》记成王对周公说："公，予小子其退，即辟于周，命公后。四方迪乱未定，于宗礼亦未克敉，公功迪将其后，监我士师工，诞保文武受命；乱为四辅。"这段话的大意是，成王在从洛邑返回宗周继承君位之前，决定让周公留守洛邑，掌治百官以主东都大政，解救四方治乱未定的潜在危机，确保文王武王创立的江山。这说明东都洛邑的建成，周人有了镇抚东方的大本营，具备了征服四方安定天下的有利条件。而当时政治局势尚未完全稳定，周公留守东都洛邑，不得不再肩重任，又一次发起东征之役，以进一步打开拓疆建国的新局面。所谓成王东征由此开始，并大致可以划分为两个阶段。前一阶段由周公、召公并主其事，意在通过武装殖民于东土北疆封藩建国；后一阶段因周公谢世由召公独肩大任，继张挞伐，以巩固东征成果。

现在先谈谈第一阶段的情况。

这个阶段的东征开始由成王亲自挂帅，周公父子偕行襄赞，兵锋凌厉，直捣东夷腹地，终使周人在东土的统治势力扎下根来。此役所见彝铭文资料如下：

> 《禽簋》：王伐𡻫（楚）侯，周公某（谋），禽祝，禽又（有）祝。王易金百锊，禽用作宝彝。（《集成》4041）
> 《刚劫尊》：王伐楚，易刚劫贝朋。（《集成》5977）
> 《塱方鼎》：惟周公于征伐东夷，丰伯、薄姑咸伐。（《集成》2739）

上述各器论者多以为是成王即政前周公东征时物，恐未谛。《禽簋》铭中的"王"亲掌赏罚大权，而周公只处于谋划辅佐地位，是知"王"为即政后的成王。《塱方鼎》之记东夷大国薄姑的覆亡，亦非周公克殷践奄时所能完成的事功。故以三器为成王亲政时器较为合理。

《禽簋》、《刚劫尊》中"王伐楚"的"楚"，陈梦家、唐兰二氏均释为"盖"，并推演为"商盖"即商奄，不必然。此字应为"楚"的异构，有《禽鼎》铭可以为证。然而，周公东征何以伐楚？这是历来就曾令人困惑的问题。郭沫若曾认为楚之先原居淮河下游，与奄人、徐人同属东国，因周初东征受其压迫始向西南迁移①，但此说与南方荆楚的祖先鬻熊早在殷末即"子事文王"相抵触，难以据信。近来沈长云经过研究认为，楚本是颛顼和祝融氏的后裔，原居今河南滑县和濮阳县之间的楚丘邑一带。其中一支部族因不堪忍受殷末帝辛穷兵黩武的压迫，便在鬻熊的率领下向西南方迁至汉水流域，后称荆楚。余部仍留居中原，因与周人对抗而成为成王东征的对象。② 我以为这个意见是正确的，可以说明成王东伐楚侯的来由。

又据《㽃方鼎》所记，位于今曲阜西南方的丰国③及在今山东临淄的薄姑均被剪灭。二国位于曲阜奄地南北，社稷已不得血食，彝铭何以不见与之邻近的奄国之灭呢？或即以奄为东夷实力最强的族邦，铭文便以东夷大名代奄之小名，亦未可知。据《尚书大传》，奄与薄姑关系密切，三监之叛时同盟举事，此役薄姑既灭，奄国必不能独存。《左传·昭公九年》载："薄姑、商奄，吾东土也。"《书序》云："成王东伐淮夷，遂践奄，作《成王征》。成王既践奄，将迁其君于薄姑，周公告召公，作《将薄姑》。"这说明薄姑、商奄为东夷最有代表性的国家，以其同声共气，与周为敌，必在此役中一并被诛灭。这样，周人在泰山南北封建齐、鲁两个大国也就有了昨土授民的必备条件。

这次东征除周公、伯禽父子均有任务外，大保召公奭也是奉命

---

① 郭沫若：《金文丛考·金文所无考》，东京开明堂日本昭和七年石印本，第44页。

② 沈长云：《谈〈令簋〉中的楚及相关诸问题》，《中华文史论丛》第46辑，1990年。

③ 陈梦家：《西周铜器断代（一）》，《考古学报》第9册，1955年。

出征的主帅之一。不过，他并未跟随成王东进，而是另率师旅全力经略北疆。这在《大保簋》铭中有比较集中的反映。兹录铭文如下：

> 王伐录子听（圣），叡厥反，王降征令于大保。大保克敬亡遣，王永大保，易休余土。用兹彝对令。（《集成》4140）

铭中"叡厥反"之"叡"，早年吴大澂和柯昌济曾提出过是国名①，但不被采用，更多的是将其作为发语词来看待。诚然，"叡"作为发语词在金文中是有的，然此铭中的"叡"未必也非得释作发语词不可。自琉璃河1193号周墓出土《克罍》、《克盉》之后，人们以克器铭文相勘，普遍认为此三器中的"叡"应是方国之名，这无疑是正确的。"叡"作为邦方之名，廪辛、康丁卜辞每每可见，它与羞方、羌方、緰方合称"四邦方"，所处位置当与羌方相近②，也是殷王朝所属方邦之一。入周以后，其仍不失原有地位，此时起而叛周，成为召公征伐的对象之一。

铭文中的"录子圣"，有人坚持认为就是武庚禄父③，未必正确。禄父为武庚之字，武庚是其日名。而"录子圣"之"圣"为"录子"之名，以国为氏则称之为"录子圣"，此与"微子启"、"楚子熊绎"语例相同。故"录子"绝非"禄父"，"录子圣"之"录"当为国名无疑。据《天子圣瓠》铭："天（大）子圣作父丁彝"，大子圣或为王室中人，因封于"录"而称"录子圣"。"录"之为国，其地望何在？郭沫若以为"殆即《春秋》文五年'楚人灭六'之六，旧称皋陶之后，地望在今安徽六安县附近"④。陈梦

---

① （清）吴大澂：《愙斋集古录》，1919年；柯昌济：《韡华阁集古录跋尾》，1935年。

② 陈梦家：《殷墟卜辞综述》，中华书局1988年版，第298页。

③ 殷玮璋：《周初太保器综合研究》，《考古学报》1991年第1期。

④ 郭沫若：《两周金文辞大系图录考释》（六），科学出版社1957年版，第63页。

家也认为"所征之录，疑在南土"①。二氏所说，均不足据。因为地近于录的𢼸方既在北土，录地则不当于南土求之。在这个问题上，我以为唐兰的考证最有价值。他说：

> 录与鹿古字常通用，录子之国当在今河北平乡县一带，汉代为钜鹿县。《续汉书·郡国志》说："故大鹿。"《水经·浊漳水注》："衡漳故渎东北迳南曲（周）县故城西，又迳曲周县故城东，衡漳水北迳巨桥邸阁西，衡水又北迳钜录县故城东。"注引应劭曰："鹿者林之大者也。"《尚书》曰："尧将禅舜，纳之大录之野，烈风雷雨不迷。"《尧典》："纳于大麓"，王肃注："麓，录也。"《说文》麓从林鹿声，古文作𣛧，从林录声。铜器𣛧伯簋即作𣛧。今平乡在殷墟之北，约一百余公里，王子禄父北奔，当即至此。②

唐氏对录地的考证与"𢼸"在北土相应，可谓独具慧眼，令人信服。录地既在北土，则铭中"余土"当非徐土，亦当为北疆之地，只是其确切位置有待探求。

关于《大保簋》的时代，或以为是周公致政前东征时器。然铭文中"录子圣"非武庚禄父，则此说失所依据；又据《金縢》所记，知太公、召公自始至终都未曾参加这次周公东征之役（前已述及），亦为此器不作于周公摄政时之力证。所以把《大保簋》定为成王即政后东征时器比较恰当。铭文是说：周王派兵讨伐录子圣，𢼸国也起来反叛，周王命大保去征讨。大保能够迅速出击而不迟缓③，平定录、𢼸二国。周王因赐大保余土之地，大保为此作器以述王命。

从铭文中"王降征令于大保"来看，召公此次北伐，成王并未随行。成王、周公率军在东线作战，召公当于北疆呼应配合。《书

① 陈梦家：《西周铜器断代（二）》，《考古学报》第10册，1955年。
② 唐兰：《西周青铜器铭文分代史征》，中华书局1986年版，第81页。
③ 依《说文》，敬有速义，遣有缓义，则"克敬亡遣"可释为能迅速出师而不迟缓。

序》说："成王既践奄，将迁其君于蒲姑，周公告召公，作《将蒲姑》。"此言"周公告召公"，应与召公当时在北线独立作战有关。《小臣虘鼎》称"召公建燕"①，应即召公此次北征取得辉煌战果的体现。

要之，这个阶段成王、周公东征不仅在于消除当时"四方迪乱未定"的危机，而且在于进一步拓疆建国以真正全面实现周人统治天下的战略意图。经过这次军事行动，燕、齐、鲁几个主要大国相继建立，周人一统天下的政治格局基本形成。此为周公伟大事功的重要组成部分，是值得大书特书的。

下面再说说成王东征第二阶段的情况。

此一阶段的东征大概发生在周公辞世以后。关于周公辞世的时间，《通鉴外纪》卷三说："周公归政三年老于丰，事文王之庙，将没曰：'葬我成周，示天下臣于王也。'公卒，谥文公。"刘恕于"公卒"之后自注引应劭曰："周公年九十九。"清人牟庭作《周公年表》②亦据应劭之说推证周公于成王三十五年薨于成周。刘、牟二氏同据应劭周公年寿之说，但结论却大相径庭，根本原因在于应劭此说本身不知所据。尽管这个问题目前还无法准确判断，但刘说失之太早、牟说失之偏晚却是十分明显的，估计周公在成王中期过世的可能性比较大。所以这个阶段的东征大致发生在成王中后期，任其役者有召公、伯懋父、明公等人，其目的在于巩固前一阶段东征的成果，进一步扩大周王朝直接统治的区域。以书阙有间，这个阶段的东征情况主要通过金文资料得以揭示。

　　《旅鼎》："惟公太保来伐反夷年，在十又一月庚申，公在盩师。"（《集成》2728）

　　《小臣𧫢簋》："叔东夷大反，白懋父以殷八师征东夷。惟十又一月，遣自䢼师，述（遂）东𬀩，伐海眉。于厥复归在牧

---

① 裘锡圭：《释"建"》，《古文字论集》，中华书局1992年版。

② （清）牟庭：《同文尚书》附录，齐鲁书社1982年版。

师。"（《集成》4238）

　　《犥鼎》："王令遣捷东反夷，犥肇从趞征，攻跃无敌。"
（《集成》2731）

三铭所记时间、人物以及攻伐对象均同，知为一事。《旅鼎》在光
绪十二年（1896）出土于今山东黄县，与《小臣谜簋》所记"伐
海眉（海边）"相印合，表明东征军所向披靡，直至海隅盐卤之
地。至此，周公"海隅日出，罔不率俾"①的未竟事业终于在召公
主持下得以完成。由于周人东进的基础是周公奠定的，东进的策略
是周公谋划的，故先秦士人论及周公东征特别称美周公而不必尽为
实录，孟子赞颂周公"伐奄三年，纣其君，驱飞廉于海隅而戮之，
灭国者五十"②，即是一例。是时周公虽已亡故，但其次子明公
（即《令彝》中的明保）以及鲁侯伯禽却在此役中继承父志而并有
作为。《明公簋》云："惟王令明公遣三族伐东国，在䓁，鲁侯又
（有）囚工（功）"（《集成》4029），是其证。《书序》云："鲁侯
伯禽宅曲阜、徐、夷并兴，东郊不开，作《费誓》。"《费誓》所记
应为此次伯禽征伐徐、夷之事。《诗·鲁颂·閟宫》云："泰山岩
岩，鲁邦所詹。奄有龟蒙，遂荒大东。至于海邦，淮夷来同。莫不
率从，鲁侯之功。"诗中或有夸大其词之处，但周公父子对周人势
力的东伸无论如何也是有功可录的。

　　又《令簋》铭云："惟王于伐楚伯，在炎。惟九月既生霸丁
丑，作册矢令尊俎于王姜。"铭中的"炎"读如郯，亦即谭，地在
今山东历城。③从"伐楚"至"炎"，正是由成周东至于海的必经
干道。《召尊》、《召卣》铭云："惟九月在炎师，甲午，白懋父赐
召白马，……用追于炎"（《集成》6004、5416）。此与《令簋》
的时间、地点全同，可知白懋父是这次东进战役的具体指挥者，而

---

① 《尚书·君奭》。
② 《孟子·滕文公下》。
③ 沈长云：《谈〈令簋〉中的楚及相关诸问题》，《中华文史论丛》第46辑，1990
年。

成王也可能与后妃王姜同在东征前线。此次对东夷大张挞伐，战区甚广，颇具规模。《䝅鼎》铭云："惟王伐东夷，淮公令䝅及史旗曰：以师氏及有司、后国叒伐鹏"（《集成》2740）。《员卣》铭云："员从史旗伐曾"（《集成》5387）。所伐"鹏"国，其字从鸟，当是以鸟为图腾的东夷之国。所伐"曾"国，旧释为"会"（桧），地非东国，或当释作"曾"，亦为东夷之国。《汉书·地理志》东海郡有"缯，故国，禹后"。《说文》释"缯"云："姒姓，在东海"，大概就是这个曾国，其地在今山东枣庄市东。淮公、史旗率部在泰山以南的广大地区作战，可能与配合明公、伯禽平定徐、淮叛乱有关，并取得辉煌战果。

经过这次东征，东方不稳定因素得以消除，周人对东土的统治完全确立下来。其后东国虽仍有叛乱发生，但已不足为周室之大患了。

在这个阶段，周人还曾有过北征之举。《吕行壶》铭文云："惟四月，白懋父北征，惟还，吕行捷俘贝"（《集成》9689）。是知伯懋父是这次军事行动的统帅。又《师旂鼎》铭文云："惟三月丁卯，师旂众仆不从王征于方……白懋父乃罚……今弗克厥罚。懋父令曰：'义（宜）播诸厥从不厥右征。今毋播，斯又（有）内于师旂'"（《集成》2809）。铭文中的"于方"当是卜辞屡见之"盂方"，亦即《克罍》、《克盉》铭授燕六国中的"驭"。其时"于方"已是燕国治下的臣民，或因闹独立而被伯懋父受命征伐，目的在于助燕立国。这次北征可能诛灭了不少殷商旧时方国，使周人在北土的势力也进一步巩固下来。

由于东土、北土问题的解决，周人就可以转而全力经略南土了。虽然对荆楚大规模用兵是在康昭时期，但在江汉流域的初始拓疆应在成王之时，其成果就是汉阳诸姬的封建。《太保玉戈》载："六月丙寅，王在丰，令太保省南国，帅汉。"据李学勤研究，玉戈的年代当在成王时。[1] 这就表明成王晚期对江汉流域的开发已提

---

[1]　李学勤：《太保玉戈与江汉的开发》，载《楚文化研究论集》（第2集），湖北人民出版社1991年版。

上议事日程，故有召公督察南国循行汉水的举措。《诗·大雅·江汉》云："江汉之浒，王命召虎，式辟四方，彻我疆土。……王命召虎，来旬来宣，文武受命，召公维翰，无曰予小子，召公是似。"可见周人对召公开发江汉流域的贡献是历久不忘而称颂有加的。

　　本节我们对周公东征和成王东征（两阶段）的情况作了初步的探索，当然是粗线条的，甚至或然性也很大。不过在周初史料过度贫乏的情况下，我以为不宜把事情说得太细密，因为越是细密就可能离事实越远。但有一个基本事实我以为还是可以肯定的，那就是周公东征并非毕其功于一役，而在成王即政后周公还曾主持过大规模的东征，因此我们提出周公二度东征说，把人们弄乱的史实试予澄清。如果我们对大量金文材料的时代判断没有大的差错，周公二度东征说应该是可以成立的。

三　鲁、燕、齐始封的时间问题

　　关于鲁、燕、齐的始封时间，史迁言之凿凿，谓在武王克商之后。然在周公东征尚未制胜全局之前，周人势力究其实东不及齐鲁，北未至燕蓟，故三国之封，无从说起。为了调和这个矛盾，1930年傅斯年作《大东小东说》一文，提出："此三国者，初皆封于成周东南，鲁之至曲阜，燕之至蓟丘，齐之至营丘，皆后来事也。"[①] 此说既出，学者宗之。如果说在当时的条件下傅说还不乏合理成分，那么，自琉璃河大墓《克罍》、《克盉》出土之后，这个论点就明显地过时了。现在，我们只好利用这个旧题目来作新文章。

（一）召公家世及其封燕

1. 召公奭的家世问题

召公奭的家世如何？古籍并无明确的记载。《史记·燕世家》

---

　　① 傅斯年：《大东小东说——兼论鲁燕齐在成周东南后乃东迁》，《中央研究院历史语言研究所集刊》第二本第一分，1930年。

仅仅说道："召公奭与周同姓，姓姬氏。"从召公"与周同姓"来看，他与周人应有某种程度的血缘关系存在。对于这种血缘关系上的亲疏远近，历史上有两种不同的说法：一说召公为姬姓别支，二说召公为文王之子。这两种说法哪一种更可信呢？清人梁玉绳在《史记志疑》中说：

> 《谷梁》庄公三十年传云"燕，周之分子也"。《白虎通·王者不臣章》："召公，文王子。"《论衡·气寿篇》："召公，周公之兄。"《书》、《诗》疏及《〈诗〉、〈礼〉释文》引皇甫谧曰："文王庶子。"《书·君奭》疏及《史》集解引谯周曰："周之支族。"皇甫之说，本于《白虎通》、《论衡》，然不可信。孔颖达、陆德明并言《左传》富辰数文昭十六国无燕，则召公必非文王子，斥士安（皇甫谧）为谬。盖既为周同姓，称分子也可，称支族也可。①

梁氏的考证我以为是很正确的。一方面他对据以立说的材料采取了科学的取舍态度，即把《谷梁传》、《史记》的可信度置于晚此成书百余年的《白虎通》、《论衡》之上。另一方面他据富辰言文昭十六国无燕以证召公必非文王子也是有说服力的。《左传·昭公二十八年》云："昔武王克商，光有天下，其兄弟之国者十有五人，姬姓之国者四十人，皆举亲也。"此言武王兄弟之国十五人，与富辰所说文昭十六国略有小异，或以管叔灭国不得嗣封，不在其数也。两相比勘，可证文昭十六国当为全数而别无遗漏。召公奭姬姓，然姬姓不必皆为亲兄弟。故文昭十六国无燕，召公非文王子是可以成立的。

但也有学者笃信皇甫之说，认为《左传》中提到的文王之子十六人并不是全部人数，因为文王之子甚多，不能排除在这数字之外

---

① （清）梁玉绳：《史记志疑》，中华书局1981年版，第892页。

另有召公奭为文王庶子的可能性。① 这种可能性据说可以从《诗·大雅·思齐》中反映出来："大姒嗣徽音，则百斯男。"毛传："大姒，文王之妃也。大姒十子，众妾则宜百子。"这大概就是文王庶子甚众的证据。然细品原诗，不难发现毛传这个解释是很牵强的。诗句分明是说大姒有子百男，与众妾并不相干。可大姒一人不能生百子，"百"者无非言其多意，与《诗》云"逢此百罹"、"人百其身"为喻相同。当然，我们这样说并不否认文王除嫡子十人外尚有庶子这一事实。然庶子何在？就在《左传·僖公二十四年》富辰所言中：

> 管、蔡、郕、霍、鲁、卫、毛、聃、郜、雍、曹、滕、毕、原、酆、郇，文之昭也。

在这文昭十六国中，据《史记·管蔡世家》知管、蔡、郕、霍、鲁、卫、聃、曹为"武王同母兄弟八人"②，余者当为文王庶子。富辰所言"文之昭"，嫡子除伯邑考早逝而武王继位为王外无一遗漏，何至于庶子八国就不是全数呢？就算是庶子之国或有遗漏，又何至于单单漏掉燕国？因为富辰紧接着就言及召穆公之事，又怎么可能把他的先祖召公奭置之脑后而疏于提及呢？可见以文王有子甚多，就说富辰所举文昭十六国并非全数来说明召公有可能是文王庶子，是缺乏充分的理由的。

其实，召公非文王子，除《左传》外我们还可以从《尚书》中找到旁证。如《康诰》是周公册封康叔于卫的诰辞，在诰辞中，周公称康叔为"朕其弟，小子封"，自称"乃寡兄"，并一再言及先考文王之德，称"惟乃丕显考文王"，"今民将在祗遹乃文考"，可谓手足之情溢于言表。可在《君奭》篇中，情况却与此迥然不同。《君奭》是周公东征胜利后为了劝勉召公与之共襄兴周大业所

---

① 王彩梅：《召公与西周燕国的建立》，《北京社会科学》1994 年第 3 期；蔡运章：《召公奭世系初探》，载《西周史研究》，《人文杂志》丛刊第二辑，1984 年。

② 《左传·定公四年》。

作的诰辞。若召公奭真是文王之子，哪怕是文王庶子，这种称兄称弟、言父言考的语句绝不会一无所见。饶有趣味的是，周公对召公奭竟以"君"相称，谓之"君奭"。伪孔传云："尊之曰君。"时周公摄政称王，主持大局，权倾朝野，居然对召公如此礼敬有加，恐非兄弟之情使然。又如在《召诰》中，召公称周公曰"旦"，自称"余小臣"，也看不出周、召二公亲为兄弟的任何蛛丝马迹。这些材料所透露给我们的信息，应该就是召公并非文王子的又一佳证。

召公虽非文王子，但为姬姓应无问题。《左传·僖公二十四年》载："召穆公思周德之不类，故纠合宗族于成周而作诗，曰'常棣之华'。"召穆公为召公奭之后，能纠合周之宗族以增其凝聚力，足见召公奭必与周同宗。又有周初彝铭《太保方鼎》云："太保，儰作宗室宝尊彝"（《集成》2372），亦为太保氏与周同宗之证。至于《逸周书·作雒》记三监之叛时，"周公、召公内弭父兄，外抚诸侯"；又《祭公》篇云："有若文祖周公暨列祖召公。"这两条材料即使没有讹误，最多也只是说明召公因为与周同姓，故辈分相当并同列祖位，却不必定为亲兄弟。所以召公为姬姓别支而非文王之子应该可以肯定下来。

召公历文、武、成、康四世，一直是王室重臣。早在文王之世，召公就曾引荐纣臣辛甲大夫入事于周。[①] 武王即位之初，他又与太公、周公、毕公等人一道"左右王，师修文王绪业"[②]。及至武王伐商，"破殷，入商宫，已杀纣，周公把大钺，召公把小钺，以夹武王"[③]，其政治地位之高是赫然在目的。召公作为王室远房中人，何以如此见重于周室？除了他的忠诚与才干之外，是否还有别的原因？这是一个很值得我们深思的问题。杜正胜曾据日本学者白川静所作《召方考》对此有过推测，认为召族本是盘踞在今河南

---

① 此即《史记·周本纪》集解引刘向《别录》所云："辛甲，故殷之臣，事纣。盖七十五谏而不听，去至周。召公与语，贤之，告文王，文王亲自迎之，以为公卿，封长子。"

② 《史记·周本纪》。

③ 《史记·鲁世家》

西部的姬姓别支，以召公为族长，是殷末周人的东邻。① 这个见解是有启发性的，只是白川静所说的召方实即旨（旨）方，并不是真正的召（䚅）族。从现有材料看，可能与召公有关的召族其活动多见于第五期卜辞。例如：

（1）戊子卜，贞，王延于召，往来无灾，在五月。（《合集》36677）

（2）辛未卜，在召庭，唯执，其令飨史。（《通》615）

（3）……在召师。（《合集》36736）

（4）甲寅卜，贞，王延于召，往来无灾，兹御，获鹿二。（《续》3·22·1）

第1辞中"王延于召"为第五期卜辞所屡见，恕不备举。"延"原作"徝"，有多种隶释，裘锡圭释作延，读如惎，以为有戒敕镇抚之意②，最为确当。召既为殷王屡往戒敕镇抚的对象，当为国族名无疑。第2辞说王"在召庭"，与帝辛时器《四祀邲其卣》所记"在召大庭"相同，大庭即宗庙太室之广庭。③ 召有宗庙太室表明它为殷时方国之一。或与殷人关系不洽，才导致"王延于召"之事的多次发生。第3辞"在召师（次）"即是说召曾为殷王驻师之地，据第4辞可知殷师还在召地搞过"获鹿"一类田猎活动，很可能是威服召族的军事演习。召族在殷末遭受殷人压迫，看来处境不是那么乐观的。

召之地望何在？《卜辞通纂》六二〇有同版卜辞云：

戊申卜，贞，王延于雔，往来无灾。
己酉卜，贞，王延于召，往来无灾。

① 杜正胜：《尚书中的周公》，《周代城邦》附录，台湾联经出版事业公司1980年版，第162页。

② 裘锡圭：《释秘》，《古文字论集》，中华书局1990年版。

③ 于省吾：《释》，《甲骨文字释林》，中华书局1979年版，第86页。

辞中"王逐于召"与"王逐于雔"的时间仅隔一日，是知召与雔必相距不远。据郭沫若研究，雔在今河南沁阳县东北，召在今山西垣曲县东，二地正相邻近。可见召族原居东方，且与殷人时有摩擦，是周人可以利用的一支重要的反殷力量。召公应即上述卜辞所见召族的首领，在不堪忍受殷人压迫的情况下，率领这支姬姓族人西向入周，与同宗首领文王结成了反殷同盟。我们这样说当然也只是一种推测，不过证据还是有的。这从文献称召公为"召伯"、金文称召公为"召伯父辛"（说详后）即可看出一些迹象来。"伯"在殷周不只是行第之称，也可以作为爵称或邦国首领的称呼，如殷墟卜辞中已有井伯、易伯、丹伯、羌方伯、盂方伯、人方伯等，又文王称"西伯"，金文中有"邦伯"，均为其证。召公之称召伯，不只说明他是召族中的长子，也可能他原本就是召族的邦君。从《燕侯旨鼎》、《伯宪鼎》、《和鼎》称召伯为"父辛"、"召伯父辛"来看，此以日为名原是殷人的习俗，未见周王室任何姬姓族人使用过，召族有此习俗与其久居东方深受殷文化之染有关。这样看来，召公及其族人自东方入周不是没有可能的。传统看法认为，"召本康公采邑之名，后世子孙取其采邑之名为氏"[①]，恐非事实。情况很可能是，召公之"召"，起初本为召公这支姬姓别支远离西土的东方居住地，进而演变为国族名。后召族西向入关，文王赐采岐山之阳，仍以"召"名。前此召公已为召方伯，是时则尊以公爵，为周之辅弼大臣。召公之所以能以周之支族见重于周室，其奥妙恐怕就在这里。

2. 第一任燕侯的问题

《史记·周本纪》、《燕世家》都说武王克商之后，"于是封功臣谋士"，"封召公于北燕"。此记召公封燕事，明白无疑。然召公是否赴燕就封？若未就封第一任燕侯当是何人？以史迁不曾言明，争论也就随之发生。传统看法以司马贞为代表，他在《燕世家》索

① 丁山：《召穆公传》，《中央研究院历史语言研究所集刊》第二本第一分，1930年。

隐中说：召公当与周公同，“亦以元子就封，而次子留周室，代为召公。至宣王时，召穆公虎其后也”。此说当本郑玄《诗谱·周南、召南谱》：“周公封鲁死谥曰文公，召公封燕死谥曰康公。元子世之，其次子亦世守采地，在王官，春秋时周公、召公是也。”汉唐学者的这些看法是否可靠？赵光贤先生曾举八证详加申论，以见其说不误。① 有人根据琉璃河 1193 号大墓出土铜器铭文有“王曰太保”诸语，即断言召公奭以太保之职兼领第一任燕侯，恐怕是需要再加斟酌的。

召公既未就封，那么，代他就封的第一任燕侯是谁？过去人们大多认为是铜器铭文中的“燕侯旨”，自琉璃河大墓铜罍、铜盉铭文出土之后，便形成了另外两种主要看法，一谓“克”为第一任燕侯，二谓“召伯父辛”为第一任燕侯。这种分歧与对器铭的理解有关，故将原文移录如下：

> 王曰：“太保，唯乃明乃心，享于厥辟，余大对乃享，令克侯于匽（燕），使羌、马、𩁹、微、于、驭。”克窑燕，入土及又（有）司，用作宝尊彝。

铭中的“克”是人名还是助动词？大多数学者认为应是人名，即太保召公奭之子。② 我以为这个意见符合铭文原意，是极为正确的。“令克侯于燕”的“克”就是文献失载的第一任燕侯。

主张“召伯父辛”为第一任燕侯的学者，对“令克侯于燕”的“克”认识亦有差别，有人认为“克”不是人名③，也有人认为“克”是“召伯父辛”的私名④，但都认为“召伯父辛”是召公奭

① 赵光贤：《关于琉璃河 1193 号周墓的几个问题》，《历史研究》1994 年第 2 期。
② 参见以下诸文：《北京琉璃河出土西周有铭铜器座谈纪要》，《考古》1989 年第 10 期；赵光贤：《关于琉璃河 1193 号周墓的几个问题》，《历史研究》1994 年第 2 期；陈平：《克罍、克盉铭文及其有关问题》，《考古》1991 年第 9 期。
③ 张亚初：《太保罍、盉铭文的再探讨》，《考古》1993 年第 1 期。
④ 何幼琦：《召伯其人及其家世》，《江汉考古》1991 年第 4 期。

的长子，这一点却是异曲同工的。看来，弄清"召伯父辛"与召公
的关系，无疑有助于澄清问题的是非。

　　从称谓的行第上来说，召公长子固然应当称召伯，但这并不排
除召公奭也可以称召伯。有人认为召公是文王庶子，召公不得称召
伯不过是个常识问题。① 据上文所论，召公并非文王庶子，而是姬
姓支族，当然不能剥夺他可以作为长子而称召伯的权利。再说，
"某伯"之称往往可兼有诸侯之伯与行第之伯的双重意义②，这就
更不能排除召公可称召伯的可能性了。当然，这还不是问题的关
键。关键在于召公奭在历史上是否有过召伯之称。从文献上来看，
答案是肯定的。《尚书·顾命》云：

> 　　太保命仲桓、南宫毛俾爰齐侯吕伋，以二干戈，虎贲百人
> 逆子钊于南门之外。延入翼室，恤宅宗。丁卯，命作册度。越
> 七日癸酉，伯相命士须材。

文中三"命"之人，一命为太保，二命无说，当是太保之省，三命
为"伯相"，依文例应是太保之别称。蔡传云："伯相，召公也。
召公以西伯为相。"孙星衍疏云："伯相者，召公以西伯入相，初
时与周公为二伯，周公既殁，毕公代之，下文'太保率西方诸侯，
毕公率东方诸侯'是也。"此言召公为西伯，周公为东伯，大概与
周、召二公"分陕（郏）而治"因称"二伯"有关。这样看来，
召公之称"召伯"既有畿内诸侯之意，也有诸侯之长的特殊含义。
其由来有自，向无异辞。《诗·召南·甘棠》云：

> 　　蔽芾甘棠，勿翦勿伐，召伯所茇。

《左传·襄公十四年》载晋臣士鞅说："如周人之思召公焉，爱其

---

① 何幼琦：《召伯其人及其家世》，《江汉考古》1991 年第 4 期。
② 俞伟超、高明：《周代用鼎制度研究》，《北京大学学报》1978 年第 2 期。

甘棠。"这无疑是说诗中的召伯就是召公了。司马迁亦说："召公
卒，而民人思召公之政，怀棠树不敢伐，歌咏之，作《甘棠》之
诗。"① 后郑玄作《甘棠序》笺云："召伯，姬姓，名奭。食采于
召，作三公，为二伯，后封于燕。比美其为伯之功，故言'伯'
云。"可见先秦两汉时人都认为召伯即是召公奭。这一点，还有金
文材料亦可为证。有周初《宪鼎》铭云：

> 惟九月既生霸辛酉，在匽，侯锡宪贝、金，扬侯休。用作
> 召伯父辛宝尊彝。宪万年子子孙孙宝，光用太保。（《集成》
> 2749）

陈梦家考释说："作器者宪是召伯父辛之子，于九月在匽，侯（当
是匽侯）锡以贝、金，乃作其父尊彝以光大保。《令方彝》'用作
父丁宝奠彝，敢追明公赏于父丁，用光父丁'，所光者即奠彝所祭
之父丁，则此鼎所光之太保当即作尊彝所祭召伯父辛。"② 这是通
过对《宪鼎》与《令彝》的语例对比所得出的结论，我以为即使
撇开有关文献不谈，也是可以成立的。总之，召公的称谓繁多，而
含义各有不同：召是氏，奭是名，公、伯是爵称，康是谥号，辛是
日名。以其未尝赴燕就封，死后其子称召康公可，称召伯父辛亦
可，这并没有什么不合情理的地方。诸家定《燕侯旨鼎》、《宪
鼎》、《伯龢鼎》为康王中晚期时器，此与召公故去的时间正相承
接。所以确定召伯父辛为召公奭与相关铭文亦无抵牾，何况文献有
征，更非妄说。这个事实告诉我们，召伯（父辛）既是召公奭，那
么他未就封第一任燕侯是无可怀疑的。

当我们确定召公未曾赴燕就封而以克代为第一任燕侯之后，接
着便产生两个不容回避并令人困惑的新问题：一是所知召公四子
（克、旨、宪、龢）中谁为元子的问题，二是召公在世的成康时期

---

① 《史记·燕世家》。
② 陈梦家：《西周铜器断代（三）》，《考古学报》1956 年第 1 期。

燕侯克、舞、旨是何种关系的问题。只有对这两个问题给予合理的解释，才能进一步廓清召公封燕一事的重重迷雾。

　　第一个问题的缘起，是"克侯于燕"当系元子，为何他的兄弟中另有称"伯"者？这是一个非常奇特的现象。试看下面两条金文：

　　　　《伯宪盉》："伯宪作召伯父辛宝尊彝。"（《集成》9430）
　　　　《伯龢鼎》："伯龢作召伯父辛尊彝。"（《集成》2407）

前者为著名的梁山七器之一，曾多次被著录；后者旧藏故宫博物院，鲜为人知，至《殷周金文集成》成编，才广为流布。二铭中的召公之子伯宪、伯龢同有"伯"称，"按惯例，凡'伯某父'或'伯某'的'伯'，必指行弟而非爵称"[1]。当年陈梦家只看到《伯宪鼎》铭，故认为旨当以次子就封而为第一代燕侯。[2] 这个说法受到唐兰的诘难，以为周人的宗法制度最重长子，比次子更有优先继承封爵的权利，故又提出召伯父辛乃召公长子并就封于燕的意见。[3] 即使近年燕侯克器出土，人们在这个问题上的争论也带有前贤论辩的余波绝绪。看来，正确理解"伯某"之"伯"的含义，是解决这个问题的关键。李学勤曾指出："伯宪"之"伯"应是侯伯之伯，当为召公另一子。[4] 则"伯龢"亦然。我以为这个意见是正确的。"伯某"之"伯"并非尽为伯仲之伯，在某人身为封君的情况下，应该可指爵称。如金文中"录伯戜"又称"伯戜"，"散伯车父"又称"伯车父"，是可为证。召公以其功高德劭，除长子克就封燕侯外，宪、龢被册封为小国之君，冠以"伯"爵，这与召公在周王室中的地位是相称的。由此看来，尽管召公之子"伯宪"、

---

　　① 盛冬铃：《西周铜器铭文中的人名及其对断代的意义》，《文史》第17辑，1983年。
　　② 陈梦家：《西周铜器断代（三）》，《考古学报》1956年第1期。
　　③ 唐兰：《西周青铜器铭文分代史征》，中华书局1986年版，第99页。
　　④ 晏琬：《北京、辽宁出土青铜器与周初的燕》，《考古》1975年第5期。

"伯龢"有"伯"之称，也不能排除克为召公元子的可能性。

第二个问题的缘起，是成康之世召公尚未谢世，燕初政治舞台上即有燕侯克、燕侯舞、燕侯旨三人相继上场，形成了父之老寿与子之命促的极大反差。其个中原委应该有所说明。

在琉璃河1193号大墓中，"燕侯舞戈"、"燕侯舞易（錫）"与《克罍》、《克盉》同出，殷玮璋认为二者必有某种联系，这是很有见地的。但殷氏以为古文"舞"乃"奭"字之误，进而把这种联系演绎为燕侯舞就是克器中的太保奭[1]，却未必正确。这一点，陈平已为文指出[2]，兹不赘述。然而，陈平在此基础上提出的新说，即"燕侯舞戈"、"燕侯舞錫"并非燕侯名舞者所作兵器，而是燕侯为宫廷大武舞所作的舞器，却仍有可商。据文献记载，大武乃周天子之礼乐，以祭先祖文武，除鲁唯文王、周公庙可用之外，其他诸侯国用之则为僭礼。燕为周之支族，不必设文武之庙，即使召公奭有功于王室，周天子亦无必要特许其舞大武之乐。要说燕侯僭礼以用，周代的礼乐制度恐怕还不至于一开始就崩坏到这种程度。所以燕侯舞大武之乐的可能性是不存在的，此其可疑一也。再就大武的舞器而言，今所知者，干、戚二器。《礼记·效特性》云："朱干设錫，冕而舞大武"，郑注："干，盾也；錫，傅其背龟也。"是錫（俗称铜泡）乃干之饰，二者实为一物。又《明堂位》云："朱干玉戚，冕而舞大武"，郑注："朱干，赤盾也；戚，斧也。"可见大武舞的舞器为干为戚，故有"干戚舞"之称。而"戈"不在干戚之列，不得视"燕侯舞戈"为舞器。此其可疑二也。另从"燕侯舞戈"、"燕侯舞錫"款识上的语例来看，也与舞器不类。1960年湖北荆门出土的"大舞 闢兵"铜器，据俞伟超研究即是舞大武所用的铜戚，其铸象华缛，迥异寻常兵器。[3] 而"燕侯舞戈"、"燕侯舞錫"不仅用语与之有别，而且也看不出它们与寻常兵器的相异之处。故以铭中的"舞"字为表示器之用途的用字，未

---

① 殷玮璋：《新出土的太保铜器及其相关问题》，《考古》1990年第1期。
② 陈平：《克罍、克盉铭文及其有关问题》，《考古》1991年第9期。
③ 俞伟超：《"大武兵"铜戚与巴人的"大武"舞》，《考古》1963年第3期。

必恰当。此其可疑三也。所以陈平的舞器说也缺乏足够的说服力。在这个问题上，我以为殷玮璋主张"舞"是一代燕侯之名的见解还是正确的。

燕侯舞既为一代燕侯，那么，他与燕侯克又是个什么关系呢？这里我们也提出一种假说：燕侯舞者，实即第一任燕侯克也。克为其名，舞为其字。克器中称"克"，是为君前臣名，兵器中称"舞"，是为以字示尊。古人行冠礼时取字，常与其名有某种意义上的联系，或同训，或相对，或连类，不一而足。我以为，"克"与"舞"之所以可视为一名一字，除"克"器与"舞"器同出一墓值得注意外，其字义上的联系也是很清楚的。"克"有攻伐制胜之意，不必细说，而周人所尚之"舞"多为战舞，亦与攻伐之事有关。如周人创制的大武舞，据《礼记·乐记》云："且夫'武'始而北出，再成而灭商，三成而南，四成而南国是疆，五成而分周公左召公右，六成复缀以崇。"此即多为战象。又有传说"武王伐纣前歌后舞"，这是一种用于实战的战舞。据汪宁生研究，"武王伐纣前歌后舞"传说的产生，与巴人曾用"歌舞以凌"方法参加这次战役有关。所谓歌就是高唱战歌或高声吼叫，所谓舞就是先锋或先头部队作出冲杀和刺击的恐吓性动作。大武舞即是模拟巴人这些动作而产生的。[①] 这样看来，周人眼中的"舞"必与耀武扬威以克敌制胜有关。这大概就是第一代燕侯名克字舞的原因所在。"克"被时王任命为燕侯，其诰命当铸此一次，故"克"器较为少见。而"克"作兵器则不必以一两次一两件为限，故琉璃河 1193 号大墓中的"舞"器多于"克"器，且于别的中等墓中亦有发现。问题的症结应该就在这里。

现在再谈谈燕侯旨与燕侯克的关系问题。"克"与"旨"的关系，李学勤曾推想可能是一名一字。[②] 然"克"与"旨"缺乏字义上的联系，不太符合周人取名命字的总体习惯。退一步讲，就算是

---

① 汪宁生：《释"武王伐纣前歌后舞"》，《历史研究》1981 年第 4 期。

② 殷玮璋等：《北京琉璃河出土西周有铭铜器座谈纪要》，《考古》1989 年第 10 期。

"克"与"旨"是名与字的关系，则燕侯舞在燕史上就没有了一席之地。因为"旨"在召公奭死后尤为燕侯，而燕侯舞诸器只能铸于燕侯旨死后，这就不可能出现在不晚于召公死时的琉璃河1193号大墓之中了。依我看，"克"与"旨"还是以兄弟行较为妥当。旨之为燕侯，应是召公生前之事。《燕侯旨鼎》铭云："燕侯旨初见（觐）事于宗周，王赏旨贝廿朋，用作有姒宝尊"。（《集成》2628）此当是燕侯旨为其亡母所作奠器，这时召公奭应犹在世。召公老寿，这是人所共知的。《者滬钟六》铭云："若召公寿若参寿。"（《集成》198）据《庄子·盗跖篇》称"人上寿百岁，中寿八十，下寿六十"，则召公"参寿"就可能在百岁左右。召公长寿，其长子克不见得也就长寿，这就是说，"克"先召公而去的可能性是很大的。若然，燕侯克辞世以后，以召公尚在人世，不便以"克"子袭其父爵，故封"克"弟"旨"继为燕侯，也就在情理之中了。《世本》说："燕自宣侯以上，皆父子相传，无及"，恐怕也只是推测。若果有实据，司马迁依《世本》以作《史记》，大概不会对燕宣侯以上的世系留下空白了。再从燕侯克至宣侯所历王世来看，成王至厉王是八代九王，而"克"至宣侯也正好是八代九侯，二者在时代上是大致吻合的。因此，我们以"克"弟"旨"为第二代燕侯，虽不中亦不远，能够比较近情地解释"克"、"舞"、"旨"在燕初短暂的历史上同为燕侯这一奇异现象。

总而言之，所谓召公封燕，并非指召公奭亲自赴燕就封，而是以长子"克"（字舞）代为第一任燕侯。待燕侯克先召公而去之时，召公便让克弟旨继任为第二代燕侯，继续治理周之北疆。

3. 克侯于燕的时间问题

据《北京琉璃河1193号大墓发掘简报》称："'成周'戈的出土说明此墓的年代上限不得早于成王时期，但其他器物也不会晚于康王时期。所以，将此大墓订在西周早期或成康时期是合适的。"[①] 这个时间断限对研究历史的人来说，跨度不免大了一点。考古工作

---

① 殷伟璋等：《北京琉璃河出土西周有铭铜器座谈纪要》，《考古》1990年第1期。

者的谨慎是必要的，但受考古技术手段的限制，大墓以及有关器物绝对年代难以确定，这对学术界来说不能不是一件憾事。所以，要从大墓的年代来精确推断《克罍》、《克盉》的年代并说明"克侯于燕"的时间，目前还不大具备这个条件。比较可行的办法还是只有通过对铜器铭文内容的分析入手再结合有关史实加以综合考察，或可得出比较符合历史实际的结论。

关于燕国始封的年代，史迁说在武王之时。由于武王时周人政治势力北不及燕地，故傅斯年提出燕之初封在今河南郾城。[①] 以今观之，傅说并非允当。一则燕侯克器出土于燕地早期周墓中，并与"成周"戈同见，知燕之始封不在成周东南一带，而是一开始就实领北燕之地。二则克器铭文中有"王曰太保"字样，表明燕之初封不会早于成王时。伪《古文尚书·旅獒》篇以及《吕氏春秋·诚廉篇》曾说到召公在武王时已为太保，这是不正确的。清人崔述对此有过很好的辨析，他说：

> 古之师保皆所以辅导人主，体隆礼重，故常以耆宿大臣为之。非若后世止为官阶以宠贵臣，虽子弟武夫皆可循次而迁转也。……召公在文王时无所知名，而至康王时犹存，则其年当于周公相若。少于武王者，不得为武王太保也。是以《史记·周本纪》于文王时无一言及于召公者；武王即位，乃云"召公、毕公之徒左右王"；其后召公凡屡见，皆称为"召公"，不称为太保；至成王世，迁殷遗民之后，乃云"召公为保，周公为师"。而《书·君奭篇》序亦云"召公为保，周公为师，相成王为左右"。然则是召公于成王时始为太保，不得为武王时豫书为太保也。周公不得为武王师，召公安得遂为武王保也！作伪《书》者盖见《召诰》、《顾命》之于召公皆称之为"太保"，不求其故，而遂于武王之世亦以是称之；正如《吕

---

① 傅斯年：《大东小东说——兼论鲁燕齐在成周东南后乃东迁》，《中央研究院历史语言研究所集刊》第二本第一分，1930 年。

览》之称"武王使保召公与微子盟"者然，皆由臆度而伪撰，
是以考其时势而不符耳。[1]

可见召公为太保当在成王时而不在武王时。有的学者把克器定为武
王时器并谓召公封燕始于武王时，无疑是不妥当的。所以只有把
"克侯于燕"的年代放在成王之世经略北疆的历史背景下加以考
察，才不致与召公在成王时始为太保这个基本史实相矛盾。

不过，成王嗣位前七年，是为周公摄政时期，待成王亲政之后
始有独立纪元。这就意味着"克侯于燕"的时间到底是在周公摄政
时还是在成王亲政后，还有待进一步推定。在这个问题上，大家都
注意到《大保簋》提供的有关线索，思路是很正确的。因为《大
保簋》铭说到"叔厥反"，而叔方在《克罍》、《克盉》铭中又成为
授予燕侯统治的六族之一，这只有在叔方叛乱被平定之后，才有可
能作为被征服民族直接受制于燕侯。这就是说，确定了《大保簋》
的时代，"克侯于燕"的时间也就有了答案。我们在上一节曾根据
《金縢》的记载，说明周公平定三监之叛，召公自始至终未曾参
加，《大保簋》所记"王伐录子圣"非谓平定武庚禄父之叛，而是
成王亲政后大举东征的一个军事步骤，即由召公奭率师北征以拓北
疆之土，亦即《小臣𧽾鼎》所说"召公建燕"。唐兰认为，《大保
簋》记载王伐录子圣一事，说明周公归老后，成王还在北征，而当
时的重臣，主要就是召公了。[2] 这次北征倒未发生在周公归老之后，
但唐氏把簋铭记事的年代定在成王亲政之后，却是符合事实的。
《大保簋》既作于成王即政之后，则"克侯于燕"亦在此时，当无
问题。

讨论至此，关于召公封燕的问题我们可以作出这样的概括：召
公乃姬姓支族，文王时率其族人自东徂西，成为周人反殷同盟的重
要力量；武王伐纣，召公身为王室重臣，颇多建树。武王可能有过

　①　（清）崔述：《丰镐考信录》卷八《辨〈伪书旅獒〉及〈书序〉》条，《崔东壁
遗书》，上海古籍出版社1983年版，第255—256页。
　②　唐兰：《西周青铜器铭文分代史征》，中华书局1986年版，第84页。

封召公于北燕的设想，但并未实现。周公平定三监之乱后，召公全力配合周公共襄兴周大业。待成王亲政，召公受命开拓北疆，战绩辉煌。故成王得以实施武王的计划，册命召公长子"克（字舞）侯于燕"，以藩屏周。其后克死，由弟旨继任第二代燕侯，召公则一直留居王室，是周初安邦定国的重臣之一。

（二）齐鲁之封

1. 鲁国始封的年代

鲁国始封于何时？司马迁作《史记》即已言无定说了。在《周本纪》中，史迁说鲁国之封在武王克商之后，但在《鲁世家》中他又游移其辞地说：

> （武王）遍封功臣同姓戚者，封周公旦于少昊之虚曲阜，是为鲁公。周公不就封，留佐武王。武王克殷二年，天下未集，武王有疾不豫。……其后武王既崩，成王少，……周公乃践阼代成王摄行政当国。于是卒相成王，而使其子伯禽代就封于鲁。

在这里，史迁一方面说武王封周公于鲁，并未就封，另一方面又说伯禽代父就封，事在成王嗣位之初、三监叛乱之前。这样，鲁之册封与伯禽就封便间隔了两年时间，一事被分为二事了。史迁在行文上的这种疏漏恐怕不是偶然的。在更早的文献《左传》中对于鲁国始封的年代也是人异其说的。如《左传·昭公二十八年》成鱄说："昔武王克商，光有天下，其兄弟之国者十有五人。"这十五人中自然少不了周公封鲁，换句话说，周公封鲁在成鱄看来当在武王克商之后。《左传·僖公二十四年》富辰却说："昔周公吊二叔之不咸，故封建亲戚，以藩屏周"，下言文昭十六国即有鲁国，这就是说鲁之分封在周公平定三监叛乱之后。应该怎样看待《左传》中纷纭其事的说法，史迁似未深思，仅作有限度的调停而已，于是不可避免地产生了一系列前后矛盾的记述。在这个问题上，我以为孔颖达的见识有过人之处，他在《左传·昭公二十八年》正文中说：

> 由武王克商得封建诸国，归功于武王耳。此十五国或有在后封者，非武王之时尽得封也。《尚书·康诰》之篇周公营洛之年始封康叔于卫，《洛诰》之篇周公致政之年始封伯禽于鲁，明知武王之时兄弟未尽封也。僖公二十四年《传》称"周公吊二叔之不咸，故封建亲戚，以藩屏周"，亦以周公为制礼之主，故归功于周公耳。九年《传》曰："文武成康之封建母弟"，则康王之世尚有封国。宣王方始封郑，非独武王、周公封诸国也。

在此，孔颖达以鲁、卫、郑分封不在武王世参验周初封建亲戚之事，认为并非一人一世所为，这是很有见地的。不同的封国有不同的分封时间，因此不能不加分析地一概而论，笼统言在武王之世或周公之时。现在我们就来仔细探讨一下鲁国始封的具体年代究竟当在何时的问题。

关于鲁国的始封年代，历史上已有四种不同的说法：一是武王克商之后分封说；二是成王嗣位之年分封说；三是周公致政之年分封说；四是成王改元元年分封说。在讨论这四种说法谁是谁非之前，我们先征引《左传·定公四年》祝佗所说的一段话：

> 昔武王克商，成王定之。选建明德，以藩屏周。故周公相王室以尹天下，于周为睦。分鲁公以大路、大旂，夏后氏之璜，封父之繁弱；殷民六族：条氏、徐氏、萧氏、索氏、长勺氏、尾勺氏，使帅其宗氏，辑其分族，将其类丑。以法则周公，用即命于周。是使之职事于鲁，以昭周公之明德。分之土田陪敦，祝宗卜史，备物典策，官司彝器。因商奄之民，命以伯禽，而封于少皞之虚。

这段文字是大家所熟知的，其可靠性今已无人怀疑，可以说是鲁国的盛大分封典礼的一次实录。这项实录中的分殷民应即"赐姓"之义，分土田应即"胙土"之义，而以命诰封鲁于少皞之墟也自即"命之氏"之义。此即所谓"天子建德，因生以赐姓，胙之土，而命之氏"①。杨希枚据此认为"分民、裂土、建国则是先秦分封制度的三项重要措施"②，这是很正确的。因此，我们在探讨周初诸侯分封年代时，一定要把这三项封建要素综合起来加以考察，才不致顾此失彼，以偏赅全。

据《史记·周本纪》说，武王克商之后，"封弟周公旦于曲阜，曰鲁"。可这在事实上是不可能的。正如傅斯年在《小东大东说》中所说，武王伐商，诛纣而已，犹不能尽平其国，武庚仍为商君，则东土之未大定可知，故此时不可能建鲁于近淮之曲阜。③ 但傅氏似乎不愿意彻底放弃武王分封鲁国的旧说，于是另创鲁之初封在今河南鲁山县的新说，表面上可以解决鲁为武王所封说的矛盾，但观其证据也是有问题的。

《诗·鲁颂·閟宫》云："王曰叔父，建尔元子，俾侯于鲁。大启尔宇，为周室辅。乃命鲁公，俾侯于东。锡之山川，土田附庸。"傅斯年认为"俾侯于鲁"是说鲁之始封，而"俾侯于东"是说鲁侯后来徙封奄地鲁境。所谓鲁有始封、徙封之事，不只文献无征，而且是对《閟宫》诗意的曲解。诗中"俾侯于鲁"与"俾侯于东"，分明是为了用韵的需要，对同一件事采取了不同的语言表达方式，前言"俾侯"之国名，后言"俾侯"之方位，相得益彰，内涵无异。郑笺云："东，东藩鲁国也。既告周公以封伯禽之意，乃策命伯禽使为君于东，加赐之以山川土田及附庸。"这是切合诗之原意的。傅氏不顾分封与授民授疆土相依存的事实，人为地将诗中封鲁一事分为二事，明显是不妥当的。

《閟宫》又云："居常与许，复周公之宇。"傅斯年再次推论说：

---

① 《左传·隐公八年》。

② 杨希枚：《〈左传〉"因生以赐姓"解与"无骇卒"故事的分析》，《先秦文化史论集》，中国社会科学出版社1995年版。

③ 傅斯年：《大东小东说——兼论鲁燕齐在成周东南后乃东迁》，《中央研究院历史语言研究所集刊》第二本第一分，1930年。

"许在春秋称男，亦当以其本为鲁附庸，其后郑实密迩，以势临之，鲁不得有许国为附庸，亦不得有许田，而割之于郑。然旧称未改，旧情不忘，歌于颂，书于春秋。成周东南既有鲁为称之邑，其东邻则为'周公之宇'，鲁之本为此地无疑也。"此亦有误。诗中"常与许"，毛传为鲁南鄙、东鄙，不确。郑笺云："许，许田也，鲁朝宿之邑也。"孔疏云："诸侯有大德受采邑于京师，为将朝而宿焉，谓之朝宿之邑。鲁以周公之故，成王赐之许田。"这说明鲁之有许田，并非许是鲁国附庸之故，而是近许有朝宿之邑。许是周初所建伯夷后文叔的诸侯国，应有它独立的政治地位，恐非一开始就成了鲁国的附庸。故鲁之有许田并不意味着许之山川田邑尽为鲁国所有，而后割之于郑。《春秋》桓公元年称"郑伯以璧假许田"，许邑不复为鲁地。《閟宫》言鲁僖公"居常与许，复周公之宇"，是说曾为鲁朝宿之邑的"许"当时又复归于鲁，以彰僖公保疆卫土之功。如果要从这里得出鲁之初封与许为邻的结论，也是很牵强的。

由此看来，傅斯年认为武王封鲁在今河南鲁山的看法，除了古今地名的巧合之外，一与《左传》言鲁之始封"赐姓、胙土、命氏"相违，二与《閟宫》原意不合，很难令人信服。尤其是《閟宫》诗中"王曰叔父"之"王"必是成王，更与武王分封鲁国相矛盾。因此，经过傅氏补苴的武王分封鲁国说仍是无法成立的。

第二种说法认为封鲁在成王嗣位之初即周公平叛之前，此见于《史记·鲁世家》[①]。此说的困难在于是时武庚之叛未平，徐奄之乱未定，封鲁何得因商奄之民，领殷民六族，居少昊之虚？要不然伯禽就封于鲁就是一句没有实际内容的空话。《鲁世家》说："伯禽即位之后，有管、蔡等反也，淮夷、徐戎亦并兴反，于是伯禽率师伐之于肸，作《肸誓》。"这似乎可以作为伯禽于周公东征前就封于鲁的证据。其实不然。《肸誓》在今本《尚书》中经唐代卫包所改而名为《费誓》。《书序》云："鲁侯伯禽宅曲阜，徐、夷并兴，

---

① 今人持此说者有郭克煜等：《鲁国史》，人民出版社 1994 年版；陈恩林：《鲁、齐、燕的始封及燕与邶的关系》，《历史研究》1996 年第 4 期。

东郊不开，作《费誓》。"此言伯禽作誓与《鲁周公世家》同，但编篇置次于《顾命》与《吕刑》之间，明显不同于《史记》所谓此誓作于成王嗣位之初。《费誓》的制作年代经近人余永梁研究，认为是春秋时僖公伐徐在费誓师时所作①，这当然不是定论，但《费誓》不作于周公东征时却是可以肯定的。别的不说，篇中称"鲁人三郊三遂，峙乃桢干"，"鲁人三郊三遂，峙乃刍茭"，就绝不是周初可能发生的事，至少不能在成王嗣位之初，伯禽刚刚就国之时，鲁国就有如此臻于完善的郊遂区划，以用于征发劳役和军赋。所以，即令《费誓》是伯禽所作，也应是伯禽就国以后数年始可发生的事情。且"淮夷、徐戎并兴反"，不只在周公东征之时，而且在成王亲政后仍有发生，故《费誓》之作置于成王中后期东征之时较为适宜。这就是说，把伯禽就封于鲁的时间定在周公平叛前夕亦显证据不足。

第三种说法认为鲁之始封在周公致政之年，亦即周公摄政七年。明确提出这种意见的是唐代学者孔颖达。除前引《左传·昭公二十八年》正文外，他对《尚书·洛诰》"王命周公后"诸语作疏时又说："王命周公后，令作册书，使逸读此册以告伯禽，言封之于鲁，命为周公后也。又总述之在十有二月，惟周公大安文武受命之事，于此时唯摄政七年矣。"孔氏此说的问题在于，他对"王命周公后"的理解并不符合《洛诰》的原意。把"王命周公后"解释为尊立周公之后即封伯禽于鲁，从郑玄、伪孔到孔颖达都作如是说，至宋人始发其覆，谓成王命周公居后留守成周，坐镇东都，"监我士师工，诞保文武受民，乱为四辅"。孔氏立说的依据既有问题，他的结论也就没有信从的价值。

第四种说法认为鲁之始封在成王即政元年，此为刘歆首倡。《汉书·律历志》引刘歆《世经》云：

《召诰》曰："惟三月丙午朏。"古文《月采》篇曰："三

---

①　余永梁：《柴誓的时代考》，《古史辨》第二册，上海古籍出版社1982年版。

日为朒。"是岁十二月戊辰晦，周公以反政。故《洛诰》篇曰："戊辰，王在新邑烝，祭岁，命作册，惟周公诞保文武受命惟七年。"成王元年正月己巳朔，此命伯禽俾侯于鲁之岁也。

在此，刘歆把成王元年置于周公摄政七年之后，当是符合历史事实的。有的学者把"成王元年"解作武王死后成王嗣位之年，似非确当。是知刘歆所说伯禽封鲁是在周公致政次年即成王即政元年。郑玄的看法与此貌合神离，他在《洛诰》注中说："岁，成王元年正月朔日也。以朝享之后，用二特牛祫祭文王武王于文王庙，使史逸所作册祝之书，告神以周公其宜立为后者，谓将封伯禽也。"① 郑玄把《洛诰》"惟告周公其后"误解为"将封伯禽"，因而认为伯禽封鲁在成王元年，又把"成王元年"说成以周公"居摄六年为年端"②，更是一误再误。对于郑说我们不拟详论，这里只是着重申论一下刘歆此说大致可信的理由。

其一，从上引刘歆《世经》中的这段话可以看出，他并未言明伯禽封鲁在成王即政元年的证据，很可能是根据相关年代推算出来的。观其下文称："后三十年……成王崩。……鲁公伯禽，推即位四十六年，至康王十六年而薨。"成王在位年数，《史记》缺载，刘歆称之"三十年"，可能另有所本。郑玄注《康王之诰》亦云："周公居摄六年制礼班度量，至此积三十年。"③ 按照郑玄以周公居摄六年为成王纪年之始，说明郑玄也认定成王在位年数为三十年。又皇甫谧云："伯禽以成王元年封，四十六年康王十六年卒。"④ 此未言及成王在位年数，但所说伯禽在位年数及卒年与刘歆同。根据成王在位三十年，伯禽在位四十六年至康王十六年卒，即可反推出伯禽封鲁在成王即政元年。刘歆的推算或即如此。

其二，从《閟宫》诗称"王曰叔父"的语气来看，此时成王

① 《诗·周颂·烈文》疏引。
② 《尚书·顾命》疏引。
③ 《诗·周颂谱》疏引。
④ 《史记·鲁世家》集解引徐广曰。

必已亲政，始可履行封侯事宜。前此成王尚幼，虽嗣王位，实由周公摄行政当国，这在第一章我们已有论述。故在成王嗣位前七年不可能听政以告周公册封伯禽于鲁。据《尚书·洛诰》，成王亲政在周公摄政七年。于年底举行登基改元大典，至十二月晦（戊辰），尚在新邑成周举行烝祭，告庙文武。故改元在次年，表示正式亲政。所以成王于此年建议退居臣列的周公接受册封伯禽于鲁的诰命是可能的。尽管《史记·鲁世家》说伯禽封鲁在成王嗣位之初，但索隐述赞却说："武王既没，成王幼孤。周公摄政，负扆据图。及还臣列，北面匔如，元子封鲁，少昊之墟。夹辅王室，系职不渝。"可见司马贞读《史记》还是有从中洞察历史真相的本领的。

其三，据《左传·定公四年》祝佗称，伯禽封鲁不只得分"殷民六族"，且"因商奄之民"为治，其事亦当发生在成王即政之后。据上节所论，成王亲政后曾在周、召二公辅佐下大举东征，商奄、薄姑最后被剪灭，则伯禽封鲁"因商奄之民"也就具备了成熟的政治条件。是役或即始于成王即政元年，迁"殷民六族"以封伯禽应该就是这次东征的配套措施之一。据《尚书·多士》，殷遗民大举西迁洛邑成周，事在成王即政元年，此时封鲁并授以"殷民六族"当即周公迁殷遗民以弭其反侧的一种特殊手段。其后，不见周室再有大举迁徙殷遗民的举动，故伯禽封鲁晚于成王即政元年的可能性似乎不大。

从以上几个方面的分析可以看出，刘歆说伯禽封鲁在成王即政元年，大体与历史事实相去不远。其他有关伯禽封鲁年代的异说，我以为是应该放弃的。

2. 齐国始封的年代

《史记·周本纪》载，武王克商之后，大封功臣谋士，"而师尚父为首封"。《齐世家》也说："武王已平商而王天下，封师尚父于齐营丘。东就国，道宿引迟，逆旅之人曰：'吾闻时难得而易失。客寝甚安，殆非就国者也。'太公行之，夜衣而行，黎明至国。莱侯来伐，与之争营丘。营丘边莱，莱人夷民。会纣之乱，而周初定，未能集远方，是以与太公争国。"这段记载看起来绘声绘色，实乃齐东野语。首先，太公东就其国，不以师旅，不从族众，仅孤身前注，昼夜兼程，即使至国，又何能与莱夷争营丘？其次，太公所都营丘在今山东临淄①，本为薄姑旧地，《左传·昭公二十年》载晏子语云："昔爽鸠氏始居此地（按即临淄），季荝因之，有逢伯陵因之，薄姑氏因之，而后太公因之。"武王时薄姑未灭，又如何能将其地册封太公？再次，据《尚书·金縢》，周公东征时太公尚辅周室，文献亦无太公以子就封的记载，足见武王克商后的两年里太公并未东就其国。所谓武王封太公于齐营丘的说法无论如何都是站不住脚的。

对于这个问题，傅斯年早就认识到了。他说："武王之世，殷未大定，（太公）能越之而就国乎？尚父侯伋两世历为周辅，能远就国于如此之东国乎？"怎样解决这个矛盾？傅氏仍以初封、徙封为说，他认为，"综合经传所记，则知太公封邑本在吕也。""传记称齐大公为吕望，《书·顾命》称丁公为吕伋。此所谓吕者，当非氏非姓。男子不称姓，而国君无氏。此之父子称吕者何谓耶？准以周世称谓见于《左传》等书者之例，此父子之称吕，必称其封邑无疑也。然则齐大公实封于吕，其子犹嗣吕称，后虽封于齐，当侯伋之身旧号未改也。"②傅氏说太公父子之称"吕"，当非氏非姓，这是错的。"吕"既为太公封邑之名，进一步演变为氏名则是很自然的事。据盛冬铃研究，"西周铜器铭文中所见的氏在三百以上，要比姓多得多。大多数氏名是由地名转化来的，诸侯有封国，卿大夫有封邑，他们及其后裔往往就以所封国邑名为氏，如毛、毕、吴、散、杜、微等"③。准此，太公父子之称"吕"，必当以地为氏无疑。那么，太公以吕为氏是否始于武王分封之时呢？《史记·齐世家》云："其先祖尝为四岳，佐禹平水土，甚有功。虞夏之际封于吕，或于申，从其封姓，故曰吕尚。"这里所谓"从其封姓"实即以封地为氏，可

---

① 张立志：《山东文化史研究》乙编，齐鲁大学国学研究所1940年版，第27页。
② 傅斯年：《大东小东说——兼论鲁燕齐在成周东南后乃东迁》，《中央研究院历史语言研究所集刊》第二本第一分，1930年。
③ 盛冬铃：《西周铜器铭文中的人名及其对断代的意义》，《文史》第17辑，1983年。

见太公之称吕尚，由来有自，不自武王始。而吕之地望何在？《国语·郑语》载史伯云："当成周者，南有荆蛮、申、吕……"傅斯年循此考证的结果是，申在宣王时曾邑于谢（今南阳市境），申与吕近，《水经注》所谓宛西吕城当为太公封邑所在。① 其实，申吕之在南阳乃西周末年之事，与太公居吕并不相涉。据蒙文通研究，申、吕、许诸姜戎之国，本在周之西北，"则宣王徙申，至平王时而许吕亦在南土，是亦从申之后而南移者也"②。申、吕原在周人西北陕甘一带，今已得到考古材料的证实。甘肃灵台西岭西周墓曾出土铭有"吕姜"的铜簋③，可视作吕本在周西北的物证。这就证明傅斯年以为太公初封在吕（今河南南阳）后东迁为齐的说法是靠不住的。换句话说，太公始封不在吕而在齐，而武王克商后又不可能封太公于齐营丘，则齐国始封的年代当不得于武王之世求之。

近年来，大多数学者认为齐鲁之封是周公平叛以后的事，此说的基点在于周公东征彻底平定了商奄、薄姑之乱，故得以据地封建齐、鲁。但据我们上节研究，商奄、薄姑之灭在成王大举东征之时，故周公摄政期间还不可能封建齐国。这就是说，太公封齐只有放在成王即政之后才比较适宜。《汉书·地理志》说："周成王时，薄姑氏与四国共作乱，成王灭之，以封师尚父，是为太公。"是可为证。综合各种材料来看，太公封齐可能与伯禽封鲁一样，也在成王即政元年。这从以下两点可以觅其踪迹。

其一，从齐鲁报政说看太公封齐的时间。《史记·鲁世家》云："鲁公伯禽之初受封之鲁，三年而后报政周公。周公曰：'何迟也？'伯禽曰：'变其俗，革其礼，丧三年然后除之，故迟。'太公亦封于齐。五月而报政周公。周公曰：'何疾也！'曰：'简其君臣礼，从其俗为也。'及后闻伯禽报政迟，乃叹曰：'呜呼！鲁后世北面事齐

---

① 傅斯年：《大东小东说——兼论鲁燕齐在成周东南后乃东迁》，《中央研究院历史语言研究所集刊》第二本第一分，1930 年。

② 蒙文通：《周秦少数民族研究》，龙门书局 1958 年版，第 14—15 页。

③ 甘肃省博物馆文物队、灵台县文化馆：《甘肃灵台西周墓葬》，《考古》1976 年第 1 期。

矣。'"又《说苑》云:"伯禽与太公俱受封而各之国,三年,太公来朝。周公曰:'何治之疾也!'对曰:'尊贤者先疏后亲,先义后仁也。'周公曰:'太公之泽及五世。'五年伯禽来朝。周公曰:'何治之难也?'对曰:'亲亲者先内后外,先仁后义也。'周公曰:'鲁之泽及十世。'"崔述认为"此乃后人据其后日国事而撰为此说者,不足据"①。这是有道理的。然而我们也应看到,某种传说虽不可尽信,但也不排除或有个别以真实史事为其素地的成分。比较《史记》与《说苑》所说报政时间,虽然前者以齐为五月、以鲁为三年,后者以齐为三年、以鲁为五年,但这些时间应有一个共同的起点,才可作这番报政迟速的对比。这就是说,齐、鲁分封的时间应该相同,才能派生出这个传说。故知太公封齐也应在成王改元元年。

其二,从召公策命看太公封齐的时间。《左传·僖公四年》载管仲说:"昔召康公命我先君大公曰:'五侯九伯,女实征之,以夹辅周室。赐我先君履,东至于海,西至于河,南至于穆陵,北至于无棣。'"这段文字也被史迁录入《齐世家》中,其真实性无可怀疑。但这里有一问题值得我们思考,那就是太公封齐为什么由召公策命。召公享有封侯策命的政治地位,应该不在周公摄政时,只有洛邑成周建成,周、召二公"分陕(郏)而治"才具备这种可能性。其时周公留守洛邑,镇抚殷遗,以制东国,而召公则在宗周辅佐成王。则太公久居宗周,此时被册封于齐,由召公代宣王命便成为情理中事。由此看来,太公封齐发生在成王亲政元年的可能性是很大的。故班固说成王以齐封师尚父,应该是有根据的。

综上所论,齐鲁之封与召公封燕一样,既不在武王之世,也不在周公摄政之时,而应在成王亲政之后,很可能就是成王即政元年。这是成王亲政后在周、召二公辅佐下,随即大举东征的伟大成果,周人直接统治东方的战略目标最终得以实现。这对于周初政治的统一和华夏国家的形成都是具有积极意义的。

---

① (清)崔述:《丰镐考信录》卷八《辨伯禽、太公报政迟速之说》,《崔东壁遗书》,上海书籍出版社 1983 年版。

第七章　殷遗民的社会身份

苏轼《书传·多方》说："自《大诰》、《康诰》、《酒诰》、《梓材》、《召诰》、《洛诰》、《多士》、《多方》八篇，虽所诰不一，然大略以殷人不心服周而作也。余读《泰誓》、《牧誓》、《武成》常怪周取殷之易；及读此八篇，又怪周安殷之难也。"① 苏轼所说"安殷"，实际就是周克殷后如何统治殷遗民的问题。这个问题的严重性，从周诰八篇已占《尚书·周书》中有关西周文献的一半即可看出。当初周人对措置殷遗民颇感艰难棘手，不免煞费苦心，可是这个问题到了我们研究者的笔下，处理起来似乎变得相当简单，那就是把殷遗民尽行夷为奴隶，职事于周。这个意见一度广为流行，即使持不同史观的学者也罕有异词。

检索一下有关研究文献，我们可以看到，殷遗殆为奴隶说大概最早是由郭沫若提出来的。他在《中国古代社会研究》的导论部分论及周代是奴隶制社会时说："《周书》的十八篇中（自《牧誓》至《文侯之命》的十八篇）有八篇便是专门对付殷人说的话（本文中所称《尚书》系据今文的二十九篇），我们看那周公骂殷人是'蠢殷'、'庶殷'，或者说'殷之顽民'，而且把那些'庶殷'征发来作洛邑，用种种严厉的话去恫喝他们，那不完全是表示着把被征服了的民族当成奴隶使用吗？"② 之后郭氏又曾多次申述这一观点。最著名的是在《奴隶制时代》一文中把殷族遗民称为周人的

---

① （宋）苏轼：《书传》，《四库全书》本。
② 郭沫若：《郭沫若全集》（历史编第一卷），人民出版社1982年版，第25页。

"种族奴隶"①。在 1930 年《中国古代社会研究》出版后不几年，胡适发表了《说儒》一文，以所谓儒的本质及其来历相互发明，也涉及周初殷遗民的遭遇问题。他说，最初的儒者都是殷遗民，他们在经过那个天翻地覆的亡国大变之后，昔日的统治者沦落做了俘虏，做了奴隶，做了受治的平民；《左传》里祝佗说的"殷民七族"，"殷民六族"都有宗氏，都有分族类丑，自然是胜国的贵族了；如今他们被分给那些新诸侯去"职事"于鲁卫，这就是去做臣仆。② 胡氏的看法虽然并不牵涉对周代社会性质的认识，但对殷遗民入周后身份地位的说明与郭说却有相通之处。这个事实告诉我们，不管你怎样看待周代的社会性质，关于殷遗民身份地位的探讨都是一个不容忽视的研究课题。

近年来，人们对这一问题重新加以检讨，意见亦不一致。有的学者仍然坚持"种族奴隶"说③，或曰"宗族奴隶"④；也有学者认为殷遗民并未遭受特别的压迫和悲惨的命运⑤，西周政权并没有把殷民视为"种族奴隶"，而是采取了区别对待的政策⑥。现在，我们也就此谈谈自己的看法，希望有助于把这一问题的研究进一步引向深入。

一 迁殷遗民始于何时

我们这里所说的殷遗民，以殷王畿内子姓贵族及其后裔为限，并不泛指原来臣服于殷的东方大族。为了分化瓦解殷遗民的反抗势力，周初曾有过大规模迁徙殷遗民的举措，要说殷遗民的不幸遭

① 郭沫若：《郭沫若全集》（历史编第三卷），人民出版社 1982 年版。
② 胡适：《说儒》，《中央研究院历史语言研究所集刊》第四本第三分，1934 年。
③ 李民：《从〈尚书〉看殷民入周后的社会地位》，《〈尚书〉与古史研究》（增订本），中州书画社 1983 年版，第 244 页。
④ 田昌五：《古代社会断代新论》，人民出版社 1982 年版，第 104 页。
⑤ 杜正胜：《略论殷遗民的遭遇与地位》，《中央研究院历史语言研究所集刊》第五十三本第四分，1982 年。
⑥ 杨善群：《西周对待殷民的政策缕析》，《人文杂志》1984 年第 5 期。

遇，恐怕这是他们首先遇到却并不乐意的一件怨事。作为亡国之余，由不得他们再留恋故土，只好听任周人的摆布。

迁殷遗民的实施是从什么时候开始的呢？据《史记·周本纪》说：“成王既迁殷遗民，周公以王命诰，作《多士》。”《书序》也说：“成周既成，迁殷顽民。周公以王命诰，作《多士》。”这似乎是说成王即政元年，周人始有迁殷遗民的措施出台。实际说来，周人迁殷遗民应该始于微子封宋，继之才是西迁洛邑，东封鲁卫。《史记·殷本纪》云：“周武王崩，武庚与管叔、蔡叔作乱，成王命周公诛之，而立微子于宋，以续殷后焉。”又《宋世家》云：“武王崩，成王少，周公旦代行政当国。管蔡疑之，乃与武庚作乱，欲袭成王、周公。周公既承成王命诛武庚，杀管叔，放蔡叔，乃命微子开代殷后，奉其先祀，作《微子之命》以申之，国于宋。”《书序》亦云：“成王既黜殷命，杀武庚，命微子启代殷后，作《微子之命》。”已佚《微子之命》是周公封微子于宋的命书，《史记·周本纪》与《书序》将篇名次之于《大诰》之后，说明宋国是周公东征结束后首先建立的一个子姓封国，继武庚以奉殷祀。

微子名启，为纣之庶兄。微子封微，系畿内之国，以国为氏。“纣既立，不明，淫乱于政，微子数谏，纣不听”①，微子遂与太师、少师合议，相与亡去。“周武王伐纣克殷，微子乃持其祭器造于军门，肉袒面缚，左牵羊，右把茅，膝行而前以告。于是武王乃释微子，复其位如故。”② 由于微子与周人采取积极合作的态度，故得复有其国，领其族众。及至周公平定武庚叛乱，微子被封于宋（今河南商丘）。与武庚相比，虽是同续殷祀，微子却远去畿外，已离其本根，殷遗民可能潜存的反叛势力得以削弱。这无疑正是周公的用意所在。微子封宋，其微氏族众当大部随迁，很可能当时还有别的族氏一同偕往，惜史载有阙，今已无从查考。这应该是周初第一次对殷遗民的迁徙。以其带有徙封的温和色彩，必不至于在殷

---

① 《史记·宋微子世家》。
② 《史记·周本纪》。

遗民中造成过大的社会震荡，不失为一种巧以治殷的良策。

近半个世纪以来，由于关中地区有不少殷商旧族所铸彝铭出土，遂有学者认为殷遗民的被迁早在武王克商后就开始了。许倬云就说："武王克商后的一项重要措施是将东土俊杰成族的迁到陕西，强干弱支，也使东土人才能为周用，所谓'殷士肤敏，裸将于京'的'京'，可能指宗周的周京，而不是成周的宗庙，这一措施也可说是西周建立新国族的第一步。"① 支持此说最有力的证据无非是微史家族的西迁。但我认为这还不足以证成许氏的假说。

1976年陕西扶风庄白发现西周铜器窖藏，出土青铜器103件，有铭文者74件，其中最重要的一器是《史墙盘》，铭文长达284字，前半篇是对周王朝诸先王和当时天子恭王的颂词，后半篇则是历述微史家族的简史。涉及微史家谱的部分说：

> 青（静）幽高祖，在微灵处。𔗷武王既戈殷，微史刺（烈）祖乃来见武王，武王则令周公舍宇于周卑（俾）处。甬（通）惠乙祖，来匹厥辟，远猷腹心子纳。炎明亚祖祖辛，迁毓子孙，繁被多厘。齐角炽光，义（宜）其禋祀。害屖 文考乙公，遽爽，德屯（纯）无刺，农啬戉（越）历。唯辟孝友，史墙夙夜不坠，其日蔑历。（《集成》10175）

从铭文内容来看，微史家族与殷商国运息息相关，又保留以日为名的殷商旧俗，是殷王族后裔似可肯定。微史高祖虽不必就是微子启，但与微子属于同一家族应无疑问。武王克殷以后，微史烈祖始来归顺武王，武王命令周公把他安置于周人本土，即《㢈钟三》所说"以五十颂处"（《集成》252）。"五十颂"即五十通，"颂"与"通"古音同字通。《司马法》云："井十为通。"② 这就是说微史家族不仅被授予周畿内五百井的采邑，而且几代人都担任周王室的史

---

① 许倬云：《西周史》（增订本），生活·读书·新知三联书店1994年版，第118页。

② 《论语·学而》注引，《十三经注疏》本。

官，俨然成为周邦的新贵了。微史家族能受到这样尊荣的礼遇，显然与其主动降顺又能为周所用有关，自不在被周人强制西迁的"庶殷"之列。周人接纳微史家族，实际就是招降纳叛以瓦解敌对势力，与迁殷遗民并不相涉。从文献记载来看，这种情况早在文王时代就已屡见不鲜。《史记·周本纪》称，文王礼贤下士，"辛甲大夫之徒皆往归之"。《集解》引刘向《别录》云："辛甲，故殷之臣，事纣。盖七十五谏而不听，去至周。召公与语，贤之，告文王，文王亲自迎之，以为公卿，封长子。"辛甲入周的际遇与微氏烈祖何其相似乃尔，可见把这种情况作为迁殷遗民看待恐怕是不合适的。

　　当然，我们说武王克商后没有迁殷遗民的举措，并不意味着他全无这方面的筹谋。武王兴师伐商，牧野一战而克，诛商纣，移九鼎，封诸侯，分殷器，表明小邦周已代殷而为天下共主，但武王对殷遗民的处置却相当谨慎，实为极尽拉拢安抚之能事。其一，立王子武庚俾守殷祀，以减轻殷商遗老对亡国的悲哀，缓和他们对周人的敌对情绪。其二，释箕子之囚，封比干之墓，表商容之闾，振鹿台之钱，散巨桥之粟，以示革殷之弊政，救民于水火，顺天应人，非敌百姓。其三，纵马于华山之阳，放牛于桃林之野，偃干戈，释兵旅，作出不轻事征伐、妄加诛戮的姿态，使殷遗民感到生命安全不受威胁。其四，警告"尔百姓其亦有安处在彼，宜在天命，弗反侧兴乱，予保奭其介"，否则不予宽宥，"（虔）刘灭之"[1]。如此恩威并施，欲使殷遗民安居故土，俯首听命。从这些措施看，武王既没有把殷遗民夷为奴隶，也没有让他们大举西迁，而是实行一种安抚怀柔就地监督的政策。这种政策能否发生预期的效用，看来武王也没有十分的把握，故一度为此寝食不安，积忧成疾。不过，武王也不是没有考虑到补救措施，这就是计划建洛邑，迁殷民，只是尚未来得及实施就与世长辞了。《逸周书·度邑》载武王病重时对周公说："我图夷兹殷，其惟依天室，其有宪令，求之无远，天有求绎，相我不难。"此"依天室"系指武王准备靠近天（太）室山的

----

[1]　《逸周书·商誓》。

伊洛一带兴建新都洛邑，"宅兹中国，自之义民"。对于这段话朱右曾曾有过很好的训释："言我欲平夷，惟使之依近天室，以习宪令，其地即于此求之勿远，天意待人寻绎，其辅相我者不难也。故后周公卒迁殷士。"① 洛邑未建，殷民不迁，一直是武王的一块心病，乃至临终前也不能释怀。足见武王在世时并无迁殷遗民之事，这个计划只有留待周公来实施了。

上文说过，三监之乱平定后，周公封微子于宋，可视为迁殷遗民的前奏。至于武庚旧地则由康叔徙封于卫加以治理，原殷王畿内的世家大族基本上留居未动。直至洛邑建成，始有大量殷遗民"迁居西尔"，此见于《尚书·多士》篇。有人以今本《竹书纪年》"王至自奄，迁殷民于洛邑，遂营成周"为据，认为"殷民的迁徙应是在成周建成之前，迁殷民是为了营造成周"②。这似乎有点本末倒置了。周公营洛固然需要大量劳动力，除东征"俘殷献民"迁于成周以供役使外，可能还征调有不少殷遗民中的壮年男子前往服役，但这与殷遗民举族被迁毕竟是两回事。《多士》记周公对殷遗民说："今朕作大邑于兹洛，……今尔惟时宅尔邑，继尔居，尔厥有干有年于兹洛，尔小子乃兴，从尔迁。"如果洛邑未成，殷遗多士怎么可能连同"尔小子"举族西迁？又怎么可能西迁后有邑可宅、有室可居呢？所以不能说殷遗迁徙发生在洛邑营建之前。洛邑建成后，周公虽已致政，却并未放弃辅相成王的东进事业，随着征服地区的巩固和扩大，于是殷遗民又一次被迁徙到鲁国，包括留居卫国的殷人也可能有局部迁移调整。这样，原来聚居千里王畿的殷遗民便被彻底分割肢解，至少在地缘分布上难以再形成强大的反周复国势力。周公确是完成了武王治殷未就的一项伟业。

从上述殷遗民迁徙的分布来看，大致可以分为两种类型，一类是在京畿之地直接接受周王室的统治，另一类是在诸侯国内成为所属封君的臣民。以下就对这两类殷遗民的身份地位分别加以考察。

---

① （清）朱右曾：《逸周书集训校释》，《清经解续编》，上海书店 1988 年版。

② ［日］白川静：《周初殷人之活动》，载《日本学者研究中国史论著选译（三）》，中华书局 1993 年版，第 138 页。

二　殷遗民西迁后的境遇

　　西迁周室京畿地区的殷遗民，从文献上看主要集中在东都洛邑。但随着陕西关中一带殷系彝器的不断发现，人们逐渐认识到宗周附近也是殷遗民的迁居地之一。不过，殷遗民移往宗周者恐怕多与微氏家族自愿降顺的情况相类，并不构成周人刻意迁徙的主要对象，故很少见于记载。这种化被动为主动的西迁殷遗比较明智地承认周革殷命的现实，采取与周人积极合作的态度，愿意利用自己的专长为周王室效力，自然乐于为周人接纳，且易受到礼遇和重用。除微氏家族铜器外，周原出土的伯𣄰家族和中氏家族的铜器群也反映了这方面的情况。

　　1975 年 3 月，陕西扶风庄白发现埋葬在西周墓中的青铜器，共14 件。据研究，此墓主人伯𣄰与传世著录的录𣄰不仅属于一个家族，而且可能是录𣄰之子。[①] 其始祖可能就是成王时反叛周人统治的录子圣。《大保簋》铭文云：

> 王伐录子圣，𢦏厥反，王降征命于大保，大保克敬亡遣，
> 王永大保，易休余土，用兹彝对令。（《集成》4140）

这个录子圣与武庚禄父并非一人，但属殷商王族无疑，以所封录国为氏，其后代因有录伯之称。根据所见诸器铭文，或可对录𣄰家族的世系作出如下排列：

　　录子圣—辛公—乙公（厘王）—甲公（录𣄰）—伯𣄰

　　自周初录子圣的反周活动被召公平定后，其后裔即《录簋》所谓"文祖辛公"（《集成》4122）者大概决意降顺周朝，西迁宗周，以助征伐，为周室效忠，故得赐采于周原。《录伯𣄰簋》铭云："王

---

　　① 杜正胜：《略论殷遗民的遭遇与地位》，《中央研究院历史语言研究所集刊》第五十三本第四分，1982 年。

若曰：‘录伯㦰，繇！自乃祖考又（有）爵于周邦，右辟四方，惠弘天命’”（《集成》4302），应即反映此事。乙公事迹不详，甲公录㦰则有功可录。《录㦰卣》铭云：“王令㦰曰：䖒！淮尸（夷）敢伐内国，女（汝）其以成周师氏戍于叶师。白雍父蔑录历，锡贝十朋。”（《集成》5420）此记录㦰作为受白雍父节制的一员大将，以其抵抗淮夷进犯，戍守叶地有功，受到白雍父的赏赐。扶风伯㦰墓出土两件铭为“白雍父自作用器”的铜盘①，可能也是录㦰得自白雍父多次颁赏的赐物之一，由其子伯㦰继承保留下来。伯㦰墓出土的《㦰方鼎》说：

㦰曰：“呜呼！王惟念㦰辟剌（烈）考甲公，王用肇吏（使）乃子㦰，率虎臣御淮戎。”㦰曰：“呜呼！朕文考甲公、文母日庚弋休则尚，……厥复享于天子，唯厥吏（使）乃子㦰万年辟事天子，毋（毋）又斁于厥身。”（《集成》2824）

从此器铭文看，伯㦰以父亲之荫，继为南征战场的一员主将，他表示“万年辟事天子”，完全成了周王的亲信。尤其是在𩵦林之战中，伯㦰感铭亡母坚强敏勉的精神，奋勇追歼淮夷，终于克敌制胜，大有斩获，取得相当辉煌的战果。扶风《㦰簋》铭有云：

惟六月初吉乙酉，在堂师，戎伐𤔲，㦰率有司、师氏奔追御戎于𩵦林，博戎胡。朕文母竞敏𩁹行，休宕厥心，永袭厥身。卑（俾）克厥敌，获馘百、执讯二夫，俘戎兵：盾、矛、戈、弓、箙、矢、裨、胄，凡百又卅又五款；捋戎俘人百又十又四人，衣（卒）搏，无斁于㦰身。（《集成》4322）

可见这个殷遗家世代拥有兵权，战功卓著，又食采领民，受赐甚厚，从周初至穆王的百来年间，家声犹能不坠，保持着相当高的社

① 罗西章等：《陕西扶风出土西周伯诸器》，《文物》1976年第6期。

会地位。

1960 年 10 月，陕西扶风齐家村周墓发现一批青铜器，多达 39 件，有铭文者凡 28 件，其中瓦纹簋二、盘一、匜一，铸器人为中友父；又编钟八，铸器人为中义。郭沫若以为“中”为氏名①，则此器群当中氏家族的遗物，其《仲伐父甗》铭称“仲伐父作姬尚母旅甗”，殆即仲伐父为其妻“姬尚母”所作祭器。姬尚母乃姬姓之女，可证中氏非姬姓，又中作𠁩，屡见于殷墟卜辞和彝铭，如“犬中告麋，王其射”（《粹》935）。可见中族与殷王的关系非常密切，很可能是殷商的王子之族。这样看来，扶风齐家村的中氏家族属于西迁殷遗民当无疑问。宋代出土安州六器之“中”，与此中氏是否同一家族，尚难断定。因为扶风齐家中氏铜器虽有西周中叶前期物，却无安州《中方鼎》“王令中先省南国贯行”之类的记录，或许安州之中本为殷遗别支。扶风这支中氏家族虽然西迁较早，却至孝夷期间始见发达。《几父壶》铭云：

> 唯五月初吉庚午，同仲居西宫，锡几父示𠦪六，仆四家，金十钧。几父拜稽首，对扬朕皇君休。用作朕刺（烈）考尊壶。几父用追孝，其万年孙孙子子永宝用。（《集成》9721）

又《柞钟》铭云：

> 唯王三年四月初吉甲寅，仲大师右柞。柞锡𢧢、朱黄、銮，司五邑佃人事。柞拜手，对扬仲大师休，用作大林钟，其子孙永宝。（《集成》133）

郭沫若以为同仲即仲大师，柞乃几父之名。② 这说明几父先有同仲之赏，已觉殊荣；后受周王之赐，益见尊贵。“仲大师右柞”者，

① 郭沫若：《扶风齐家村器群铭文汇释》，陕西省博物馆、陕西文物管理委员会编《扶风齐家村青铜器群》，文物出版社 1963 年版。

② 同上。

乃周王召柞时，位次于仲大师，知柞亦为王臣。柞被周王锡以礼服、佩玉、旗章，又"司五邑佃人事"，大概担任司徒一类的职务。由此可见。这支殷遗中氏家族不仅有人与姬姓贵族联姻，而且有人身任王室要职，赐物予其宝用，臣仆为之驱使，并未遭受做亡国奴的悲惨命运。

宗周地区发现的殷系彝器尚多，此不具引。如果说西迁宗周的殷遗多属归顺事周的友民而不免受到优待，还不足以说明他们的身份地位的话，那么，我们再来看看迁往洛邑的殷遗的情况，或许可以加深对此问题的认识。

《书序》说："成周既成，迁殷顽民。"孙星衍认为，"顽"有众意，"不当以顽嚚之义为训"[1]，恐未谛。《多方》孔疏云："顽民谓殷之大夫士从武庚者，以其无知，谓之顽民。"无知者大概是指不知天命归周，依然顽固坚持反周复国立场的殷仇民。蔡沈以"反复难制"称此顽民，是相当得体的。这部分殷遗民迁居洛邑后的状况如何，值得我们认真加以研究。

殷遗民被大批迁往洛邑成周，今已得到考古发掘的证实。在洛阳中州路及东郊北瑶村一带发掘的一些西周前期墓葬，有一类带有腰坑，坑内且殉狗，与殷人习俗相同，当为殷遗墓。在北瑶村的一座西周墓中，葬式除保留若干殷俗外，随葬的青铜器种类繁多，形制与花纹亦为殷周之际所习见。其中卣、尊、斝、觚、爵均有铭文，同为"登作尊彝"，知墓主为登。[2] 登为族名而非私名，亦见于卜辞："庚寅卜，争贞：令登及龀工卫，有禽？"（《甲》1167）又金文著录的《登鼎》铸有常见于殷器的族徽"析子孙"（《集成》1491）[3]，则此无疑为殷遗多士迁居洛邑后的墓葬，主人生前明显具有相当高的政治社会地位。

据传 1929 年洛阳马坡出土一批青铜器，多至 50 余件，颇多铭

---

① 孙星衍：《尚书今古文注疏·书序》，中华书局 1986 年版。
② 洛阳博物馆：《洛阳北瑶西周墓清理记》，《考古》1972 年第 2 期。
③ 铭中"析子孙"，今暂从宋人吕大临《考古图》所释。于省吾释作"举"，亦可参考。

文值得我们注意。如《士上盉》有铭云：

王令士上眔史黄殷于成周，礼百生（姓）豚眔赏卣、彝、贝，用作父癸宝尊彝。臣辰册册先。（《集成》9454）

这是说周王命令士上和史黄二人朝觐于成周，二人作为百姓得到了豚、卣、彝、贝的赏赐。铭末四字是族名，其后两字是族徽，"册册"表示他们的官职是史官，"先"表示他们原为殷商旧族。卜辞记事刻辞有"先致五十"（《缀合》137），"先"为人名；武丁卜辞有"气令受田于先侯"（《前》2.28.2），"先"为诸侯；卜辞又有"在先为水"（《前》2.4.3），"先"为先氏族族居地。可见这个"先"族是殷遗民，"他们虽被周公召公迁到洛邑，却保全了氏族组织和旧有的习惯"[1]，还可入朝为官。铭中所谓"百姓"于族人则为氏族长，于王庭则为百官。《国语·楚语下》载观射父说："百姓、千品、万官、亿丑、兆民"，韦注云："百姓，百官受氏姓也"，是其证。故士上、史黄二人得以参加天子会见诸侯布达政令的大典，并受到周王的赏赐，做器以光宗耀祖。

与臣辰诸器一并出土的还有矢令家族之器，如《令簋》、《令彝》、《令尊》、《作册大鼎》等。在《令簋》、《令彝》（《令尊》与之同）铭文中，作器者称作册矢令、作册令，或单称矢，铭末又同铸"隽册"族徽，知为同一人。《令簋》铭文云"用作丁公宝器"，《令彝》铭文云"用作父丁宝尊彝"，则丁公与父丁亦是同一人，当为矢令之父。不过前器之作丁公尚在，以为纪念，后器之作父丁已故，以为祭祀。矢又见于《宜侯矢簋》，铭文称"宜侯矢扬王休，乍虞公父丁尊彝"，则作册矢与宜侯同父，陈梦家认为应是一人[2]，符合诸器的年代序列。这就是说，在康王初年，作册矢令大概以有功于王室，被恩准袭父虞公之侯爵，称虞侯矢。继之改封于

---

[1]　张政烺：《古代中国的十进制氏族组织》，《历史教学》第2卷第4期，1951年。
[2]　陈梦家：《西周铜器断代（一）》，《考古学报》第9册，1955年，第167页。

宜，称宜侯矢，而矢令原任之作册职务则由其子大来担任，故《作册大鼎》中的"大"在受到召公的赏赐后，"乍祖丁宝尊彝"，所称祖丁也就是虞侯丁公了。至于虞侯之虞、宜侯之宜，地望今在何处，学者各说不一，存以待考。但从虞侯以日干为名、矢令称父不称考、铭末铸商代鸟形族徽诸方面来判断，确定矢令家族是殷遗应该没有多大问题。有人以为此矢是见于《散盘》的西周古国，地在今陕西宝鸡一带，非是。《散伯盘》铭称"散伯作矢姬宝簋"（《集成》3777），此矢当为姬姓，与矢令家族并不同源，不可混淆为一。

矢令家族作为殷遗迁往洛邑之后，所受恩宠真令我们刮目相看。丁公受封虞侯，镇戍东国，颇见信任。其子矢令以作册之职出纳王命，左右于卿事寮，乃成周重臣，先有王姜"赏令贝十朋，臣十家，鬲百人"（《令簋》，《集成》4300），继有明公"锡令鬯、金、小牛"（《令彝》，《集成》9901），终则令袭父爵，旋改封于宜"锡土：厥川三百□，厥□百又二十，厥宅邑卅又五，厥□又四十。锡在宜王人□又七里，易奠七伯，厥□（千）又五十夫，锡宜庶人六百□□六夫"（《宜侯矢簋》，《集成》4320），成为有土有民的一方诸侯，这样显赫的殷遗家族无论如何都是不能以"种族奴隶"目之的。

其实，关于殷遗西迁洛邑后的社会境遇，《尚书·多士》、《多方》篇本有比较明确具体的记载，比照前引金文材料，只要不抱成见，应该说是可以达成一致认识的。《多士》记周公对西迁殷遗说：

> 告尔殷多士，今予惟不尔杀，予惟时命有申，今朕作大邑于兹洛，予惟四方罔攸宾，亦惟尔多士攸服奔走，臣我多逊。尔乃尚有尔土，尔乃尚宁干止。尔克敬，天惟畀矜尔；尔不克敬，尔不啻不有尔土，予亦致天之罚于尔躬！今尔惟时宅尔邑，继尔居；尔厥有干有年于兹洛。尔小子乃兴，从尔迁。

又《多方》记周公对"有方多士暨殷多士"训诫说：

> 今尔奔走臣我监五祀，越惟有胥伯小大多正，尔罔不
> 臬。……尔乃自时洛邑，尚永力畋尔田，天惟畀矜尔，我有周
> 惟其大介赉尔，迪简在王庭，尚尔事，有服在大僚。……尔不
> 克劝忱我命，尔亦则惟不克享，凡民惟曰不享，尔乃惟逸惟
> 颇，大远王命，则惟尔多方探天之威，我则致天之罚，离逖
> 尔土。

细读这两段文字，不难看出殷遗多士的真实身份。第一，周人对殷
遗多士确有生杀之权，但绝不是动辄“予其杀”，“致天之罚”，而
是有其特定前提的。这个前提就是“尔不克敬”，“尔不劝忱我
命”，“尔乃惟逸惟颇，大远王命”，也就是说他们不谨守王命，还
要放荡邪恶、兴风作浪的话，有周就将“致天之罚于尔躬”，“大
罚殛之”。这早在武王作《商誓》时已有告诫，却不为殷遗所警，
致生武庚之叛，逼使周公东征，颇有诛杀。现在周公又重申此命，
无非是说殷民要吸取教训，无违天命，始得康宁。不要说殷遗多士
图谋叛周，不免非杀即流，就是骨肉血亲如管蔡者流也会遭到同样
下场。严酷镇压反叛敌对势力，这是国家政权赖以确立的根本前
提，凡阶级社会概莫能外。如果我们据此就说在周王朝统治下的殷
遗民没有生命保障和人身自由，是可以任意杀害的奴隶，无疑是把
问题简单化了，忽略了国家应有的职能所在。

　　第二，殷遗多士“尔小子乃兴，从尔迁”，举族来到洛邑，
“尚有尔土”，可以“宅尔宅”，“畋尔田”，“有干有年于兹洛”，
也就是说他们农耕可望丰收，生活可望康宁，子孙可望兴旺，这哪
是来当奴隶可以企想的呢？固然这些田宅非其所有，只是他们享有
的对象，以此就说他们是农业奴隶，倒不如说他们是国家授田制下
的农奴或许更恰当些。所谓“惟有胥伯小大多正”，《尚书大传》
引此文“胥伯”作“胥赋”，“正”作“政”。胥是胥徒，即提供
徭役的人，此指徭役；赋指一切征课，“正”、“政”都是“征”的
借字。这表明国家对殷遗民有多少不等的徭役赋税的征调，是周人

经济剥削的对象之一。在这种剥削方式下的殷遗民，可能只是受国家支配的农奴，而不是全部剩余劳动被榨取的奴隶。

第三，殷遗多士西迁洛邑，还提出了分享政治权力的要求。他们希望能像"殷革夏命"一样，可以"迪简在王庭，有服在百僚"。周公表示"予一人惟听用德"，即对殷遗中有德行的人可以加以任用，授予适当的官职，鼓励他们为新政权效力。周公要把迁洛殷遗夷为奴隶当不会有如此承诺的，也不会将此承诺兑现。尽管能够跻身统治阶层的只是少数氏族长（百姓），大多数殷遗民已由原来治人的一等公民降为治于人的二等公民，但他们毕竟保留着一定的自由身份，不能与奴隶阶级相提并论。

总之，殷遗民西迁京畿地区，无论是作为友民徙居宗周，还是作为仇民迁至洛邑，都没有因此沦为种族奴隶。他们当中的一些家族西迁后颇受信用，不少身为氏族长的百姓还被周王室委以要职，或为史官出纳王命，或为武将受命征伐，或为领主享有采邑，或为诸侯戍守一方，具有相当尊荣的社会地位。至于所领大多数族众，也有宅可居、有田可耕，虽然不免受到周人赋税徭役方面的剥削，社会地位有所下降，但终归只是国家授田制下的农奴，是周王朝维持统治的社会基础。

三 封国治下的殷遗民

周初分封蔚为大者是宋、卫、鲁、晋、燕、齐诸国。殷遗民除被迁往京畿地区外，宋、卫、鲁等诸侯国也是其重要的聚居地。晋之立国授民"怀性九宗"，据王国维考证，"唐叔所受之怀姓九宗，春秋隗姓，诸狄之祖也"[1]，不属于殷遗范畴，这里不予讨论。至于燕、齐两国，文献上没有殷遗相授的明确记载，唯有新出土的金文材料给我们提供了这方面的线索。

召公封燕的具体情况，文献不足征，一直若明若暗。1986 年考

---

[1] 王国维：《观堂集林》卷十三，中华书局 1994 年版，第 590 页。

古工作者在北京房山琉璃河西周遗址，发掘了1193号西周大墓，取得了重要的考古收获，墓中出土的《克罍》、《克盉》两件同铭成组铜器，记载了召公封燕受民受疆土的史实，弥足珍贵。二器铭云：

> 王曰："太保，惟乃明乃心，享于乃辟。余大对乃享，令克侯于匽（燕）。使羌、马、叡、于（盂）、驭、微，克窑匽（燕），入土眔厥司。"用作宝尊彝。（《近出》[①] 987、942）

铭文中的"太保"为召公奭的官名，学者咸无异词。"王"为成王非武王，史迁说"周武王之灭纣，封召公于北燕"[②]，显有时代错误，不足为据。"克"当是召公之子，为第一代燕侯。"羌、马、叡、盂、驭、微"系国族名，如同鲁侯所受"殷民六族"。前五族是屡见于卜辞的商代异姓方国，大概经过商王国的多次征伐已为臣属，至此又转而成为燕侯的属民，后一族则是微氏家族的又一分支被北迁于燕，成为燕侯治下的殷遗民。琉璃河西周墓52号的主人曰"复"，铸有鼎、尊、觯、爵诸宝器以祀父乙，器铭且有族徽"析子孙"，应该就是北迁微氏家族的成员。《复尊》铭文说："匽（燕）侯商（赏）复冂（冃）衣、臣妾、贝，用作父乙宝尊彝"（《集成》5978），且墓中随葬品多钩戟戈剑矛一类兵器，说明复不只是一位有采邑的领主，而且可能是燕侯任用的一员武将，为燕侯建立新的统治秩序立下过汗马功劳。

燕侯所领殷遗另有箕族支裔，亦见于彝铭文记载。相传卢沟桥出土的《亚盉》铭云：

> 聂侯亚矣。匽（燕）侯锡亚贝，用作父乙宝尊彝。（《集成》9439）

---

① 刘雨、卢岩：《近出殷周金文集录》（简称《近出》），中华书局2002年版。
② 《史记·燕世家》。

又辽宁喀左出土的《叟方鼎》铭文云：

> 丁亥，𩵥商（赏）右正叟叟贝，在穆朋二百，叟扬𩵥商（赏），用作母己尊𣴎。曩侯亚𢀡。（《集成》2702）

铭文中的"曩"字，李学勤认为即是文献中微箕的箕，地在今山西榆南①，其说可从。商末箕子谏纣不听，佯狂为奴。武王克商后，"唯衣（殷）鸡（箕）子来降"②。据传武王问以治道，乃封箕子于朝鲜，这个传说目前还难以确证，但有箕族北迁燕地应无可疑。有学者认为顺义区金牛村墓葬出土有箕亚𢀡族为父己所作的成组的青铜器，"说明这是箕族的墓地，金牛村一带是箕族的采地"③。这个殷遗大族累世为燕国官吏，多次受到燕侯的奖赏，是燕国统治集团中的重要成员。从微、箕两族北迁燕地的情况来看，燕侯治下的殷遗民不仅未曾沦为种族奴隶，而且继续保持其贵族身份，政治地位也是相当高的。

周初封土建国，齐"有分土，无分民"④，大概是一个以姜姓为主多族共处的诸侯国。故太公治齐，"因其俗，简其礼"⑤，以适应齐国特殊的社会环境。傅斯年以为齐国是与鲁卫一样的殷遗民之国⑥，殊不可信。近年黄县归城小刘庄出土昭王时器《启卣》，铭文云："王出兽南山，搜迤山谷。至于上侯𣳜川上，启从征菫不扰，作祖丁宝旅尊彝，用匄鲁福，用夙夜事，戊箙。"（《集成》5410）《启尊》铭文云："启从王南征，更山谷，在洀水上，启作祖丁旅宝彝，戊箙。"（《集成》5983）启的祖父以日干为名，铭末又有商

---

①　晏琬：《北京辽宁出土铜器与周初的燕》，《考古》1975年第5期。

②　徐中舒：《周原甲骨初论》，《古文字研究论文集》（《四川大学学报丛刊》第10辑）1982年5月。

③　张亚初：《燕国青铜器铭文研究》，中国社会科学院考古研究所编《中国考古学论丛》，科学出版社1993年版。

④　《汉书·地理志下》。

⑤　《史记·齐太公世家》。

⑥　傅斯年：《周东封与殷遗民》，《中央研究院历史语言研究所集刊》第四本第三分，1934年。

代族徽"戈箙"，表明启是殷遗。但这也不可能成为支持傅氏此说的证据，因为铭文未能言及启受赏于齐侯，而是说曾"从王南征"，"出兽南山"，很可能他是周王东巡时的随从，不知什么原因留居齐国，这是不能证明齐国也有殷遗迁居的，至少可以肯定齐国与燕国一样，殷遗民并不构成被统治的主要对象。

宋、卫、鲁的社会构成与燕、齐有所不同，它们主要是由殷遗民组成的国家。那么，殷遗民在这些封国内的社会境遇又如何呢？

先说宋国。

微子封宋，有大量殷遗随迁，成为续守殷祀的子姓国。20 世纪 70 年代，河南固始侯古堆一号墓曾发现一对宋景公为其幼妹陪嫁的青铜簠，铭文中宋景公自称"有殷天（大）乙唐（汤）孙"①，说明宋君确为殷王室后裔。又传世《宋眉父鬲》铭文云："宋眉父作宝子媵鬲。"（《集成》601）此为宋人媵女之器，"宝子"其女字。《世本》："女子称国及姓"，"宝子"之"子"正是宋为子姓国的明证。宋贵族后裔孔子曾说："而丘也，殷人也"②，也揭示了宋民多为殷遗的事实。

宋国虽是亡国之余，但在周代诸侯国中的地位并不为低。周初《眉鼎》铭文云：

> 兄（贶）厥师，眉（微）见王，为周客，锡贝五朋，用为宝器，鼎二，簋二，其用享于厥帝考。（《集成》2705）

吴大澂疑此为微子之器③，可从。眉与微通，此谓微子。④ 微子作为有周之客来见周王，被赏贝五朋，他的军队也受到赐赏。铭记周王待宋君以客礼，亦与文献印合。《诗·周颂·有客》云："有客

---

① 固始侯古堆一号墓发掘组：《河南固始侯古堆一号墓发掘简报》，《文物》1981年第 1 期。
② 《礼记·檀弓上》
③ 吴大澂：《愙斋集古录·愙鼎》，1917 年影印本。
④ 杨树达：《积微居金文说》（增订本），中华书局 1997 年版，第 61 页。

宿宿，有客信信，言授之絷，以絷其马，薄言追之，左右绥之"，序云"微子来见祖庙也"，所受接待是极为隆重而殷勤的。《左传·僖公二十四年》载，郑皇武子对郑伯说："宋，先代之后也，于周为客。天子有事膰焉，有丧拜焉。"正义云："宋是先代之后，王以敌礼待之，故拜其来吊，其余诸侯则否"，似乎宋的地位还在一般诸侯之上。公元前517年赵鞅令诸侯向周敬王贡纳粮食，宋右师乐大心却说："我不输粟。我于周为客，若之何使客？"① 公元前509年，晋合诸侯城成周，宋大夫仲几不受功，欲使滕、薛、郳三国为其代役，薛国不肯，双方发生争执，主持工程的士弥牟对仲几说："子姑受功。归，吾视诸故府。"② 宋以周王朝素以宾客之礼待之为由，在输粟服役方面要求优待，若无王室档案可稽，想必一个区区小国是不至于在春秋霸主面前据理力争，作此外交折冲的。固然宋为周客不免多少有些言过其实，但宋国不曾遭受周人特别的压迫应无疑问。作为一个以殷治殷的国家，既然不存在严酷的外部压迫，其殷遗民上下层之间也不会存在严酷的内部对抗，所谓种族奴隶制在这里自是无迹可寻的。

次言鲁、卫。

周初分封，鲁、卫瓜分大批殷遗民，成为周人有效控制东方的重要据点。《左传·定公四年》载：

> 昔武王克商，成王定之，选建明德，以藩屏周。故周公相王室，以尹天下，于周为睦。分鲁公……殷民六族，条氏、徐氏、萧氏、索氏、长勺氏、尾勺氏，使帅其宗氏，辑其分族，将其类丑，以法则周公，用即命于周。是使之职事于鲁，以昭周公之明德。分之土田陪敦，……因商奄之民，命以《伯禽》而封于少暤之虚。分康叔……殷民七族，陶氏、施氏、繁氏、锜氏、樊氏、饥氏、终葵氏，……聃季授土，陶叔授民，命以

① 《左传·昭公二十五年》。
② 《左传·定公元年》。

《康诰》而封于殷虚。皆启以商政，疆以周索。

鲁国所受萧氏与卫国所受饥氏又见于《逸周书·商誓》，是武王曾予训诰的世家大族，其余各族亦当与此相类。这些殷遗旧族被鲁卫分割迁徙，其血缘与地缘关系虽经重新整合，但族群结构并未解散，形成与少数周族融合共处的局面。

在山东出土的铜器铭文中，至今未见鲁侯左右也有殷商旧族的证据。唯可说者，是鲁公室与殷遗民尚有联姻关系的发生。鲁都曲阜故城曾发掘过风格不同的两种墓葬，乙组西周墓随葬的陶器主要是仿铜器的鬲和罐，完全没有豆簋，不用腰坑，也不殉狗，这些都与灭商前周人墓的风格相一致。其中有两座墓葬发现有铭的铜器，墓主人叫鲁伯悆和鲁仲齐，后者是鲁国的一个司徒，当为鲁宗室成员，可以判定乙组西周墓是周人墓。甲组西周墓的风格与乙组西周墓迥然有别，随葬的陶鬲早期用明器，中晚期用实用器，不见乙组墓那种仿铜陶鬲。流行豆簋等圆足器，腰坑殉狗的风气兴盛，凡此都与商人墓的风格相似。[①] 我们认为这实际上就是迁居鲁国的殷遗墓葬，在甲组 M200 中，发现有铭的铜盘、铜匜，盘铭文云：

鲁伯者（诸）父作孟姬媵媵盘。（《集成》10087）

器为周人名伯诸父者为其长女陪嫁所作。姬姓媵器在殷遗墓中发现，证明两个族群之间存在通婚关系。文献载鲁有两社，一为周社，二为亳社。亳社乃殷人之社，亦存在于宋国。《左传·定公六年》说阳虎专政，"盟公及三桓于周社，盟国人于亳社"，则殷遗在鲁属于国人范畴，并非奴隶可知。也正是由于这个原因，才有周人与殷遗联姻的可能。

与鲁国有所不同，卫国殷遗上层与公室的联系似乎要密切得多。1932 年在距卫都朝歌不远的河南浚县辛村，曾发掘过一批卫国贵族

---

① 山东省文物考古研究所等：《曲阜鲁都故城》，齐鲁书社 1982 年版，第 214 页。

墓葬，其中属于西周早期的第 60 号中型墓，出土青铜礼器 6 件，另有兵器，车马饰多种。6 件青铜礼器除簋外余皆有铭文，其文是：

鼎：束父辛。

爵：父癸。

甗：𩵋。

卣：边作车彝，亚矣。

尊：唯公原于宗周，陆从公亥𣪘，洛（格）于官（馆），赏陆贝。用作父乙宝尊彝。[1]

《陆尊》铭文是说卫公再次在宗周，陆随从到了亥𣪘，住到馆舍，陆得赏贝，作父乙宝器以为纪念。此尊为陆所自造，余则可能是其先世的遗存物。尤其是甗之"𩵋"、卣之"亚矣"，作为族徽习见于殷墟青铜器，佐之诸铭屡以日干为名，可以判定此为殷遗陆之墓，墓中兵器、车饰等随葬品表明陆大概是担任卫公警卫的一员武将。又《康侯簋》据传 1931 年出土于河南北部，具体地点有汲县、浚县和辉县固围村三说，都不出卫地范围。陈梦家以为这位作器者沬司徒疑也是文王之子，为妹邦之伯。[2] 卫国有康叔为诸侯，不能再有一位王子任妹邦的司徒。所谓"沬伯"者可能是殷商旧爵。此器铭末的族徽田于商器常见之，则沬司徒疑可能不是文王之子，反而是殷商旧族后裔。这样看来，殷商旧族不乏出任卫国要职者，成为康叔以殷治卫的股肱之臣，地位相当显赫。

如果说以上金文材料显示的主要是殷遗上层的社会境遇，还不一定具有代表性的话，那么，我们再来考察一下鲁卫整个殷遗旧族的政治经济状况，或许有助于问题的进一步说明。

鲁卫立国治殷，按照祝佗的说法是，"皆启以商政，疆以周索"。这是对整个殷遗民而言的，应不存在什么贵贱有别的内部区

---

[1] 郭宝钧：《浚县辛村》，科学出版社 1964 年版，第 34—36 页。

[2] 陈梦家：《西周铜器断代（一）》，《考古学报》第 9 册，1955 年。

分，故可作为探讨殷遗民身份地位的依据。

现在我们就从鲁卫所施商政说起。孔子曾说："鲁卫之政，兄弟也。"① 说明鲁卫两国国情与施政当有近似之处。由于伯禽封鲁的命书失传，鲁国的政治状况我们只好通过卫国予以推知。关于"启以商政"，杜预说："居殷故地，因其风俗，开用其政。""因其风俗"固然可以包括各种礼俗在内，但最重要的恐怕还是殷民政治生活习惯。《尚书·康诰》、《酒诰》、《梓材》三篇是康叔受封于卫的命书，比较集中地反映了周公诰命康叔如何统御殷民的政治准则。周公二度克殷后，于殷商旧地封建卫国，授康叔以治殷方略，言之谆谆，唯恐有失。其核心思想可以概括为"明德慎罚"四字。周公对康叔说，治国安邦要像文王那样"克明德慎罚，不敢侮鳏寡，庸庸，祗祗，威威，显民"。意思是要康叔以德治民，慎用刑罚，不要欺侮那些无依无靠的人，善于任用那些可以任用的人，尊敬那些应该受到尊重的人，镇压那些应该被镇压的人，要让庶民明确了解这种治国之道。周公又说："德之说于罚之行"，这就是说，"明德"是施政的根本前提，"慎罚"是"明德"的具体体现。"明德慎罚"的基本要求有三。一是"罚蔽殷彝"，严防乱罚。"罔不克敬典"，"敬明乃罚"，是司法判案的原则。"外事，汝陈时臬司，师兹殷罚有伦"，此谓听狱叛案之事，要效法殷人合理的刑罚。"罚蔽殷彝，用其义刑义杀，勿庸以次汝封"，要根据殷法裁判，刑杀必得其宜，非康叔可以一人恣肆其意。判罪量刑，不仅要看罪行大小，尤其要注意故意犯罪与过失犯罪、惯犯与偶犯的区别。对于犯人的供词，要仔细分析考察，少则五六日以至十日，多则三个月才下判决，切莫草率定谳。可见殷民的人权还是受到尊重的。二是济以周罚，宽严分明。比如，违反禁酒令，放纵群饮者，"尽执拘以归于周，予其杀"。对于"殷之迪诸臣惟工，乃湎于酒，勿庸杀之，姑惟教之"，若仍然不遵从教令，则与群饮者同罪。至于"寇攘奸宄，杀越人于货，暋（强横）不畏死"，"不孝不友"，"不

---

① 《论语·子路》，《十三经注疏》本。

率（遵循）大戛（常法）"者，"乃其速由文王作罚，刑兹无赦"，以整齐社会风气。这说明"慎罚"不是不罚，也不是滥罚，而是有其法律作为准绳的。三是擢殷旧人，以民为鉴。周公要康叔"绍闻衣（殷）德言，往敷求于殷先哲王，用保乂民，汝丕远惟商耇（老）成人，宅心知训"，意即普遍寻求殷商历代圣明先王的嘉言懿行，作为统治殷民的典范政治，对于殷遗中的长者贤人不只要向他们求教治国之道，还要注意擢用以协理政事。周公说："天畏棐忱，民情大可见，小人难保。"要康叔体察民情，以民为鉴，以衡量自己为政的得失。要注重德教，"引养引恬"，即以长养民长安民为要。"自古王若兹监，罔攸辟"，是说自古圣王监治其国，未有专任刑罚的，绝不可以刑罚来代替德教。由此可见，"明德慎罚"作为"商政"的核心内容施之于殷民，殷遗不为奴隶明矣！否则对奴隶怀之以德、慎之以罚，不为荒唐，也是多余。

　　再说"疆以周索"的问题。杜预释此为："疆理土地以周法。"但是什么样的周法，仍未言明。从与疆理土地相关的制度来推断，我们认为，这里的周法应是孟子所说"周人百亩而彻"的彻法。孟子说："夏后氏五十而贡，殷人七十而助，周人百亩而彻，其实皆什一也。……《诗》云：'雨及公田，遂及我私。'惟助为有公田。由此观之，虽周亦助也。"何谓"彻"？孟子的解释是："彻者，彻也。"可能当时人明白，后世则难以索解了。赵歧注《孟子·滕文公上》云："彻犹人彻取物也"，"耕者百亩者，彻取十亩以为赋"。郑玄注《论语·颜渊》"盍彻乎"之"彻"云："周法什一而税谓之彻。彻，通也，为天下之通法。"毛公注《诗·大雅·崧高》"彻申伯土田"云："彻，治也。"朱熹《集传》："定其经界，正其赋税。"诸家释"彻"，取义各有不同，但有一点却是一致的，就是把彻作为一种税制，既是税制，训彻为取就显得更妥帖些。周人实行彻法这种税制，早在公刘时代就开始了。《诗·大雅·公刘》记：公刘徙豳，其军三战，征服土著，"度其隰原，彻田为粮"。但要把所彻之田转化为税粮，就只有借助民力耕种，才能达到课税的目的。也就是说，彻田是彻取耕者所私百亩之十分之一的土地作为公田，并借民力耕种以为税粮，而不是直接征取什一的实物税。从耕者佐治公田这一点来看，周人的彻法与殷人的助法确无实质性的差别，正如孟子所说"虽周亦助也"。差别只在耕者受田的基数方面，殷人是七十亩，周人是一百亩。当然这些数字可能不尽是实数，但周代授田基数多于殷代应与事实相去不远。因为周族靠不断征服立国，克殷之后又要作出革故鼎新的姿态，故有可能提高授田基数，以怀柔羁縻殷商旧族。

由于彻田需借民力耕种，因之又称为"藉田"。西周金文《载簋》铭云："王曰："载，令女（汝）作司土（徒）管司耤田"（《集成》4255），又《令鼎》铭"王大耤农于諆田"，是畿内有藉田。卫国有殷遗疑任沫司徒，职掌应与载相同，是卫国有藉田。鲁国在实行"初税亩"之前，亦当有"藉而不税"的藉田。鲁卫殷遗民当然是助耕公田的主要劳动者，他们"同养公田"，"公事毕，然后敢治私事"，说明他们除了在藉田上的劳动被榨取外，还有自己相对独立的经济和相对独立的人格。《酒诰》言妹土之人"纯其艺黍稷，奔走事厥考厥长，肇牵车牛远服贾，用孝养厥父母"，是其证。应当承认，他们所受的剥削和奴役是沉重的、残酷的，既要耕种藉田，又要把农副业收成中的一部分上缴统治者，还要服各种徭役，但毕竟他们有自己的农具、房屋和独立的家庭经济，也有一定的生产积极性，可见彻法的实行不过是一种力役地租。鲁卫"疆以周索"的结果，只能使殷遗民成为授田制下的农奴，而不是将其夷为全部剩余劳动都被榨取的奴隶。

综上所论，我们认为，西周封国治下的殷遗民与京畿地区的殷遗民一样并非奴隶身份，其上层与公室保持着婚姻等多方面的密切联系，甚至不少人跻身统治者的行列，具有显赫的社会地位，至于大多数殷遗族众也未沦为"种族奴隶"，而是"宅天命，作新民"[1]，其真实身份不外是国家授田制下的农奴。当然殷遗民中也不是完全没有奴隶。他们被举族迁徙时，"帅其宗氏，辑其分族，将其类丑"，此"类丑"者当即奴隶。但这些奴隶是其族内自身阶

---

① 《尚书·康诰》。

级分化的结果，并不是因为受周人的特别压迫才产生的。此与我们要讨论的问题关系不大，这里就不再多谈了。

四 殷遗未尝奴隶化的原因

周人征服殷商故土，代殷而有天下，对于如何处置殷遗民，他们当然是握有主宰权的，是使之奴隶化，还是怀柔抚绥，可能是周人面临的两种选择。《说苑·贵德篇》载：

> 武王克殷，召太公而问曰："将奈其士众何？"太公对曰："臣闻爱其人者，兼屋上之乌；憎其人者，恶其余胥。咸刘厥敌，使靡有余，何如？"王曰："不可。"太公出，邵公入，王曰："为之奈何？"邵公对曰："有罪者杀之，无罪者活之，何如？"王曰："不可。"邵公出，周公入。王曰："为之奈何？"周公曰："使各居其宅，田其田，无变旧新，唯仁是亲。百姓有过，在予一人。"武王曰："广大乎！平天下矣。"

这个传说又见于《尚书大传》及《韩诗外传》，文字约略相同。其中诸多细节不可尽信，但它反映周初统治者对殷遗士庶实行怀柔安抚的政策，从我们前面的论述来看应是事实。周人之所以作出这样的抉择，不是没有原因的。

第一，周人代殷成为天下共主，却不能改变有殷以来的政治社会结构。在中国土地上生息繁衍的人口经历千万年的演变，到殷周之际政治社会结构依然以传统的氏族为主。殷王朝虽然一朝覆亡，但殷商故土以及周边地区的旧家氏族依然存在，这种氏族结构自成独立的有机单元，政治、军事、经济与社会结为一体，具有举足轻重的社会力量和不可轻侮的社会地位。[①] 要解散殷遗民这种坚凝的

---

① 杜正胜：《周代封建的建立》，《中央研究院历史语言研究所集刊》第五十本第三分，1979 年。

氏族结构，使之奴隶化，绝不是一件易事。这种氏族结构的存在，与当时尚不发达的生产力水平相适应，是社会赖以维持的基本条件。不要说殷遗民作为被统治阶级在迁徙过程中还得保持原有的氏族结构，连周人作为统治阶级也不能将其自身的族群结构进行新的整合。《班簋》铭："王令吴伯曰以乃师左比毛父，王令吕伯曰以乃师右比毛父，遣令曰以乃族从父征，出城卫父身"（《集成》4341）；《明公簋》铭："惟王令明公遣三族伐东国"（《集成》4029），皆其证。殷遗民的氏族社会结构既被保留，也就不能不承认它的社会地位，在政治上委官封爵，分享统治之权；在经济上授予田宅，保有农桑之利。所以殷遗士庶不致沦入奴隶的深渊。

第二，周王朝的建立并未造成可以大量容纳奴隶劳动的社会条件。要把殷遗民以及别的东方旧族尽行夷为奴隶，周初社会中的奴隶就绝不是一个小数目，必将有大量的奴隶劳动被广泛使用于各个生产领域。然而，奴隶劳动的大量使用是有条件的。从希腊雅典和罗马高度发展的奴隶经济来看，奴隶劳动要成为整个社会中占统治地位的生产方式，总是与公社制度的解体、贫富严重分化、大土地所有制的形成，尤其是工商业比较充分的发展、商品货币关系支配社会经济生活等历史条件相伴随的，可是西周社会并不具备这样的条件。我们知道当时全国的土地名义属于周王所有，即所谓"普天之下，莫非王土"，即使经过自上而下的迭相授受，最后落实到农奴的耕种上，也未能改变土地公有的性质，也没有出现拥有大地产的土地私有者。就工商业而言，尽管有民间工商业活动的发生，但居于主导地位的却是所谓"工商食官"制度，这是一种很少具有商品经济成分的官府工商业，整个社会基本是处于自给自足的自然经济状态，商品货币关系并不发达。这种情况是无法大量使用奴隶劳动的。可见周人不曾把殷遗民夷为奴隶，不是因为他们主观上要施行什么德政，而是客观上并不具备大量使用奴隶劳动的社会条件。

第三，周人统治实力的薄弱不仅使他们难于把殷遗民奴隶化，而且迫使他们不得不对殷遗民实行怀柔安抚的政策。周人克商以后，自身的人口总数不过六七万人，而他们所面临的统治对象却是东部平原上的百万人众。[①] 单用暴政来控制殷遗民，以巩固东进征服的成果，周人的实力实在显得太单薄了。何况"殷鉴不远"，聪明练达的周人何至于如此缺乏理性，要去重蹈暴政误国的覆辙呢？"惟天不畀不明厥德"[②]，即是上天不把大命给予不行德政的人，周人对此有清醒的认识。同时，要使原来地处关中的蕞尔小邦真正成为君临四方的天下共主，周人必须尽可能减少殷遗民的敌对因素，甚至不惜从中选拔贤俊以充实自己的统治力量，所谓"虽有周亲，不如仁人"[③]，正是周人奉行抚绥殷遗政策的体现。在这方面，周人对待殷遗多士真是极尽拉拢利用之能事，即使曾经与周为敌的人，只要弃旧图新，诚顺于周，也都既往不咎，允许他们为周人效命。录伯**戓**的先祖录子圣就是一个显著的例子。惟其如此，周人才能确保自己的统治地位，和四方之民，扬文武之烈。

---

① 许倬云:《西周史》(增订本)，生活·读书·新知三联书店 1994 年版，第 113 页。

② 《尚书·多方》。

③ 《论语·尧曰》。

第八章　周初东都成周的营建

营建东都成周，是西周开国史上的一大创举。它不仅对当时周王朝的政治统一发挥了积极作用，而且对后来中国历史的发展也产生过深远影响。在《尚书》周初八诰中，《召诰》、《洛诰》、《多士》等篇从不同侧面记述了这一历史事件。然书缺有间，致使后世学者在很多问题上发生争论，焦点主要集中在成周营建的时间和地点上，前者有周公摄政五年说与七年说之分，后者有双城说与一城说之别，见仁见智，莫衷一是。关于营建成周的时间，我们在第三章已有讨论，本章着重探讨成周营建的地理位置及其政治作用问题。

一　双城说商兑

周初在今河南洛阳一带营建东都到底是一座还是两座城市，自汉迄今，聚讼不息。大多数人信奉双城说，在学术界占压倒优势。陈梦家就说："西周时代东西两都并立，而各有双城。"[1] 许倬云亦谓："周初营建新邑大约有两个城，一为周王东都的王城，二为殷遗迁入的成周。王城在西，成周在东，两地合称新邑。"[2] 这种看法是否可靠，需要我们对其持论的根据耐心作一番研讨。

双城说的根据来源于班固与郑玄。班固《汉书·地理志上》

---

[1]　陈梦家：《西周铜器断代（二）》，《考古学报》第10册，1955年。

[2]　许倬云：《西周史》（增订本），生活·读书·新知三联书店1994年版，第124页。

说："河南，故郑郏鄏地，周武王迁九鼎，周公致太平，营以为都，是为王城，至平王居之。""雒阳，周公迁殷民，是为成周。《春秋》昭公三十二年，晋合诸侯于狄泉，以其地大成周之城，居敬王。"郑玄在《诗·王城谱》中则说："周公摄政五年，成王在丰，欲宅洛邑，使召公先相宅，既成，谓之王城，是为东都，今河南是也。召公既相宅，周公往营成周，今雒阳是也。"班、郑二氏的说法虽不尽相同。但在主张双城说的问题上见解却完全一致，即王城为周营东都，成周乃殷遗居处。前此曾有《公羊传》以西周、东周解《春秋》中的王城、成周，但这在很大程度上是以战国史说春秋事，不能视为已开双城说之先河。对于班固、郑玄的说法，学者多以为他们去古未远，所述洛阳当地城址变迁的事情，自应可信。其实这一传统的双城说，在我们看来是经不起推敲的。主要问题在于它与先秦文献材料和出土金文资料大相抵触。

在可信的西周文献中，我们不曾看到"王城"一词，即使《尚书》有多篇言及营洛事，"王城"也无一见。《春秋》、《左传》文涉王城处甚多，并无一例可以说明西周所营东都谓之王城。有言周初东都者，却谓之成周，与班固、郑玄说大相径庭。如《左传·昭公三十二年》："昔成王合诸侯，城成周。以为东都，崇文德焉。"此语出自周天子敬王之口，应该不是非可信据的讹传。又《左传·僖公二十四年》云："召穆公思周德之不类，故纠合宗族于成周而作诗"，杜注："召穆公于东都收会宗族，特此周公之乐，歌《常棣》。"召穆公纠合宗族以作《常棣》之诗，当不会跑到殷遗聚居的地方，只能在有宗族可以收会的东都，故杜预以成周为东都亦应可信。《逸周书·作雒》："周公……及将致政，乃作大邑成周于土中。立城方千七百二十丈，郛方七十里，南系于雒水，北因于郏山，以为天下之大凑。"《国语·郑语》记史伯与郑桓公语云："当成周者，南有荆蛮、申、吕、应、邓、陈、蔡、随、唐；北有卫、燕、狄、鲜虞、潞、洛、泉、徐、蒲；西有虞、虢、晋、隗、霍、杨、魏、芮；东有齐、鲁、曹、宋、滕、薛、邹、莒。……虢叔恃罪，郐仲恃险，……君若以成周之众，奉辞罚罪，无不克矣。"

这两则史料都反映了成周作为东方政治中心的地位，照《召诰》称周公旦曰："其作大邑，其自时配皇天，毖祀于上下，其自时中乂"，说明大邑成周即是西周东都无疑。《逸周书·王会》说："成周之会，……天子南面立"，诸侯前来觐见，亦见成周非东都不足以当其位。总之，先秦文献但言成周为东都，无以王城为东都者，这是班固、郑玄之双城说首先遇到的一大障碍。

问题还不止于此，迄今所发现的大量西周金文材料也无法对双城说形成支持。兹先将与成周有关的青铜铭文缕述如下：

（1）《何尊》：惟王初迁宅于成周，复稟武王礼，福自天。……惟王五年。（《集成》6014）

（2）《德方鼎》：惟三月，王在成周，延武福，自镐，咸。（《集成》2661）

（3）《令彝》：惟八月，辰在甲申，王令周公子明保尹三事四方，受卿事寮。……惟十月月吉癸未，明公朝至于成周，出令……既咸令，甲申，明公用牲于京宫，乙酉，用牲于康宫。咸既用牲于王，明公归自王。（《集成》9901）

（4）《盂爵》：惟王初奉于成周。（《集成》9104）

（5）《𤔲卣》：惟明保殷成周年。（《集成》5400）

（6）《小臣传簋》：王□□京，令师田父殷成周□。（《集成》4206）

（7）《士上盉》：惟王大禴于宗周。出馆蒿京年，在五月既望辛酉，王令士上眔史黄殷于成周。（《集成》9454）

（8）《厚趠方鼎》：惟王来格于成周年。（《集成》2730）

（9）《司鼎》：王初恒于成周。（《集成》2659）

（10）《圉卣》：王奉于成周。（《集成》5374）

（11）《史兽鼎》：王令史兽立工于成周。（《集成》2778）

（12）《丰尊》：王在成周，令丰殷大矩。（《集成》5996）

（13）《录𢐗卣》：王令𢐗曰："𩰤！淮夷敢伐内国。汝其以成周师氏戍于叶师。"（《集成》5420）

（14）《佣生簋》：王在成周。（《集成》4262）

（15）《询簋》：王若曰："询！……今余令女（汝）啻官：司邑人、先虎臣后庸，……成周走亚"。（《集成》4321）

（16）《应侯见工钟》：惟正二月初吉，王归自成周，应侯见工遗（贻）王于周。（《集成》107）

（17）《十三年癲壶》：惟十又三年九月初吉戊寅，王在成周司土淲宫。格大室，即位。（《集成》9723）

（18）《智壶盖》：王呼尹氏册命智，曰："更乃祖考作冢司土（徒）于成周八师。"（《集成》9728）

（19）《小克鼎》：惟王廿又三年九月，王在宗周，王令膳夫史克舍令于成周遹正八师之年。（《集成》2796）

（20）《齱簋》：唯王正月辰在甲午，王曰："齱，命女（汝）司成周里人眔诸侯大亚。"（《集成》4215）

（21）《郑季盨》：惟王元年，王在成周。（《集成》4454）

（22）《敌簋》：惟王十月，王在成周。……惟王十又一月，王各（格）于成周大庙。（《集成》4323）

（23）《虢仲盨盖》：虢仲以王南征，伐南淮夷，在成周。（《集成》4435）

（24）《史颂鼎》：惟三年五月丁子（巳），王在宗周省苏，……百生（姓）帅（率）偶盩于成周。（《集成》2787）

（25）《颂鼎》：王曰："颂，令女（汝）官司成周贾廿家，监司新造贾，用宫御。"（《集成》2827）

（26）《兮甲盘》：王令甲政（征）司成周四方积，至于南淮夷。（《集成》10174）

（27）《晋侯苏钟》：惟王三十又三年，……正月既生霸戊午，王步自宗周。二月既望癸卯，王入各（格）成周。（《近出》35）

以上 27 器从年代上来说，早自成王而晚至宣王，几与西周相始终，应该是有代表性的。分析铭文揭示的内容，有两个问题颇值得我们认真思考。

其一，王城既为东都，何以周王不曾驻足反倒频频活动于成周？西周金文无王城一名，本是不争的事实，可是有的学者煞费苦心一定要找出王城的踪迹来。有《御正卫簋》铭云："唯五月初吉甲申，懋父赏御正马匹，自王。"（《集成》4044）上举《令彝》铭云："咸既用牲于王，明公归自王。"陈梦家认为此二器"自王"之王"同为王城地名"①，唐兰亦持相同意见。② 我们认为，在西周金文未见王城一名的情况下，"自王"之王可否解为王城，不能令人无疑。即从《令彝》铭文本身来看，此一解读也并不妥当。该铭显示，明保到达成周的第一天（癸未）先舍三事四方令，第二天（甲申）在成周京宫举行祩祭，第三天（乙酉）又在康宫举行祩祭，接着（很可能是第四天）"用牲于王"，最后"归自王"，这个"王"应该也在成周，即命明保尹三事四方的成王，待明保在王所举行旅祭完毕，便回到自己的官署，若把"自王"之王解为王城，就很难说明前两次祭祀为什么在成周而后一次却要在王城的理由。所以这两条金文材料不能证明西周有王城一名，更不能证明王城为东都一事。换句话说，周王频频活动于成周而与王城不相瓜葛，是成周乃东都，王城为子虚。

其二，成周既为殷遗迁居之地，何以变成周人镇抚东土的战略重镇？成周有中央政府机构由周王任命公尹所领，管理三事（内务）四方（诸侯），卿事僚中有司徒、作册、走亚、膳夫、里君诸职协理政事，显为东方政治中心。故诸侯为之朝贡，以输四方之积；征伐由此兴师，以拓东南之土。且成周有大庙、京宫、康宫等宗庙祭祀建筑，以"神不歆其类，民不祀非族"③，自应设在周人治事之地，而不宜与殷遗聚居处相混一。上举《德方鼎》、《士上盉》、《应侯见工钟》、《小克鼎》、《史颂鼎》、《晋侯苏编钟》每每以成周与宗周（或称镐、周）对举，说明二者具有相同的政治功

---

①　陈梦家：《西周铜器断代（二）》，《考古学报》第 10 册，1955 年。

②　唐兰：《论周昭王时代的青铜器铭刻》，《古文字研究》第 2 辑，1981 年。

③　《左传·僖公十年》。

能。《何尊》铭言"宅之中国，自之乂民"，更是成周作为都邑的
铁证。成周拥有这样重要的政治地位，难道仅是一个无足轻重的殷
遗迁居之地吗？合理的解释只能是，唯有成周才是西周时期真正的
东都。不过这里尚需补充一点，成周作为东都之名，该是始于成王
改元五年，即《何尊》所说"唯王初迁宅于成周"，盖与成王亲政
志成周业有关。之前，周公"来相宅，其作周匹休"①，即营建与
镐京相匹偶的东都，并无成周之称。可考者是《康诰》称"新大
邑"，《召诰》、《洛诰》称"新邑"，周初彝铭《敖士卿尊》、《卿
尊》、《王来奠新邑鼎》亦称"新邑"，《多士》称"新邑洛"。由
于"新大邑"位于洛地，故以"洛邑"之称为较正式。待成王更
名洛邑为成周，二名犹并行不悖，同为后世所遵用。

　　以上我们根据先秦文献材料和西周金文资料对班固、郑玄所谓
双城说进行商榷，指出其有失偏颇，没有据以立论的价值。这一
点，早在1937年童书业本吕祖谦所作《春秋王都辨疑》即有所辨
析，表现出犀利的学术眼光。他说："周初所谓新大邑实惟一无
二"，"王城即成周之内城，成周乃东都之总名。"② 从表面上看，
童氏好像是主张一城说的，但就其实质论依然没有摆脱双城说束
缚，只不过将东西并立的双城变为大小相包的双城，故可视为一种
新双城说。此说也不乏信从者，如杨宽就说："成周是东都的总称，
王城只是东都的宫城，并非相距四十里的两个邑。"③ 史为乐也认
为"周公所营洛邑即成周，王城是成周的一部分"④。然而此说也
有问题，正如李学勤所说：童书业"曾推想'王城为成周内城'，
经过长时间的实地发掘，现已知道王城面积很大，规制宏伟，并不
是'内城'，这一想法便不能成立了"⑤。那么，问题的症结在哪里

----

① 《尚书·洛诰》。
② 童书业：《中国古代地理考证论文集》，中华书局1962年版。
③ 杨宽：《西周初期东都成周的建设及其政治作用》，《历史教学问题》1983年第
4期。
④ 史为乐：《西周营建成周考辨》，《中国史研究》1981年第1期。
⑤ 李学勤：《东周与秦代文明》（增订本），文物出版社1991年版，第19页。

呢？我认为无论是旧双城说也好，还是新双城说也好，都未真正弄清东都成周的地理位置及其名称的变化，以致出现种种误解，使历史真相蒙上了一层又一层迷障。此说来话长，我们将在后面分节展开论述。

二　东都成周的地理位置

关于周初营建东都成周（洛邑）的地理位置，最早是《尚书·洛诰》给我们提供了有关线索。其载周公曰：

> 予惟乙卯朝至于洛师。我卜河朔黎水、我乃卜涧水东、瀍水西，惟洛食。我又卜瀍水东，亦惟洛食。伻来以图及献卜。

这是说周公于其摄政七年三月乙卯这天早晨到达洛地，随即开始卜宅，首先卜的是黄河北岸的黎水，大概没有得到吉兆，于是卜涧水、瀍水之间而又靠近洛水的地方，兆顺食墨，得其吉兆。又卜瀍水东边的近洛处，亦兆顺食墨，复得吉兆。嗣后遣使把城邑设计图和卜兆送给远在镐京的成王，以为审查备案。从这段记载来看，周公选择了三处地方予以卜宅，其中两处是吉地，那么，这两处吉地是否都建有城邑呢？文中并未交代。郑玄无视这个事实，便匆忙地下了肯定的结论。他说："我以乙卯至于洛邑之众，观召公所卜之处，皆可长久居民，使服田相食。瀍水东既成，名曰成周。今洛阳县是也。召公所卜处名曰王城，今河南县是也。先卜河北黎水者，近于纣都，为其怀土重迁。故先卜近已悦之。"[①] 在这里，郑玄把召公所卜与周公所营分为二地，还有点含糊其辞，但前引《王城谱》则表述得相当明确。观其依据明显是曲解《洛诰》书序，以"召公既相宅"为一事，以"周公往营成周"为另一事，然后再附会《洛诰》经文，来建立他的双城说。这似乎是郑玄比班固更高明

---

① 《诗·王城谱》疏引。

的地方，好像言之有据，可是把郑玄的说法与《召诰》一对照，两相抵牾再也明显不过了。《召诰》云：

> 惟二月既望，越六日乙未，王朝步自周，则至于丰。惟太保先周公相宅。越若来三月，惟丙午朏。越三日戊申，太保朝至于洛，卜宅。厥既得卜，则经营。越三日庚戌，太保乃以庶殷攻位于洛汭。越五日甲寅，位成。若翼日乙卯，周公朝至于洛，则达观于新邑营。越三日丁巳，用牲于郊，牛二。越翼日戊午，乃社于新邑，牛一，羊一，豕一。越七日甲子，周公乃朝用书命庶殷侯甸男邦伯。厥既命殷庶，庶殷丕作。

此言"惟太保先周公相宅"，与《洛诰》周公称"予乃胤保大相东土"正相印合，说明召公、周公至洛相宅，只有时间上的先后，没有地点上的异同，否则不能说先后相继。召公先行至洛，卜宅攻位，周公后至，卜宅亦吉，便通观新邑规划，再举行郊祭社祭，最后命令前来服役的众殷民，开始大规模的兴作。足见周、召二公同在一地卜宅，又同在一地指挥殷民筑城，经有明文，岂可曲解？这一点司马迁就看得比较清楚，他说："成王在丰，使召公复营洛邑，如武王之意。周公复卜申视，卒营筑，居九鼎焉。"[1] 即以《书序》论，"召公既相宅，周公往营成周"，也说的是同一个意思，不过称洛邑为成周而已，而这个称呼正如我们前文所说是一地之异名，并没有什么不妥。郑玄曲解《书序》以附会经文，认为周初洛地建有两城，明显是靠不住的。有的学者不加详察，即奉郑说为圭臬，认为"成周与王城实为二地"，"应是《洛诰》的真实记载"[2]，无疑是上了郑玄的当，结论并不真实。

　　既然召公所卜与周公所营为一城即洛邑成周，那么这个城在什么地方呢？《洛诰》不曾言明，《召诰》也只说了一句："太保乃以

---

① 《史记·周本纪》。
② 陈昌远：《有关周公营雒邑的几个问题》，《中国古代史论丛》第8辑，福建人民出版社1983年版。

庶殷攻位于洛汭。"《说文》曰："汭，水相入也"，"洛汭"则为洛水入河处，地在今河南巩县以东。此地向无营洛之说，故可排除。《小尔雅·广器》云："水之北谓之汭"，据此"洛汭"当为洛水之北。在洛水之北考虑洛邑成周的位置，当然只能在周公所卜涧瀍之间和瀍水之东两地抉择。《召诰》、《洛诰》本身没有给我们提供答案，解决这个问题只有从西周东都的沿革关系入手。众所周知，周初所营东都在平王东迁后成了东周的都城，名曰王城，如果找到了东周王城的城址，西周东都成周的位置也就大致可以确定了。所幸考古工作者以《国语·周语下》所载"穀（按，即涧水）洛斗，将毁王宫"为线索，终于在20世纪50年代发现了东周王城遗址，为我们确定东都成周的地理位置提供了依据。

《考古学报》1959年第2期发表了《洛阳涧滨东周城址发掘报告》，披露东周王城城址位于涧水东岸，其北城垣保存完整，全长为2890米，走向是北偏东78°30′，北面有一条与之平行的东西向护城河遗迹。西城垣迂回曲折，北端与北城垣西端相接，向南进入东干沟一带，走向为北偏西14°。沿着涧河东岸在王城公园处跨过涧河向西，在七里河村北转南。靠近南段，城墙不做直线，向外稍有弧度，在兴隆村的西北向东直拐，形成城址的西南角。南城垣从西南城角向东，由兴隆村北跨涧河至瞿家屯东小路中止，其走向为北偏东89°。与此相距不远处另发现一段往北稍拐的城墙，长度不过30米。再往东因地势低下，城墙东段已湮没不见，因而其东南角没有寻到。东城垣自北城垣转弯处直向南行，残存约1000米，走向为南偏东5°30′。这就是东周王城城址的大致轮廓。据发掘者推测，城墙大约建于春秋中叶以前，从战国时代以至于秦汉之际均曾叠加修补，到了西汉后期以后，就逐渐荒废了。代之而起的当是大城圈里的小城圈（汉河南县城）。这与文献所载王城的兴废情况是相吻合的。

这个东周王城城址与西周时期的成周城是什么关系呢？是否就是同一座城？发掘者未做进一步推测。曲英杰经过研究认为，"此地在西周时期只存有一座成周城"，"此一座城址即为周初所营筑的成周城"①。我以为这个意见值得重视。从地层关系上来说，北城垣和西城垣部分夯土下既压有晚殷的灰坑，则其最初的修筑年代有可能早至周初。再从王城城址的面积来看，也与文献记载周初成周城的规模基本相合。《逸周说·作雒》说成周"立城方千七百（当以《艺文类聚》等引作六百为是）二十丈"，又《周礼·考工记·匠人》云："匠人营国，方九里。"清人焦循据此进行推算："方九里，以开方计之，径九里，围三十六里，积八十一里也。""今案《周书·作雒》篇云作大邑成周于土中，城方千六百二十丈，计每步得三丈，每百八十丈得一里，以九乘之，千六百二十丈，与《考工记》九里正合，则谓天子之城九里者是也。"② 现在我们不妨据此再来一次折算，以便与王城城址实际面积相比较。由于西周尺迄未发现，我们可以暂时使用吴大澂根据"璧羡度尺"测出的周尺长度，即一周尺为 0.1977 米。③ 准此，径九里亦即一千六百二十丈则可折合为约 3202 米，此与王城西城垣北段至南城垣东端北折处作直线计长约 3300 米出入不大，比北城垣长约 2890 米要多 300 余米。"方九里"于今约 10.25 平方公里，比王城城址按长方形计算约 9.53 平方公里略大，但两者毕竟比较接近。这恐怕不是偶然的，很可能东周王城城址就是西周东都洛邑成周的所在地。这样说也许考古学上的证据单薄了些，但退一步讲，即便不是如此，西周东都洛邑成周也不会与东周王城城址相距太远。《水经注》穀水条云："穀（涧）水又经王城西北，所谓成周矣。"《续汉书·郡国志》河南尹条云："河南，周公所城洛邑也，春秋时谓之王城。"这一沿革关系是清楚的，即便班固、郑玄的双城说也有此合理内核。近年来，洛阳博物馆在洛阳东火车站北边的台地上，发现并试掘了西周前期的铸铜器作坊遗址，遗址北边是庞家沟西周墓

---

①　曲英杰：《周都成周考》，《史学集刊》1990 年第 1 期。

②　（清）焦循：《群经宫室图——城图一》，《清经解续编》本。

③　吴承洛：《中国度量衡史》，商务印书馆 1957 年版，第 42 页。

地，从出土青铜器可以看到"康伯"、"毛伯"、"太保"等字样。①
上述这些重要发现，无一不在瀍河西岸。因此，我们判断西周东都
成周位于洛北的涧东瀍西一带应该是不成问题的。

现在有待解决的问题是：瀍水以东既为周公所卜吉地，若不建
城，又用来做什么呢？我认为周初洛地虽只建有一座成周城，但它
的郊区范围却是很大的。这就是《作雒》篇说的"郛方七十里"。
《说文》云："郛，郭也"，此"郛"似不当理解为城郭之郭，因为
当时营城并非一定要有内外城这样的建制，洛邑成周更不可能建成
滨河跨瀍郛方七十里的大城。所谓方七十里实指其郊。《书序》：
"周公既没，命君陈分正东郊成周，作《君陈》"；《史记·周本
纪》："康王命作策毕公分居里成周郊，作《毕命》"，均可为证。
又《左传·隐公三年》载：周郑交质，关系并未改善，"四月，郑
祭足率师取温之麦。秋，又取成周之禾。周郑交恶"。这里的成周
亦当指其郊区，否则郑师去成周城内取禾便成为不可思议的事了。
周公营洛以迁殷民，可能只有部分殷遗贵族被迁往城内，其余大部
分殷遗民当集中安置在成周郊区，后来的汉魏洛阳故城一带应是殷
遗民聚居的重要地区之一。此地营洛前已有殷民居住，即三监之乱
后，周公"俘殷献民，迁于九毕"。孔晁以为"九毕，成周之地，
近王化也"②，只说到九毕在成周范围之内。据清人王念孙《读书
杂志·逸周书·九毕》考辨说："《书》、《传》皆言毕，无言九毕
者，《玉海》十五引此作九里。据孔注以为成周之地近王化，则作
九里者是也。盖里、毕字相似，又涉上文'葬武王于毕'而误。"
王念孙认为《作雒》篇的九毕，应是成周的九里，此说可从。《东
观汉纪·鲍永传》："赐洛阳上商里宅。"《后汉书·鲍永传》作
"赐永洛阳商里宅"，李注引《洛阳记》云："上商里在洛阳东北，
本殷人所居，故曰'上商里宅'也。"可见九里确是殷遗民居住的
地方。在今洛阳东郊塔湾曾发现一座西周墓，墓中出土的几件青铜

①　文物编辑委员会编：《文物考古工作三十年》，文物出版社1979年版，第277
页。

②　《逸周书·作雒》孔注。

器均有ᵇ族的族徽符号①，此种族徽符号在安阳殷墟的商墓中也有发现，表明这是商族的一个分支。此墓之主人当是由殷都迁往成周东郊的殷遗民。《多士》记周公对所迁殷遗民说："今尔惟时宅尔邑、继尔居，尔厥有干有年于兹洛。"说明洛邑城郊也建有居邑以供安置殷遗民之用，但没有必要修筑城墙来加强殷遗民的自我防御能力，这与营洛迁殷的意图是相违背的。周公卜宅以瀍水以东为吉地，大概只是安抚殷遗的一种策略吧。洛邑东郊有大量殷遗民居住，后来也逐渐发展为城市，但当时并未筑城应是可以肯定的。考古工作者曾对洛阳东郊的汉魏洛阳故城做过较为详细的勘测，并未发现西周城址，与此不无关系。要之，周初营建东都洛邑，只有一座位于涧东瀍西的成周城，双城说是与历史事实不相符合的。

三　成周一名的历史演变

平王东迁，镐京败弃，原来仅为东都的成周城便真正成了平王以下十二王定鼎治周的都城。在这 250 年的时间里，东周都城除继续使用"成周"（洛邑）这一名称外，又有"王城"一名的出现，二者均指一地，兼用无别。

"王城"在《春秋》经中仅有一见，即昭公二十二年载："秋，刘子、单子以王猛入于王城。"杜注："王城，郏鄏，今河南县"，是正确的。《左传》中"王城"一名的出现比《春秋》为早，首见于庄公二十一年："夏，同伐王城。郑伯将王自圉门入，虢叔自北门入，杀王子颓及五大夫。"杜预于此王城无说，想必与经注无异，故略去。此后，《左传》僖公十一年、二十五年，昭公二十二年、二十三年、二十六年，定公七年相继出现了有关王城的记载，均指春秋王都无疑。此于《左传》本身即有内证，如僖公十一年载："夏，杨拒、泉皋、伊雒之戎同伐京师，入王城，焚东门。王子带召之也。秦晋伐戎以救周。秋，晋侯平戎于王。"据此，周之京师，

---

① 傅永魁：《洛阳东郊西周墓发掘简报》，《考古》1959 年第 4 期。

是为王城，确凿可信。至若春秋时，成周何以又有王城之称呢？这恐怕与当时大国争霸的政治形势有关。东迁以后，天子式微了，但还可以作为诸侯争霸竞相利用的一面旗帜，会盟谓之"尊王"，周都名之"王城"，无非是借助这面旗帜以壮争霸的雄风罢了。

王城之称是兴，成周一名未废。在周敬王"城成周"（汉魏洛阳故址）之前，《春秋》、《左传》中的成周与王城一样，都是春秋王都的名称。这是一个关键性的问题，可惜两千多年来一直被学者误解，殊为憾事。下面即就经传有关成周的材料予以辨析。

《左传·隐公三年》："秋，又取成周之禾。周郑交恶。"这是"成周"一名第一次在《左传》中出现。杜注："成周，洛阳县。"这是不正确的，观后面几条材料即知。

《左传·庄公二十年》："秋，王及郑伯入于邬，遂入成周，取其宝器而还。"又昭公二十四年："冬，十月癸酉，王子朝用成周之宝珪于河。"此成周城良多宝器，又是王室诸子歌舞不息、争权夺位之地，必是王都所在。《战国策·东周》："西周（按指王城），故天之国，多名器重宝。"可见成周若非天子之都王城，名器重宝从何而来？

《春秋·宣公十六年》："夏，成周宣榭灾。"同年《左传》云："夏，成周宣榭火。"此言成周有宣榭，也是考订成周究为何指的一条重要线索。"宣榭"一名在青铜铭文中今有两见：

> 惟二年正月初吉，王在周邵宫。丁亥，王格于宣射（榭），毛伯内（入）门立中廷，右祝鄝，王呼内史册命鄝。（《鄝簋》，《集成》4296）

> 惟十又二年正月初吉丁亥，虢季子白作宝盘。丕显子白，壮武于戎工（功），经维四方，博伐狁犹于洛之阳，折首五百，执讯五十，是以先行，桓桓子白，献馘于王。王孔加（嘉）子白义。王格周庙宣廍（榭），爰飨。（《虢季子白盘》，《集成》10173）

二器均为西周晚期物，其载天子曾在宣榭册命班赏册命。宣榭是为周庙，在周邵宫。据《颂鼎》，"王在周康邵宫"，知邵宫与康宫一样同在成周。则上二器所言"周"即指成周洛邑，故有王室宗庙以供天子锡命大臣。那么，《春秋》、《左传》所言"成周宣榭"应与彝铭中的宣榭一样，亦应是王都所在地。

《春秋·昭公二十六年》："冬，十月，天王入于成周。"同年《左传》云："（十一月）癸酉，王入于成周。甲戌，盟于襄宫。……十二月癸未，王入于庄宫。"此言成周有庄宫，而庄宫又在王城。《左传》昭公二十三年："王子朝入于王城，次于左巷。秋七月戊申，鄩罗纳诸庄宫"；又定公七年："王入于王城，馆于公族党氏，而后朝于庄宫"，均可为证。是知成周与王城并无区别，都是春秋王都的名称。最明显的例证是，《左传》僖公二十五年记王子带之乱，曰："晋侯辞秦师而下，三月甲辰，次于阳樊，右师围温，左师逆王。夏四月丁巳，王入于王城。"而《国语·晋语四》同记此事则曰："左师逆王于郑，王入于成周。遂定于郏（王城）。"凡此说明在周敬王未曾徙都之前，成周与王城实一非二，可以互代春秋王都之名。

"成周"一名内涵发生变化，以《春秋》、《左传》昭公三十二年所记"城成周"一事为分水岭。前此成周与王城可以互代合一，兼用无别，之后则析分为二，判然两地。此一变化，《左传》言之甚明，不好否定。《左传·昭公三十二年》载：

> 秋，八月，王使富辛与石张如晋，请城成周。天子曰："……昔成王合诸侯，城成周，以为东都，崇文德焉。今我欲徼福假灵于成王，修成周之城，俾戍人无勤，诸侯用宁，蟊贼远屏，晋之力也。……"范献子谓魏献子曰："与其成周，不如城之，天子实云。……"冬十一月，晋魏舒、韩不信如京师，合诸侯之大夫于狄泉，寻盟，且令城成周。……己丑，士弥牟营成周。计丈数，揣高卑，度厚薄，仞沟洫，物土方，议远迩，量事期，计徒庸，虑材用，书糇粮，以令役于诸侯。

又定公元年：

> 春，王正月辛巳，晋魏舒合诸侯之大夫狄泉，将以城成
> 周。……三月，归诸京师，城三旬而毕，乃归诸侯之戍。

从这两段记载中，我们可以看出这样几个问题：其一，敬王"城成周"的目的与前此襄公二十四年"齐人城郏（王城）"不同，是要像成王一样营建新邑成周以为东都。若这个成周还是王城，所谓东都则无所对举，当不会与废弃已久的镐京相对为言。其二，在"城成周"之前，敬王避王子朝之乱居于狄泉，晋从王命合诸侯之大夫商议筑城计划亦在狄泉，此成周逼近狄泉不在汉魏洛阳故址是说不过去的。《春秋·昭公二十二年》杜注："狄泉，今洛阳城内大仓西南池水也，时在城外。"正义引《土地名》云："定元年城成周，乃绕入城内也。"今汉魏洛阳故城西墙外犹有翟泉镇，亦可相辅为证。其三，成周未能营筑之前，恐怕并无像样的城垣，故有诸侯戍成周、护卫京师之劳。这次筑城时间虽只三旬，但计划周密，施工规模很大，绝不是对原有城防的简单修复。《春秋公羊传》昭公二十二年徐彦疏云："言城，明其功重，与始作城无异"，可谓道出了问题的真谛。由此看来，成王与敬王虽然同有"城成周"之举，但成周所在的地理位置却是各不相同的，前者位于汉代河南故址，后者位于汉代洛阳故址，敬王"徼福假灵于成王"，复营东都成周，其实是玩了一个同名异实的政治魔术，确实欺骗了不少人。敬王所城成周，原为周初成周东郊殷遗民的聚居地，经过五百多年的发展与殷周民族的同化，这里大概也成了相当繁华的城市，只是没有像样的城垣，似乎无以名城。现在，经过这一番大规模的筑城工程，这里便成为名副其实的都邑，可与四十里外的王城遥相抗衡了。

成周筑城竣工以后，敬王必当徙都于此，否则"城成周"便失去应有的意义。《左传》不曾明言敬王徙都一事，相关的材料还是可以说明这个问题的。《太平御览》卷一百五十五引《世本》云：

> 平王即位，徙居洛。敬王东居成周。赧王又徙居西周。

又《左传》昭公三十二年杜注云：

> 子朝之乱，其余党多在王城，敬王畏之，徙都成周。成周
> 狭小，故请城之。

这些记载应该是符合事实的。至于其后《左传·定公七年》载
"王入于王城"，不见复还，亦不足怪，因为成周筑成，只把原来
可能是行宫的狄泉围进了城内作为王宫，却并未另建周庙。敬王因
事前往行祭，祭毕必然复归成周，绝不能据此否定敬王徙都成周一
事。这有如《洛诰》记"王朝步自周，则至于丰"，亦未言及成王
何时返回镐京，却没有人怀疑镐京为西周都城一样。实际上，敬王
徙都成周还有不少旁证，第一，《史记·周本纪》云："考王封其
弟于河南，是为桓公，以续周公之官职。桓公卒，子威公代立。威
公卒，子惠公代立，乃封其少子于巩以奉王，号东周惠公。"若无
敬王徙都成周，考王怎么可能把都城所在的王城封给弟揭，号为西
周惠公呢？第二，《战国策·东周》云："西周（王城）故天子之
国也。"既称故天子之国，说明当时王都已不在此，而是东徙成周
了。第三，《周本纪》又云："王赧时东西周分治，王赧徙都西
周。"若周赧王不居成周，亦不可能居东周巩城，徙都西周（王
城）便成无根之谈。童书业作《春秋王都辨疑》极力否定敬王迁
都一事，曲英杰亦同此说，认为"整个周代作为王都者一直是只有
一座城，即成周城"[①]，都是有失偏颇的。

　　讨论至此，问题应该是比较清楚了：周初营建东都，始称洛
邑，复称成周。地在洛北涧东瀍西一带，亦即春秋时王城所在地。
平王东迁，成周渐有王城之称，然二者兼用无别，长达二百多年。

---

① 曲英杰：《周都成周考》，《史学集刊》1990年第1期。

及至敬王"城成周",成周一名的内涵遂发生变化,开始与王城析分为二,王城所指未变,后称河南,成周则专属东城,后称洛阳。后世学者失察于此,制造了许多人为的混乱。或以后昉前,谓周初洛地一开始就建有双城;或以静观动,谓周代自始至终只有一座成周城,这些看法都与历史事实不符,故有加以厘清的必要。

四　营建成周的历史作用

周初营建东都成周,有着重大的战略意义。它作为近制殷遗远治四方的东方政治中心,不仅有利于西周统一局面的形成与巩固,而且促进了西周经济文化的交流与发展。这一点,必须给予足够的估计。

营建洛邑本是武王在世时的战略计划。《逸周书·度邑》记武王说:"雒汭居易勿固,其有夏之居。我南望过于三涂,我北望过于岳鄙,顾瞻过于有河,宛瞻延于伊雒,无远天室。"这里指出了洛汭至伊汭一带具有河山拱戴的地理形势,是适宜建都的好地方。后来周公正式营建洛邑,在建都的具体位置上有所调整,略微向西移至洛北涧东瀍西一带,尤为形胜之地。东汉张衡《东京赋》有云:

> 或先王之经邑也,掩观九隩,靡地不营,土圭测景,不缩不盈,总风雨之所交,然后以建王城。审曲面势,沂洛背河,左伊右瀍,西阻九河,东门于旋。盟津达其后,太谷通其前,回行道乎伊阙,邪径捷乎回轩辕,大室作镇,揭以熊耳,底柱辍流,镡以大岯。(《文选》卷三)

这种群山环抱、诸水汇流、关碍屏蔽、交通四达的地理形势,使洛邑成为进可攻、退可守的战略要地,加之又位于天下之中,是西部山地与东部平原的连接点,确实具有可以席卷天下包举宇内的特殊地位。武王要"宅兹中国,自之乂民",绝不是偶然的。

　　成周建成以后，东西两都的京畿连成一片，形成周王朝君临天下的腹心地带。《作雒》篇说成周"制郊甸方六百里，因西土方千里"。《汉书·地理志》也说："洛邑与宗周通封畿东西长而南北短，短长相覆为千里。"在这千里邦畿之内，周初又委以重臣采取"分陕（郏）而治"的办法。《史记·燕世家》云："自陕以西，召公主之；自陕以东，周公主之。"成周虽是与宗周并立的新都，但在具体的政治作用上，却比宗周重要得多。洛邑建成伊始，即有"周工（官）往新邑"，供职于东都的中央政权机构。待改元大典结束，成王返回宗周，犹让肱股大臣周公留守洛邑，"监我士师工，诞保文武受民，乱为四辅"①，主持东都政务。到了成王改元五年，又迁居成周，与周公一道坐镇中原，继续拓展东进事业。后来周公年老致仕，其子明保又接替他的职务，管理"卿事僚"，以处理"三事四方"的政务。整个西周一代，周天子频频活动于此，足见成周政治地位的重要，不曾稍降。这对于加强西周时期全国的统一，乃至于东周迁都以系江山暂为不坠，无疑发挥了重大的历史作用。

　　东都洛邑的营建，从最初的政治目的来说是为了大举西迁殷遗民。武王克殷，营洛迁殷的计划尚未来得及实施，只好对殷遗民采取就地监督的措施。随后三监之乱的发生宣告了这一措施的彻底失败。周公经过艰苦的东征，平定了三监之乱，深感营洛迁殷是刻不容缓了。所以当洛邑一建成，周公即于次年及时实施迁殷遗民的计划。《书序》说："成周既成，迁殷顽民。周公以王命告，作《多士》。"即言此事。所迁殷遗谓之顽民，表明这部分人在政治上与周人处于相当敌对的状态。为了分化瓦解这部分敌对势力，周公真是煞费苦心，极有分寸地实行了安抚怀柔的政策。周公在《多士》中说："告尔多士，予惟时其迁居西尔，非我一人奉德不康宁，时惟天命，无违。""今予惟不尔杀，予惟时命有申。今朕作大邑于兹洛，……尔乃尚有尔土，尔乃尚干宁止。"可见殷遗族众被迁至

---

　　① 《尚书·洛诰》。

成周东郊，还可以享有田宅，定居从业，职事于周。至于殷遗上层贵族，仍可以分享一定的政治权力，即"迪简在王庭，有服在大僚"。如《士上盉》中的士上、史黄，《令彝》中的矢令，都是被遴选到成周中央机构中担任作册职务的殷遗贵族。这些措施对于安定殷遗的反侧势力，尤其是利用殷人的先进文化以发展新的周文化，都是具有积极作用的。有了东都成周的建成，不仅迁居洛邑的大批殷遗被有效地监控起来，而且使卫、鲁、宋等国被分割迁徙的殷遗民也莫不感受到来自成周的一种巨大的威慑力而诚顺于周。可以说，殷遗民问题的妥善解决，才真正使周人的江山基本稳定下来。

殷遗大批西迁成周，另一间接的结果是周朝的统治力量得以加强，有利于周人进一步拓展疆土，巩固统一。这方面最突出的表现是，成周八师借助殷遗充实兵员，可以达到以殷制夷之一箭双雕的目的。周初拓疆于东夷、淮夷、荆楚多有战事，而成周八师则是每被调遣出征的重要武装力量。《小臣謎簋》铭："白懋父以殷八师征东夷。"《禹鼎》铭："亦唯噩（鄂）侯驭方率南淮夷、东夷广伐南国、东国，至于历内。王乃命西六师、殷八师曰：伐鄂侯驭方。"（《集成》2833）此西六师大概是以周族为骨干的宿卫军，主要执行镇守宗周的任务。殷八师既冠以殷号，殆为殷人组成部队，曾驻师牧野，后移防成周，故又有成周八师之称。在成周八师之中，当有相当数量的殷遗奉命服役。《师旂鼎》铭："惟三月丁卯，师旂众仆不从王征于方。雷事（使）厥友以告于白懋父，在芳。白懋父乃罚得暨古三百寽，今弗克厥罚。"（《集成》2809）白懋父是成王时的大将，师懋大约是征于方时白懋父麾下的将领。另有一鼎铭末称"用作文父日乙宝尊彝"，并有"析子孙"形族徽，此庙号与族徽均为殷器常见，可以证明师旂必为殷遗，师旂众仆规避出征任务，因而受到处罚，此"众仆"应是师旂所属殷遗族众。又《中方鼎》铭："王令中先省南国贯行"，此"中"为族名，屡见于殷墟青铜器，盖中氏家族有分支西迁成周，故后裔有出任昭王南征之将领者。周人骁勇善战，锐意进取，可惜生齿为繁，族嗣不众，若

无殷遗补充兵员，实难打开东进、南征的局面。而殷人加入周族的
部队对夷戎部族作战，对周殷两族减少摩擦促进交融也有潜移默化
的作用，从而加速了华夏国家形成的步伐。

周朝以成周八师不断进行军事征服，拓展疆土，封藩建国，逐
渐建立起一个拥有广土众民的强大国家。成周也因此成为殷见四方
诸侯的主要地点。自从洛邑建成，成王"肇称殷礼"以后，这种政
治活动便在成周延续下来，《士上盉》所说"殷于成周"、《小臣传
卣》所云"殷成周年"即此例证。这种殷礼就是集合四方诸侯以
及群臣百官大会见并对上帝、祖先大献祭的礼仪。它对群臣具有督
促考核的作用，对诸侯则是检查其是否尽忠述职的重要手段。《洛
诰》记周公对成王说："汝其敬识百辟享，亦识其有不享。享多
仪，仪不及物，惟曰不享。"这是说周王通过认真考察四方诸侯前
来献祭的礼仪，察看他们对周王室效忠臣服的程度，以便采取相应
的对策。楚国"包茅不入，王祭不共"①，受到昭王的征伐，大概
就是对"惟曰不享"的对策之一。这也是成周作为统治天下的枢
纽，所起维护统一作用的又一体现。

洛邑成为政治中心和军事重镇以后，也渐次形成了自身独立的
经济体系。洛邑城郊有大量的田宅授予殷遗民，他们则必须为王室
助耕"藉田"，以提供力役地租。藉田上的粮食收入成为周王室的
一大经济来源。同时，成周的王室工商业也随之发展起来。《伊
簋》铭云："惟王廿又七年正月既望丁亥，王在周康宫，王格穆大
室，即位。……申季内（入）右伊，立中廷，北卿（向）。王呼命
尹封册命伊，𬴊官司康宫王臣妾百工。"（《集成》4287）此"周"
有康宫，知为成周，伊所管辖的臣妾百工即是王室手工作坊的劳动
者，为周朝统治者生产各种手工制品。又《颂鼎》铭云："王在周
康邵宫。……王曰：颂，令女（汝）官司成周贾廿家，监司新造
贾，用宫御。"（《集成》2827）此成周贾二十家以及新到之贾，均
为颂所管理的王室官贾，主要职能是为官府购买所需物品。后世所

①《左传·僖公四年》。

191

谓"工商食官"制度，盖肇源于此。从考古发现来看，成周王室手工业规模庞大，技术先进。洛阳老城北窑瀍河西岸，曾发现西周青铜铸造作坊遗址，面积达20多万平方米，主要青铜产品有鼎、簋、卣、尊、爵、觚等礼器，同时也铸造少量的车马器和兵器，并表现出相当高的青铜铸造工艺和冶炼水平。① 到目前为止，在所发现的西周青铜器作坊遗址中，此铸铜遗址规模最大，品种也最丰富齐全，表明成周是西周王室青铜器手工业的重要基地。

成周建成以后，"四方罔攸宾（朝贡）"② 的局面得到改观，不仅"四方入贡道里均"③，更重要的是成周有发达的水陆交通网络，如"周道如砥，其直如矢"④，可以通往四面八方。伴随着四方诸侯入贡交通的便达，各地的经济交流也有进一步的发展。《兮甲盘》铭云："王令甲政司成周四方责（积），至于南淮夷。淮夷旧我帛晦（贿）人。母（毋）敢不出其帛、其责、其进人。其贾，毋敢不即次、即市。敢不用令，则即井（刑）扑伐。"（《集成》10174）所谓"四方积"是谓诸侯应予上缴的贡赋，这也包括被征服的夷戎国家。《左传·僖公三十三年》说："居则具一日之积。"杜注："积：刍、米、菜、薪。"可见贡赋以粮食等实物为主要形式，例由四方入贡。此外，还有布帛之征、力役（进人）之征。至于经商者必须到规定的市场交易，不得逃避关市之征。这样，成周便成为各种赋税的征收中心，拥有强大的经济实力，为其发挥东都应有的政治作用提供了物质保障。

---

① 叶万松、张剑：《1975—1979 年洛阳北窑西周铸铜遗址的发掘》，《考古》1983年第 5 期。

② 《尚书·洛诰》。

③ 《史记·周本纪》。

④ 《诗·小雅·大东》。

第九章　周人的天命思想

　　周人的天命思想作为维护其宗法统治的宗教神学理论，曾广泛渗透于周人的精神和政治生活之中，并对后世宗教、政治、哲学思想产生过深远的影响。由于这一思想在《尚书》周初诸诰中已成周人反复演唱的主旋律，又由于今日学者在理解这一主旋律时曾附加不少不和谐的音符，故有必要再加探索以明真谛。本章拟就周人天命思想的形成、内涵和作用等问题略加考察。

一　帝与天的接合

　　周人的天命思想是周人以天帝为崇拜对象并由此产生的一种宗教观念，它体现的是天帝于冥冥之中操纵自然干预人事的神意。所以天帝崇拜乃是周人天命思想形成的基础。然而，"天"与"帝"在周人心目中是二神还是一神之异名？若为一神为何又有两种不同的称谓？这是我们在考察周人天命思想的内涵之前应予首先说明的问题。

　　在西周文献和金文中，"帝"与"天"常常并出共见，称谓繁多。"帝"除单言"帝"外，又称"上帝"、"皇上帝"①、"皇帝"②；

---

　　①　如《诗·小雅·正月》云："有皇上帝，伊谁云憎？"《胡钟》铭："惟皇上帝。"

　　②　如《尚书·吕刑》云："皇帝清问下民。""皇帝"似为"皇上帝"的简称。

"天"则又称"昊天"、"苍天"、"旻天"①、"上天"、"皇天"；
"帝"与"天"有时也合称"皇天上帝"、"昊天上帝"，等等。这
些繁杂的称谓无须尽作诠释，即已令人目迷五色，实在增加了人们
正确认识周人所说"帝"、"天"究为何物的难度。以博学多识的
经学大师郑玄为例，他对周人"帝"、"天"观念的把握就有过彼
此矛盾的解说。《尚书·洪范》"帝乃震怒"，《诗·大雅·皇矣》
"既受帝祉"，郑玄均注为："帝，天也。"②《史记·封禅书》集解
引郑玄曰："上帝者，天之别名也。"《礼记·孔子闲居》"帝命不
违"，郑注："帝，天帝也。"这是说"帝"与"天"乃一神之别
名，亦可合称"天帝"。但对《礼记·月令》"季夏……共皇天上
帝"，郑玄却注为："皇天，北辰耀魄宝，冬至所祭于圜丘也。上
帝，大微五帝。"《史记·燕世家》集解引郑玄曰："皇天，北极天
帝也。""上帝，太微中其所统也。"在这里，郑玄以北辰、大微等
星名诠释"皇天"、"上帝"已非正解，又分别"皇天"与"上
帝"为二神，更与他主张帝、天乃同神异名的见解相抵牾。这说明
"帝"与"天"到底是一神还是二神，在郑玄思想上并未形成一以
贯之的明确概念。郑玄留下的这道难题，至今仍未得到很好的解
决。今有学者主张帝、天为一神，认为周朝多用"天"的神称来表
示至上神，"有时也沿用上帝旧称来表示至上神"③，强调周人征服
商后将"上帝"与"天"合二为一，目的是"想把商民族和周文
化加以同化"④；也有学者主张帝、天为二神，认为周人原有自己
的天、帝崇拜观念，"天与上帝是两种既有同一性又有差别的人格

---

①　丁山说："从声类及异文看，《诗经》一再说'旻天疾威'，毛公𣪘鼎则作'敃
天疾畏'，《大雅·荡》则作'疾威上帝'，可见《诗》、《书》所常见'旻天'，当是
'敃天'的音讹，敃天，也即是'上帝'。"（丁山：《中国古代宗教与神话考》，上海文
艺出版社1988年版，第178页）丁山认为"旻天"当为"敃天"，录此以备一说。

②　分别见《史记·宋微子世家》集解引、《毛诗》郑笺。

③　王友三主编：《中国宗教史》（上），齐鲁书社1991年版，第130页。

④　［美］顾立雅（H. G. Creel）：《天神的源流》，黄俊杰译，《大陆杂志》第45卷
第4期，1972年。

化的天神"①，或说"尊帝与尊天是殷、周两族的不同信仰"，"到西周末即已逐渐发展为天、帝观念的合一"②。这些见解虽不乏合理成分，但不尽周到也是显而易见的。下面就谈谈我们的看法。

（一）帝、天一神说

在周人的宗教观念中，帝、天乃一神之异名，实无实质性的分别。这从很多方面都可以反映出来。

先从神格上看。帝、天具有主宰自然和人事等多方面的权能，在周人的神灵世界里居于至上神的地位，这是没有多大争议的。《胡钟》铭："惟皇上帝、百神保余小子"（《集成》260）；《国语·周语中》说："昔我先王之有天下也，规方千里以为甸服，以供上帝山川百神之祀"；《诗·大雅·文王》云："有周不显，帝命不时，文王陟降，在帝左右。"从这些材料可以看出，"上帝"排在"百神"之前，文王为神亦只能在"上帝"左右，是知上帝的等次明显高于其他众神，包括五岳河海在内的自然神和以文王为代表的祖宗神，均受其支配而处于从属的地位。上帝与其他众神之间这种统帅与从属的关系表明，上帝确为周人宗教观念中的至上神。那么，"天"的情况又如何呢？据《诗·周颂·时迈》云："时迈其邦，昊天其子之。……怀柔百神，及河乔岳。"又《大雅·云汉》云："天降丧乱，饥馑荐臻，靡神不举，靡爱斯牲。圭璧既卒，宁莫我听。"《逸周书·世俘》记武王克商后祭祀神灵的情况："用牛于天、于稷五百有四；用小牲羊、犬、豕于百神、水土社二千七百有一。"《尚书·金縢》说："若尔三王是有丕子之责于天。"③凡此表明"天"对自然神和祖宗神等众神也存在一种统帅与从属的关系，与"上帝"一样具有至上神的神性。现在的问题是，若天、帝为二神，则在周人的神殿中便存在两个至上神。由于

---

① 朱凤瀚：《商周时期的天神崇拜》，《中国社会科学》1993 年第 4 期。

② 张桂光：《殷周"帝""天"观念考索》，《华南师范大学学报》1984 年第 2 期。

③ 曾运乾说："丕子当读为布兹"，"布兹为弟子助祭以事鬼神者之一役"。兹从之。（曾运乾：《尚书正读》，中华书局 1964 年版，第 141 页）

周人并非崇信善恶对立之类的二元神教，说周人具有两个至上神的宗教观念，这在宗教学上是说不通的。坚持帝、天二神说，实际上是否认了周人有至上神观念的存在。若承认天与上帝都具有至上神的神格，则天、帝为同神异名的关系不言自明。

次从天命启示渠道上看。上古自颛顼时代重、黎"绝地天通"① 之后，人神交通的工作便成了巫觋的专业化职责。周人的政治领袖们为了测知天命神意实际也扮演着巫觋的角色，拥有通天的本领。但其通天的本领来自借助多种通天手段，占卜即是较为常见的一种。《金縢》记武王有疾，周公想身自为质以代武王死，"无坠天之降宝命"，于是"即命于元龟"，祈三王应允以使武王不负"乃命（受命）于帝庭，敷佑四方"的使命，"乃卜三龟，一习吉。启籥见书，乃并是吉。……王翼日乃瘳"。这就表明占卜确为当时人神交通的一条重要渠道，据《大诰》周公说："予不敢闭于天降威，用宁（文）王遗我大宝龟，绍（卜问）天明（命）。"又据《召诰》召公称："王来绍上帝，自服于土中。"是知天、帝神意的启示在周人看来是可以通过龟卜予以测知的。由此细绎《大诰》文意，则不难看出周公在诰辞中所说的天与上帝压根儿就是一回事。时三监之乱发生，周公为了说服邦君庶士共谋东征，就曾用文王留下的大宝龟，卜问天命，结果"得吉卜"，此即周公所说："我有大事，休，朕卜并吉。"为此周公表示："予惟小子不敢替（废）上帝命。天休于宁王，兴我小邦周。宁王惟卜用，克绥受兹命。今天其相民，矧亦惟卜用。"周公此时所采取的唯一通天手段是占卜，而且唯此一次占卜的用意也只在测知天命，但他最后却说"不敢替上帝命"，这"上帝命"除了就是周公卜问的天命外，实在不好再作别的解释。帝命既然就是天命，帝与天也就不应该存在什么分别了。

三从祭祀方式上看。有学者认为天与上帝的祭所和配祭祖神各有不同，反映出二者是神性不同的两种神灵。其主要根据在于《史

---

① 《国语·楚语下》。

记·封禅书》说："周公既相成王，郊祀后稷以配天，宗祀文王于明堂以配上帝。"其实，《史记》这段引自《孝经·圣治章》的话，并不能说明天与上帝在祭祀上有何差别而应分为二神。孔颖达于此早有洞察，他说："《孝经》曰：'严父莫大于配天，则周公其人也'，下即云：'宗祀文王于明堂以配上帝'，帝若非天，何得云'严父配天'也？"又说："《礼器》云：'飨帝于郊而风雨节、寒暑时'，帝若非天，焉能令风雨节、寒暑时？"[①] 孔氏的见解我以为是很正确的。一则明堂非祀帝专所。"实则明堂一词，不见《诗》、《书》，也不见西周金文，但见于晚周诸子及儒家的传说。"[②] 所以要说明堂在西周是专祭上帝的地方，并无确证。或谓《天亡簋》之"天室"即是明堂，但近来的研究表明，"天室"当指"天（太）室山"即中岳嵩山[③]，铭记武王于克殷后至此举行封禅大典[④]，谓"天亡佑王，衣祀于王丕显考文王，事喜上帝"，知封禅祭天就是大祭上帝，并以文王配享。即使按明堂即太庙的说法，明堂亦非不可祭天。《逸周书·世俘》云："告于周庙……告于天于稷"，是可为证。这说明天与上帝的祭所及其所配祖神并无不同。二则郊天亦即郊帝。《逸周书·作雒》说："乃设丘兆于南郊，□以上帝，配□后稷，日月星辰、先王皆与食。"《礼记·礼运》说："祭帝于郊，所以定天位也。"又《礼器》说："祀帝于郊，敬之至也。"《史记·封禅书》也说："古者天子夏亲郊，祀上帝于郊，故曰郊。"这说明郊天与郊帝实即一事，以天、帝乃一神之异称故也。

从以上三个方面可以看出，在周人的宗教观念中，天与上帝称谓虽殊，实则无异。现在我们回过头来看周人不同场合的用语，天、帝混称无别亦是昭然如镜。《墨子·非命上》引《太誓》云："纣夷处，不肯事上帝鬼神，祸厥先神禔不祀，乃曰吾民有命。天亦纵弃之而弗葆。"《逸周书·商誓》云："予言非敢顾天命，予来

---

① 《礼记·郊特牲》正义。
② 丁山：《中国古代宗教与神话考》，上海文艺出版社 1988 年版，第 448 页。
③ 蔡运章：《周初金文与武王定都洛邑》，《中原文物》1987 年第 3 期。
④ 林沄：《天亡簋"王祀于天室"新解》，《史学集刊》1993 年第 3 期。

致上帝威命明罚。"《尚书·大诰》云："爽邦由哲，亦惟十人迪知上帝命越天棐忱。"《康诰》云："惟时怙冒闻于上帝，帝休，天乃大命文王，殪戎殷，诞受厥命。"《多方》云："尔罔不知，洪惟图天之命，弗永寅念于祀。……厥图帝之命，不克开于民之丽。"《多士》云："非我小国敢弋殷命，惟天不畀允罔固乱，弼我，我其敢求位。惟帝不畀，惟我下民秉为，惟天明畏。"西周中晚期金文《师询簋》云："肆皇帝无斁，临保我有周。"（《集成》4324）《毛公鼎》云："肆皇天无斁，临保我有周。"（《集成》2841）此类文句尚多，不烦具引。句中天、帝或连语成义，或义训相偶，实在看不出天、帝在周人心目中的不同处。尤其是《尚书·召诰》说："皇天上帝改厥元子（纣），兹大国殷之命。"此"元子"乃殷周间王者之习称，观《召诰》下文言"有王（成王）虽小，元子哉"，即可为证。若"皇天"与"上帝"为二神，则"元子"为二神之子，殊不可解。总而言之，无论是在周人克殷前后还是西周中晚期，天、帝为一神之异称都是不应成为问题的。

（二）帝、天接合论

帝、天既为一神，何以在周人口中会有两种不同的称呼？这恐怕与帝、天原本是殷、周两族不同的宗教信仰，再经过周人于克殷前后的刻意接合有关。若仅说周人克殷后有时沿用殷人"上帝"的旧称来表示其所尊之天，似乎把事情看得有些简单了。

殷人尊帝不尊天，这在殷墟卜辞中反映得至为明显。"天"字虽在卜辞中每每可见，但除涵指人之顶颠或方国地名外，多借为"大"字。卜辞本是殷人迷信鬼神以贞问吉凶的记录，若殷人已奉"天"为神灵，是不至于在这成千上万的原始占卜记录中绝无一见的。在这一点上，运用默证并无不当。不只卜辞殊乏祀天的证据，而且文献上还表现出殷人对"天"的仇恨和揶揄。《史记·殷本纪》载："帝武乙无道，为偶人，谓之天神。与之博，令人为行。天神不胜，乃僇辱之。为革囊，盛血，县而射之，命曰'射天'。"又《宋世家》也有宋君偃"盛血以韦囊，县而射之，命曰射天"

的故事。宋为殷人后裔，宋康王兴兵四击，有志复兴故国，遂模仿先王武乙所为，再度使用向"天"行魔魔法的心理战术，似表明早先殷周两族宗教信仰的差别与对立。当然，我们这样说并不意味着殷人没有广义上的"天神"观念的存在。卜辞中习见的可以"令风"、"令雨"、"令雷"、"降旱"的"帝"颇能体现"天"的自然品格，所以晁福林说"殷代'天'的概念实际上是以帝来表达的"① 不无道理。但从称谓上看，殷人崇尚的天神称帝不称天，应是没有太大疑问的。

　　与殷人只尊帝不尊天的情况相比，周人是既尊天又尊帝的。然而，周人是尊天在前还是尊帝在前，单纯利用文献材料还很难把问题说清楚。因为宗教崇拜对象本身是人为虚构出来的神祇，与其相关的一些人和事也不免带有或多或少的不真实成分，尤其是当信仰者在追溯其远源时更是如此。在这个问题上，我认为运用新出土的周原甲骨文材料予以探讨似乎比较稳妥些。

　　今所发现的周原有字甲骨尽管不足二百片，但对周人宗教信仰的揭示却颇耐人寻味。"帝"字在周原甲骨文中凡三见，一为"文武帝乙"之"帝"（H11：1），指称商王；二为禘祭之"帝"（H11：82），是谓禘祭某一神灵；三为一个单独的"帝"字（H11：122），应以名词为常，义指上帝。文王时代这三片甲骨文表明，周人关于"帝"字的用法与殷墟卜辞完全相同，足见殷人的宗教观念对周人是有影响的。但周人对殷人的上帝观念此时似乎还刚刚处在融摄阶段，单独刻一"帝"字的卜骨应即反映了周人这种朦胧甚或犹疑的心态。据此我们是否可以这样认为，周人的上帝观袭自殷人，大约开始于文王时代。《诗》、《书》所言上帝与文王的关系至为密切，可能与文王曾进行尊帝的宗教改革有关。与此相映成趣的是，"天"字虽在周原甲骨文中也只出现过四次，却把周人奉天为神灵而大加顶礼膜拜的情形充分显露了出来。在有"天"字的四片甲骨文中，除 H11：59 和 H11：82 两片因刻辞残缺过甚而

---

① 晁福林：《论殷代的神权》，《中国社会科学》1990 年第 1 期。

不明其意外，比较完整的刻辞还有如下两片：

　　（1）乍（作）天立（位）。（H11：24）
　　（2）小告于天，西无咎。（H11：96）

　　第1辞中的"天位"一词也见于《逸周书·世俘》及《汉书·律历志》所引《武成》，据朱右曾《逸周书集训校释》说："天位，南郊圜丘。"这表明周人大概在文王时代即于都城南部设置坛场，举行隆重的祭天大典。第2辞中的"小告"是祭名，文王称西伯，"西"当指周邦。辞意为对天举行小告之祭，以求周土没有凶险祸患。是知文王时代周人对上帝的信仰还处于探索之中时，"天"已被赋予至上神的意义而成为人们崇拜祭祀的对象了。由此看来，周人尊天远比承接殷人的上帝崇拜为早，或在迁岐前后即以奉天为神灵。

　　周人已有自己信奉的至上神，却又要把殷人崇拜的上帝请入自己的神殿，这既有政治上的原因，也有宗教上的原因。从政治上来说，殷周之间的政治摩擦随着周人势力的日益壮大而不断加剧。勇武强悍的周人不甘心长期作为殷王朝的附庸，猛志剪商日甚一日，通过文王伐密、戡黎、伐邗、伐崇诸役渐成灭商之势。但在殷周之际神权弥漫的时代，周人要推翻殷政权，不只要借助武力，还须借助于神力，在宗教理论上找到"周革殷命"的合法依据。然而从宗教上来说，周人自己信奉的"天"神观念远较殷人的宗教信仰影响为小，且受到殷人的敌视。这就需要周人对殷人的宗教观念予以损益，并与自己原有的宗教信仰接合起来，才能变成实现剪商大业的宗教武器。由于殷人最为崇信的祖先神不便为周人所用，而殷人崇拜的"上帝"因与周人崇奉的"天"具有相同的自然品格，其人格化特征亦较"天"为突出，在宗教上有更为抽象而神秘的意义，因而具备帝、天接合的必要性与可能性。

　　当然，周人对帝、天的接合，绝非照搬一个神名即可济事，其观念上的损益功夫也是不能少下的。这主要表现在：第一，承认帝、天为一物，是高居于万神殿上的至上神灵。过去一般认为上帝为殷人信奉的至上神，果若是则上帝当然不便为周人所利用。但据近来学者研究，上帝在殷人的神灵系统中与信奉的祖宗神、自然神并未形成上下统属的关系①，它只是殷代诸神之一，而不是诸神之长。② 所以周人把帝、天合一而奉为至上神也就有了充分的操作余地。第二，上帝原为殷人的保护神，被周人改造为超族群的普遍的裁判者。《诗·大雅·皇矣》云："皇矣上帝，临下有赫，监临四方，求民之莫。维彼二国，其政不获。……上帝耆之，憎其式廓，乃眷西顾，此维与宅。"这似乎是说上帝以关怀四方民瘼，有监于夏商为政失德，始眷顾周人，付与统治天下的大任。我以为，与其说是上帝选中了周人，倒不如说是周人选择了上帝，把上帝从一个极具族群独占的神灵变成同"天"一样可供天下万民共同信仰的神灵。经过这两个方面的改造，周人帝、天合一的宗教观念终于在克殷前后形成。这种帝、天观念的接合，有如一种树枝嫁接到同类的另一种树干上，虽然可以生出优良的新果实，但嫁接前旧物的痕迹总要多少保留一些下来。周人口中每每以天、帝并称同一至上神，应即帝、天观念曾予接合所留下来的痕迹之一。

二　天命无常与有常

周人对天帝的崇拜，并非消极地供奉一个消灾祈福的神灵，而是赋予它主宰人间万物的神性。在周人看来，他们宣扬的天命思想就是天帝神性的表现。这样，周人的宗教思维经过天神的中介便发生一道神秘的幽光，反过来照射着自己在黑暗中探索宇宙奥秘的心路历程。在这个探索过程中，周人丰富了自己的宗教理论，这就是以天命无常与有常相统一为其基本内涵的天命思想。

天命思想从来都是统治阶级中人讲求之事。统治阶级最关心的

---

① 朱凤瀚：《商周时期的天神崇拜》，《中国社会科学》1993 年第 4 期。
② 晁福林：《论殷代的神权》，《中国社会科学》1990 年第 1 期。

是政权的更替和国运的久暂，于是天命思想就成了他们解释历史演进和现实治道的理论工具。在周人看来，历史的发展、王朝的更替，都是由天命即天帝的意志所决定的。历史上夏王朝的建立是由于接受了天命，后来天命转移，殷革夏命，于是夏王朝灭亡，殷王朝兴起。此所谓"天惟时求民主，乃大降显休命于成汤，刑殄有夏。……乃惟成汤，克以尔多方简代夏作民主"。迄至殷末，"天惟五年须暇之子孙，诞作民主"①，即天帝用了五年时间等待成汤子孙的悔悟，使其继续统治民众。但是殷纣"罔可念听"，不顺从天意，"诞罔显于天，矧曰其有听念于先王勤家？诞淫厥泆，罔顾于天显民祇。惟时上帝不保，降若兹大丧"。因此"有周佑命，将天明威，致王罚，敕殷命终于帝"②。这就是说，武王伐纣也好，周公讨平武庚叛乱也好，都是"天惟式教我用休，简畀殷命，尹尔多方"③。可见有周代殷作"民主"，也是因为天命转移到了周人身上，是上帝所作的公正的裁定。《大盂鼎》铭云："丕显文王，受天有大命，在武王嗣文作邦，辟厥匿，匍（抚）有四方，畯正厥民。"也是说的这个意思。三代的兴亡既以天命为转移，三代兴亡之人间政治的变迁势必导引出"天命靡常"的结论。《诗·大雅·文王》云：

　　穆穆文王，于缉熙敬止。假哉天命，有商孙子。商之孙子，其丽不亿，上帝既命，侯于周服。
　　侯服于周，天命靡常。殷士肤敏，祼将于京。厥作祼将，常服黼冔。王之荩臣，无念尔祖。

此处的"天命靡常"与《康诰》中的"惟命不于常"，都是说天命并非一成不变，永远归付一姓一王，长为"民主"。殷人"侯服于周"乃是"上帝既命"即天命变化转移的结果，故"殷士肤敏"

---

① 《尚书·多方》。
② 《尚书·多士》。
③ 《尚书·多方》。

只得恭承天意"祼将于京"。可见"天命靡常"并不表明周人在根本怀疑天，也不表明周人对殷遗民忌讳这个说法，它实际上不过是周人天命转移论的别义语。

"天命靡常"固然强化了周人对"汤武革命"的合理性解释，然而这个命题本身却隐含着一个新的疑问："天命靡常"是否对周人也适用？亦即代殷作"民主"的周人是否同样会面临天命转移的危机？"侯服于周"的殷士不曾问及这个问题，或因"此辈殷多士中似鲜忠烈之人，方救死之不暇，不特不敢作此问，恐亦无心作此想"①。在这个问题上，周人表现出一种难能自觉的忧患意识，进而提出了"天命不易"、"天不可信"的思想。这在《尚书·君奭》篇中有比较集中的反映，兹移录如下：

> 周公若曰："君奭！弗吊，天降丧于殷，殷既坠厥命，我有周既受。我不敢知曰，厥基永孚于休；若天棐忱，我亦不敢知曰，其终出于不祥。……我亦不敢宁于上帝命，弗永远念天威，越我民；罔尤违、惟人。在我后嗣子孙，大弗克恭上下，遏佚前人光在家；不知天命不易，天难谌，乃其坠命，弗克经历嗣前人恭明德。"……又曰："天不可信，我道惟宁王德延，天不庸释于文王受命。"

这里说的"天命不易"为《诗》、《书》所屡见②，此非谓天命不可改易，而是说天命是很难保持的，故周公一再称"不敢知曰"：我们的基业会不会永远美好地延续下去（"厥基永孚于休"），我们会不会最后走到不吉祥的道路上去（"其终出于不祥"）。有周虽然代殷接受了天命，但后嗣子孙能否保持天命，实不可知。若他们不懂得"天命不易"、"天棐（借为匪）忱（信）"、"天难谌（信）"、"天不可信"的道理，就有"乃其坠命"的危险。只有依靠人无过

---

① 傅斯年：《性命古训辨证》（下），商务印书馆1947年版，第12页。

② 如《尚书·大诰》说："尔亦不知天命不易"；《诗·周颂·敬文》云："命不易哉"；《大雅·文王》云："骏命不易"，"命之不易"，均为天命不易保持的意思。

失的行为（"罔尤违、惟人"），把文王的德政延续下去，才不至于丧失文工所受的天命。可见，周人反复强调"天不可信"，并不是说不相信天命抑或否定天命，而在于警告和激励周人不要消极地一味信赖天命，安于天命，放弃人在保持天命上的主观努力，最终使"天不庸释（舍去）于文王受命"。这虽是周人发自忧患意识的一缕理性之光，但还远未达到怀疑天命并有意识地利用宗教作骗局的程度。

天命是可以变化、转移的，是谓无常。但周人又认为，天命的转移并不是任意的，而是以一定的理性原则为依据的，这就是"皇天无亲，唯德是辅"①，是可谓天命有常。周人的天命思想就是这种无常与有常的统一。

天命的转移依据一个"德"字来进行，"敬德"者得天下，"丧德"者失天下。《尚书·召诰》记召公说：

> 我不可不监于有夏，亦不可不监于有殷。我不敢知曰，有夏服天命，惟有历年；我不敢知曰，不其延，惟不敬厥德，乃早坠厥命。我不敢知曰，有殷受天命，惟有历年；我不敢知曰，不其延，惟不敬厥德，乃早坠厥命。今王嗣受厥命，我亦惟兹二国命，嗣若功。……肆惟王其疾敬德。王其德之用，祈天永命。

又《毛公鼎》铭文记宣王说：

> 丕显文武，皇天宏厌厥德，配我有周，膺受大命。

这类材料尚多，不具引。仅此足以说明周人心目中的天命转移是依据"德"这个轴心来进行的，即天命无常，唯德是依。"今天其命

---

① 《左传·僖公五年》引《周书》。

哲，命吉凶，命历年"①，虽是天神按照自己的意志行事，但人间
政治的有德与否也可以作用于天。与殷人一味迷信天命、唯卜是从
相比，周人的天命转移理论可在一定程度上看到人类创造历史的自
主活动，这在认识史上是一个很大的进步。

天命既以德为依归，周人要确保自己膺受的天命，就不得不高
扬"敬德"的旗帜。《说文》以"惪"为"德"，谓"外得于人，
内得于己也。从直从心"。但在西周金文中"德"、"徝"作道德讲
屡见其铭，"惪"却甚为罕见。甲骨文中也有"徝（德）"字，从
卜辞"王侯弗若德"、"元德钔"、"惟不德"、"改王德"② 等内容
来看，殷人可能也有了某种德的观念。然殷人笃信鬼神，恐未将
"德"与神明的关系沟通。从这个意义上说，"敬德"堪称周人所
独有的思想。

夏殷兴亡的历史教训、周初建国的艰难历程，促使周人去探索
天命无常的深层次原因，不仅由此得出了以德受命的认识，而且还
把"敬德"作为规范自己政治行为的准则。敬者，警也，谨也，表
明周人的"敬德"颇具实践上的意义。"敬德"是行为的认真，
"明德"是行为的明智。"周人建立了一个由'敬'所贯注的'敬
德'、'明德'的观念世界，来观照指导自己的行为，对自己的行
为负责，这正是中国人文精神最早的出现。"③ 不过，周人反复强
调的"敬德"主要是指统治阶级的行为规范，此可称为"君德"，
至于"民德"④ 如孝友之类，尚不构成周人"敬德"思想的主要成
分。"君德"与"民德"的关系即如《召诰》所说："其惟王位在
德元（首），小民乃惟刑（型）。"因此我们这里只着重分析一下人
君之德的思想内容，看周人的治国方略中是如何贯注其"敬德"精
神的。

---

① 《尚书·召诰》。
② 参见《续》6、8·4；《明》137；《丙》5；《缀》273；《缀》299。
③ 徐复观：《周初宗教中人文精神的跃动》，载《中国人文精神之阐扬》，中国广
播电视出版社 1996 年版，第 144 页。
④ 《尚书·君奭》说："君惟乃知民德。"

　　概括起来，作为周人实践哲学的"敬德"观念，其主要内容大致如下。

　　一是"知小民之依"。《尚书·无逸》篇载周公说祖甲"爰知小人之依，能保惠于庶民，不敢侮鳏寡"。此"依"同衣，隐也，义为隐痛。周公是说人君要能够体察民生隐痛，爱护民众，并惠及那些穷苦无依的人。要"迪民康"①，即引导人民走上安康的生活道路，"时其惟殷先哲王德，用康乂民作求"②。周人认为，"天畏（威）棐（匪）忱（信），民情大可见，小人难保"③，从而提出"保民"的政治主张。《太誓》说："天视自我民视，天听自我民听。"④ 又说："民之所欲，天必从之。"⑤ 此以民意为天意，知"民"非奴隶，当是指一般平民大众而言。"保民"就是要使民众在有基本生活保障的前提下，逐渐引导他们走上安康的生活道路。这种"用康乂（治）民"的主张正是周人德治观念的精髓，具有积极的社会意义。

　　二是"明德慎罚"。《多方》说："乃惟成汤……以至于帝乙，罔不明德慎罚。"《康诰》说："惟乃丕显考文王，克明德慎罚，不敢侮鳏寡，庸庸，祗祗，威威，显民。"据《尚书·吕刑》说："惟敬五刑，以成三德"，知慎罚乃是明德最重要的体现。周人主张"敬明乃罚"，必须依法办事，"用其义（宜）刑义（宜）杀"，不能把统治者的个人意志强加于法律之上。同时统治者本身的行为也不能脱离法律的轨道，此即所谓"罔不克敬典"。谨守法律还要求"勿用非谋非彝蔽时忱"⑥。"非谋"指不善之谋，"非彝"谓不法之事。是说在执行法律的问题上人君一定要谨慎，不得采用不善之谋，不得做非法之事，以致蔽塞了国家贯彻法制精神的真实情

---

① 《尚书·大诰》。
② 《尚书·康诰》。
③ 同上。
④ 《孟子·万章上》引。
⑤ 《左传》襄公三十一年引；又《国语·周语中》、《郑语》引。
⑥ 《尚书·康诰》。

形。周人坚持"慎罚"的原则，不仅有利于形成政治上的宽松环境，保障人民的生命安全，而且要求统治者不得恣意枉法，加强了对人君行为的规范化约束，有利于社会沿着健康的方向发展。

三是"君子所其无逸"。这句话出自《尚书·无逸》篇，"君子，此谓在官长者。所，犹处也。君子处位为政，其无自逸也。"①时成王年壮，周公恐其安于逸乐，荒废政事，所以告诫成王，劝其不可逸豫。史官记其言，命曰《无逸》。在周公看来，逸则国祚难保，如商王自祖甲之后，"立王生则逸，不知稼穑之艰难，不闻小人之劳，惟耽乐之从。自时厥后，亦罔或克寿。或十年，或七八年，或五六年，或四三年"。相反，"在昔殷王中宗，严恭寅（敬）畏，天命自度，治民祗惧，不敢荒宁，继中宗享国七十有五年"。所以周公要求"继自今嗣王，则其无淫于观、于逸、于田，以万民惟正之供"。"惟正之供"是说唯正税是进，不能因其逸乐而加重人民的经济负担。尤其不能像殷纣那样，"惟荒腆于酒，不为自息，乃逸"②，而要宵旰勤政，以民事为务，像文王那样"自朝至于日中昃，不遑暇食，用咸和万民"。只有"自介（限制）用逸"③，"上下勤恤，其曰我受天命，丕若有夏历年，式勿替有殷历年，欲王以小民受天永命"④。可见勤政勿逸也是周人的德治原则之一。

四是"立政其惟克用常人"。此语见于《尚书·立政》篇，为周公告成王官人之道的主旨。所谓"常人"亦即篇中的"吉士"，指有美德之人，如周公"选建明德以藩屏周"即是。在周公看来，用人是否得当，实为关系国家兴亡的大事。夏桀"弗作往任，是惟暴德，罔后"，是说他不用往日任贤之法，行为暴虐，因以绝世。商纣"惟妇言是用，昏弃厥肆祀弗答，昏弃厥遗王父母弟不迪（用），乃惟四方之多罪逋逃，是崇是长，是信是使，是以为大夫

① 《尚书·无逸》正义引郑玄注。
② 《尚书·酒诰》。
③ 同上。
④ 《尚书·召诰》。

卿士。俾暴虐于百姓，以奸宄于商邑"①。结果人神共怨，天命归周。故立政者应像文王那样"惟克厥宅心，乃克立兹常事司牧人，以克俊有德"。"继自今立政，其勿以憸（佞）人，其惟吉士，用劢（勉力）相（治）我国家。"所谓"克厥宅心"就是要对任用的官长进行考核，以了解他们的居心是否良善，行为是否有德，选择具有美德之人"立为长伯"，"以乂（治）我受民"。周公作《立政》专以诫成王，使太史书之，垂为定制，可见"惟克用常人"也是"敬德"的重要内容。

凡此四端，足见周人"敬德"天命观的深刻与丰富，有如傅斯年说，周人"一切固保天命之方案，皆明言在人事之中。凡求固守天命者，在敬，在明明德，在保乂民，在慎刑，在勤治，在无忘前人艰难，在有贤辅，在远憸人，在秉遗训，在察有司，毋酣于酒。事事托命于天，而无一事舍人事而言天，'祈天永命'，而以为'惟德之用'"②。天命无常，唯德是依，这种天命思想无常与有常的统一，表明周人神权意识的减弱，初步认识到人在历史中可以取得某种程度的自主的地位。周人以人道反观天道，给天道赋予某种理性化的色彩，确实标志着中国人道主义的黎明期已经开始到来。这是殷周宗教观的一大转变，对后来政治、哲学思想的发展产生了深远的影响。

三　天命与政治运作

天命思想是周人政治运作的理论工具，这在我们前面分析"敬德"观念的内容时已有所揭示。不过，那只是天命思想在周人政治行为上的局部规范，尚未言及政治制度上的全面硬化。因此，我们这里要着力探讨一下周人的天命思想是怎样硬化为当时基本的政治制度，成为巩固其宗法统治的神学武器的。下面主要从三个方面

---

① 《尚书·牧誓》。
② 傅斯年：《性命古训辨证》（下），商务印书馆1947年版，第13页。

来谈。

第一，王权为天命神化。

周人说"天生烝民"①，似乎天下万民与天帝都有一种共同的血缘关系，在天帝面前人尽其子，以至殷遗宋民也说"帝立子生商"②。实则在周人看来，只有王者才是天之"元（长）子"，又只有"元子"才堪称"天子"。《尚书·召诰》记召公称成王为"元子"，《立政》记周公称成王"天子王"，《顾命》记成王说"用敬保元子钊弘济于艰难"，而召公则对康王钊说："敢敬告天子。"是见"天子"之称乃王者的专利，与庶民百姓并无缘分。正是由于王者居于这种特殊的地位，"天惟时求民主"，才使其享有拥土治民的权力。《梓材》说："皇天既付中国民越厥疆土于先王"，即表明君主拥土治民的权力来源于天神的赐予。这就为周天子统治天下万民披上了天命神学的外衣，大大强化了周天子至高无上的统治地位。其后历代王朝的最高统治者均以"天子"自居，就是这种君权神授理论的延伸。

但是，周天子的统治权力不是绝对的、无限的，它也要受到一定条件的制约。这个条件就是周天子必须"克堪用德"。《多方》说："惟我周王，灵承于旅（众），克堪用德，惟典神天。"这是说，周王能够善待上天托付的民众，能够依照德治的方针行事，因而得以主持唯天子所能为的神天之祀。于是能否"敬德"就成了"天惟时求民主"的政治标尺。由于"敬德"观念包含民意即天意的内容，因而民心的向背也就成了制约君主行为的客观准则。"这种行为准则对君主不具有法律上的约束力，却具有道德上的约束力，人们可以根据这种行为准则对君主进行道德上的褒贬。"③西周晚期发生的"厉王流彘"事件即是明证。据《国语·周语上》载：

① 《诗·大雅·烝民》。
② 《诗·商颂·长发》。
③ 余敦康：《殷周之际宗教思想的变革及其对哲学思想发展的影响》，《中国哲学史研究》1981年第1期。

> 厉王虐，国人谤王。邵公告曰："民不堪命矣！"王怒，得
> 卫巫，使监谤者，以告，则杀之。国人莫敢言，道路以目。王
> 喜，告邵公曰："吾能弭谤矣，乃不敢言。"邵公曰："是障之
> 也。防民之口，甚于防川。川壅而溃，伤人必多，民亦如
> 之。……故天子听德，……是以事行而不悖。……"王不听，
> 于是国人莫敢出言，三年，乃流王于彘。

这个事例很好地说明，周天子的权力虽来自天神的赐予，但并不意味着君主可以享有绝对的专制权力，可以凭借个人的主观意志而恣意妄为。君主的权力必须接受政治道德化的约束，遵循一定的行为准则，才能"诞作民主"，"祈天永命"。这说明在天命思想支配下的周代君主制度，与殷代王权很少受天神限制的专制政治相比，实有其进步的地方。周人的这种王权理论为后来的儒家所继承，发展为一种德治主义的思想，对中国的未来社会产生了积极的影响。

第二，分封以天命着色。

与殷代较松散的方国联盟政治体制不同，周人实行的是层级分封的宗法统治。这是殷周政治史上的一大变局。周人实行宗法分封制，其目的在于维护周王作为嫡长子的君统地位的同时，又通过宗子分封形成上下严密有秩的政治网络，以巩固周人对全国的统治。《诗·大雅·文王》云："文王孙子，本支百世。"表明文王的子孙有大宗、小宗之别，大宗为天子，小宗为诸侯。《板》诗亦谓："大邦维屏，大宗维翰，怀德为宁，宗子维城。"此"大邦"指诸侯，而王者为"大宗"，诸侯作为"宗子"对"大宗"这个国家主干"君之宗之"①，发挥像城墙一样的屏蔽作用。周人通过分封建立了自天子以至于士的宗法等级关系，实现了君统与宗统的牢固结合，以华夏族为主体的统一王朝在中国历史上第一次形成。周人的宗法分封制作为国家主要的根本的政治制度，也无不深染天命神学

---

① 《诗·大雅·公刘》。

的色彩。周天子称作"元子"，表明他具有王族嫡长子和天神嫡长子的双重身份，因而具有君临天下、以绥万邦的最高权力。所谓"溥天之下，莫非王土；率土之滨，莫非王臣"①，就是周天子居于宗法政治塔尖的生动写照。周天子实行宗法分封，广建侯国，也是遵从上天旨意而纲纪天下的为政之道。周人认为：

> 皇天用训厥道，付畀四方。乃命建侯树屏，在我后之人。（《尚书·顾命康王之诰》）
> 天之所锡武王时疆土，丕维周之基，……维我后嗣旁建宗子，丕维周之始并（屏）。（《逸周书·祭公》）

封建诸侯既为皇天所命的政治体制，诸侯、卿大夫也就必须顺从天意以尽佐助天子治好国家的义务。可见周人把宗法分封与天命神意挂起钩来，既有利于加强对全国臣民的统治，也推动了华夏国家的形成与发展。

第三，礼制与天命结伴。

礼字在古代有广、狭二义：就广义而言，凡政制刑法、朝章国典，一概可称为礼；就狭义而言，则专指当时各级贵族经常举行的祀享、丧葬、朝觐、军旅、冠婚诸方面的典礼。我们这里要说的礼则仅指后者而言。《礼记·表记》说："周人尊礼尚施，事鬼敬神而远之，近人而忠焉。"这表明周人尊礼虽重人道、远鬼神，但鬼神的阴影毕竟不是挥之即去的。此以周人的祭天配祖礼为例，来看周人所尊之礼是怎样与天命神意结伴同行的。《诗·周颂·思文》云："思文后稷，克配彼天，立我烝民，莫匪尔极。"这种祭天配祖礼是有别于殷人的。周人郊天为何要以祖先配祭？《公羊传》宣公三年说："郊则曷为必祭稷？王者必以其祖配。王者则曷为必以其祖配？自内出者，无匹不行，至外至者，无主不止。"清人陈立

---

① 《诗·小雅·北山》。

解释说："外至者，天神也。主者，人祖也。故祭以人祖配天神也。"①《礼记·郊特牲》说："万物本乎天，人本乎祖，此所以配上帝也。郊之祭也，人报本返始也。"这种祭天配祖所表现出的至上神与天子之间虚构的血缘关系，就使服从天子的意志与服从天神的意志取得了一致性，从而把社会各等级对天的崇拜，同安于周天子的现实政治结合了起来。天子借助于对至上神的祭祀，来突出天子的至尊地位。《国语·鲁语上》说："天子祀上帝，诸侯会之受命焉，而社止乎诸侯，道及士大夫。"说明在周代祭礼的规定中，只有天子才有祭天的特权，诸侯（除鲁国外）郊祭则为非礼。周天子在多种礼典中的特殊地位，表明他在社会等级结构中受命于天的最高权威。可见周人的礼制也处处贯注了天命的精神，成为维护其宗法统治的一种重要手段。

　　以上所述，仅是天命神权影响周人政治运作的几个主要方面。实际上，天命思想作为周人占据主导地位的宗教意识，是广泛渗透于周代社会政治生活之中的，是周人维护其宗法统治不可或缺的神学工具。明乎此，或可拨开《尚书》周诰中所弥漫的天命思想的迷雾，以见周初历史的诸般真实情形了。

---

　　① 陈立：《公羊义疏》宣公三年，《清经解续编》，上海书店1988年版。

第十章　后编结语

我们在前编研究《尚书》周初八诰的作者和年代时，为了避免行文上过于枝蔓，全力解决其主要问题，对有些相关史实的说明不免语焉不详，故另置后编再予申论。由于不少史事是互有联系的，不能孤立地去考察，连带又扩大了研究范围，以致本编某些内容似与《尚书》研究稍有脱节。但仔细想来，弄清西周初年周公东征平叛、封藩建卫、营建洛邑、措置殷遗、倡扬天命等一系列重大史实，对《尚书》周初八诰内容的理解可能多少有些益处，也就对此在所不计了。或者，这也不失为说史以明经的另一种尝试。

现在，我们把本编的结论大致归纳一下。

一、周公东征是西周开国史上的一件大事，但过去人们的认识大都局限在"一年救乱，二年克殷，三年践奄"的范围之内，以为周公稳定东方动荡的局势，即此毕其功于一役。实际上，周公致政后，还曾辅佐成王发起过大规模的东伐，并且相继建立鲁、齐、燕等东方大藩，才进一步打开了拓疆建国的新局面。在这个过程中，周公还对武王大分封并不成熟的创意给予了改造，使之完全具备赐姓、胙土、命氏的封建要素，真正成为维护西周政治统一的工具。

二、为了有效地控制东方局势，周公继承武王遗志，实施了营建东都的战略计划。当时营建的东都非如通常所说一开始就是两座城市，即西有王城，东有成周，而是只有一座城市，始称洛邑，继称成周，地在洛北涧东瀍西一带，亦即春秋时的王城所在地。从此成周便成了近制殷遗远治四方的东方重镇。成周建成后，周公以此

213

为中心对殷遗民进行了分割迁徙，基本上消除了殷人反周复国的隐患。这些殷遗民无论迁往京畿地区，还是徙至封国治下，都不曾像有些研究者说的那样已通通沦为种族奴隶。他们中那些原为贵族的人士仍然享有显赫的社会地位，至于一般族众其真实身份也不外是国家授田制下的农奴。这是周人碍于多种因素制约不得不对殷遗民实行怀柔抚绥政策的结果。

三、周公在惨淡经营立国未久的周邦过程中，不仅表现出大政治家、大军事家的才智与风范，而且具有大思想家的深刻与卓识。这在周公继承和发展周人的天命思想方面体现得尤为突出。周人的天命观虽在克殷前后已经形成，但把天命无常与有常的观念统一起来，并以"敬德"精神贯注其中加以阐扬，似是周公的创造。这样，天命思想除了对周人克殷作为天下共主可以提供宗教上的理论支持外，还成了周人立国后不断进取并励精图治的政治路标。周初宗教思想中这种前所未有的人文精神的跃动，对后来中国历史文化的发展给予了深远的影响。周公作为中国人文精神的最早阐发者，理应在中国思想史上享有其特殊的地位。

四、综而言之，周公可谓西周盛世的真正奠基者，不失为叱咤时代风云的伟大人物。那种贬低周公历史作用或丑化周公历史角色的言论，只是一种昧于史实的虚无主义做法，不值得我们去信从。这里，谨引用杜正胜所撰《尚书中的周公》里的一段话作为本书最后对读者的告别语：

> 周公一手维系新造邦于不堕，受亲兄弟的毁谤、侄子的误解，甚至人民间或闲言闲语，连老战友心下亦颇不能释然。这一切他都承担，制服桀傲不驯的大邦殷遗，营建天下枢纽的洛邑，并向东方拓殖，征伐东方部族，奠定周代盛世的基石，厥功殊伟，对华夏民族文化之贡献亦至大。向来论史忽略周王朝缔造之艰难，不但周初有正面教育意义的史实因而沈晦，周公的事功人格亦不彰，以至于节外生枝，引发无穷的论辩。在营洛之后，一切政事渐上轨道，周人站稳脚跟准备东进，开创历

史新页时，周公断然还政成王诵，继续戮力王室，鞠躬尽瘁，死而后已。他真是视天下若敝屣，而称王的心迹也可悬之天壤之间了。欲从心性论周公，其伟大在此，不是硁硁然的"匹夫匹妇之为谅"。

附　录

附录一　《洪范》制作年代新探

　　《洪范》是《尚书·周书》中一篇极为重要的历史文献。它以丰富的政治哲学思想见长，受到历代研究者的高度重视。但《洪范》到底是什么时代的作品，千百年来人们见仁见智，迄今仍无定论。传统的看法是，《洪范》为周初箕子所作。可是这个说法自宋代以后就不断受到怀疑和否定。到20世纪20年代，刘节作《洪范疏证》一文，首次提出《洪范》是秦统一中国以前战国之末的作品，当非箕子所作。[①] 此说一出，学术界众口交誉，信从者众。其后虽有战国初期说、战国中世说的提出，但都不出战国范围，实际上只是对刘节之说的调整和补充。直到1980年刘起釪发表《〈洪范〉成书年代考》才提出不同意战国说的新看法，认为"《洪范》的原本最初当是商代的"，历西周、春秋、战国而有所增益或润色，最后成于齐方士之手。[②] 这种看法与战国说差距甚大，且无调和的余地，表明《洪范》的成书年代还是一个有待继续探讨的问题。笔者不揣简陋，拟对此略陈管见，以就教于专家学者。

一

　　《洪范》成于周初，为箕子所作，这是一种影响很大的传统说法。时至今日，仍有学者深信不疑。这里首先予以辨析。

---

① 刘节：《洪范疏证》，《古史辨》第五册，上海古籍出版社1982年版。
② 刘起釪：《〈洪范〉成书年代考》，《中国社会科学》1980年第3期。

说箕子作《洪范》者，似可从《洪范》一文找到证据。《洪范》篇首云：

> 惟十有三祀，王访于箕子。王乃言曰：“呜呼！箕子。惟天阴骘下民，相协厥居，我不知其彝伦攸叙。”箕子乃言曰：“我闻在昔，鲧陻洪水，汩陈其五行；帝乃震怒，不畀洪范九畴，彝伦攸斁。鲧则殛死，禹乃嗣兴。天乃锡禹洪范九畴，彝伦攸叙。”

这是一段神话与传说参半的文字，实际得不出箕子作《洪范》的结论来，最多只能说明洪范九畴为天帝授禹，由箕子传承，语之武王。但这并不能排除后人作《洪范》假借箕子的口吻，陈述洪范九畴的内容，以重其文，有如《禹贡》晚出却要托始于禹一样。故汉儒对于《洪范》的作者问题，并无明确的说法。如伏生《尚书大传》说：“武王释箕子之囚，箕子不忍周之释，走之朝鲜。武王闻之，因以朝鲜封之。箕子既受周之封，不得无臣礼，故于十三祀来朝，武王因其朝而问洪范。”① 表明今文家并未确认箕子就是《洪范》的作者。又如《史记·周本纪》云：“武王已克殷，后二年。问箕子殷所以亡，箕子不忍言殷恶，以存亡国宜告。武王亦丑，故问以天道。”另《宋微子世家》云：“武王既克殷，访于箕子。”这里有一点值得注意，就是司马迁作《史记》凡述及《尚书》某篇作者的，一般都以某人作某篇的句式明确加以表述。如说“有扈氏不服，启伐之。大战于甘，将战，作《甘誓》。”② 此以启为《甘誓》的作者。又如“初管、蔡畔周，周公讨之，三年而毕定，故初作《大诰》”③。这是说周公就是《大诰》的作者。然而，史迁作《宋微子世家》转录《洪范》之文，却只说到武王访箕子而不言箕子作《洪范》，显然他对《洪范》的作者问题是持谨慎态度的。

---

① 《尚书·洪范》疏引。
② 《史记·夏本纪》。
③ 《史记·周本纪》。

有人认为箕子作《洪范》有《书序》为证，其实《洪范》书序的出现为时较晚，且语义含混，并未构成箕子作《洪范》的有力证据。《汉书·律历志》引《世经》云："故《书序》曰：武王克殷，以箕子归，作《洪范》。"这是我们现今所见最早的《洪范》书序。其后，伪孔传本有《洪范》书序云："武王胜殷杀受，立武庚，以箕子归，作《洪范》。"据陈梦家研究，"此序同于熹平石经《书序》残石。当是相承如此"①。从《世经》和熹平石经所载《洪范》书序来看，"初无深意也，不过谓武王胜商之后，既诛而立其子武庚奉殷祀，……致恭尽礼奉箕子以归于周，而访以治天下之道，此《洪范》之书所以作也"②。这样理解《书序》应该是正确的。如果一定要从《书序》中找出《洪范》的作者，在语言逻辑上也只能得出周武王作《洪范》的结论，因为这个句式的主语是周武王。但这样的结论与《洪范》本身的内容实相扞格，自不可取。这一点，伪孔传的作者似已看到，故在传"以箕子归，作《洪范》"时，就不惜画蛇添足道："归镐京，箕子作之"，第一次把《洪范》的著作权明明白白地归到了箕子的名下。为了证成其说，伪孔传又找出一条理由说："商曰祀，箕子称祀，不忘本。"这就是说《洪范》称年作祀即是箕子作《洪范》而又不失节操的明证。其后孔颖达作疏更为论定说："此经文旨异于余篇，非直问答而已，不是史官叙述，必是箕子既对武王之问，退而自撰其事。"又说："商曰祀，周曰年，……此独称祀，故解之箕子称祀不忘本也。……箕子商人，故记传引此篇者皆云'商书曰'。是箕子自作明矣。"于此可见，箕子作《洪范》说，实由伪孔首倡于前，孔疏相和于后，确是误导了不少轻信经传的盲从者。宋儒蔡沈的《书经集传》即称："《洪范》发之于禹，箕子推演增益以成篇。"③

不过，自宋以后，历代还是有不少善于思考而不蔽于经的学者并不首肯箕子作《洪范》的说法。最早是宋代赵汝谈。他认为

---

① 陈梦家：《尚书通论》（外二种），河北教育出版社 2000 年版，第 203 页。
② （宋）夏僎：《夏氏尚书详解·洪范》，《四库全书》本。
③ （宋）蔡沈：《书经集传·洪范》，宋元人注《四书五经》，中国书店 1985 年版。

"《洪范》非箕子作"①，并有《南塘书说》（此书早佚）申其说。宋儒夏僎也说："然史官于人君言动无不书者，岂有武王访箕子其事如此之大，史乃不录而箕子自录之理，则此篇必是周史所录。"②夏氏不同意箕子作《洪范》的说法，但对《洪范》称年作祀的问题并未给予合理的解释。至王夫之作《尚书稗疏》才对此作了有力的清算。王夫之说：

> 孔安国（按指伪孔）曰：箕子称祀不忘本。孔颖达因谓此篇非史官叙述，乃箕子既对武王，退而自撰其事，故称祀。夫箕子既不臣周，则其陈洪范也并非乐于自见，奈何撰之简编以侈其访道之荣乎？况业以周之十三年为十三祀，则已奉周正朔矣。奉周正朔而加之以商祀之号，名不从乎主人。既为夫实且用其编年，而徒爱祀之一字，是舍其大而争其小。……盖此之称祀者，《武成》所谓政由旧者是已。……其改祀为年，易用天正，定名革制，秩礼作乐，皆周公之事。……此之称祀，武王时史官记述之文也，而岂箕子存商也哉！③

王夫之的见解很精辟，触及这个问题的核心所在。不过，他对《尔雅》"商曰祀，周曰年"的说法还是坚信不疑，只是把"周曰年"的时间稍稍推迟到周公以后。清阎若璩作《尚书古文疏证》在此基础上又前进了一步，"言商祀周年可以互称不必尽如《尔雅》"。他说：

> 如唐虞纯称载不待论，若商必曰祀，何周公告成王曰：肆中宗之享国七十有五年，高宗五十九年，祖甲三十三年。及罔或克寿者亦俱称年不等。……疑祀、年古通称，不尽若《尔雅》之拘。……按《宣和博古图》录商兄癸卣铭曰：惟王九

---

① 《宋史·赵汝谈传》。

② （宋）夏僎：《夏氏尚书详解·洪范》，《四库全书》本。

③ （明）王夫之：《尚书稗疏》，《四库全书》本。

祀。周已酉方彝铭曰：惟王一祀。周亦称祀。①

如果说阎若璩立论的根据略嫌单薄，断言"祀、年古通称"尚在疑似之间，那么，我们今天则有更为丰富且断代准确的金文材料来加强阎说的正确性。仅举数例如下：

《何尊》惟王五祀。（《集成》6014）

《折尊》惟王十又九祀。（《集成》6002）

《小盂鼎》惟王二十又五祀。（《集成》2839）

《段簋》惟王十又四祀。（《集成》4208）

《师酉鼎》惟王八祀。（《集成》2830）

《五祀卫鼎》惟王五祀。（《集成》2832）

以上为周成王至懿王时器。可见称年作祀，不独为殷室所专有。终西周一代，既可称年，亦可称祀。特别是裘卫一人制器，《五祀卫鼎》称"祀"，《九年卫鼎》称"年"，更是"祀、年古通称"的确证。这样，伪孔和孔疏以商祀周年为据，精心建立的箕子作《洪范》说也就不攻自破了。

《洪范》非箕子作，可不复论。但《洪范》为箕子所述，继由周史整理成文的说法是否就一定可靠呢？这个问题还得费些笔墨加以讨论。

《洪范》一文，语言平易，善用数字，首尾照应，结构严密，与周初诸诰的文风绝不相类。尤其是"明用稽疑"一畴所言卜筮之法，更不可能是殷末周初的产物。《洪范》云："择建立卜筮人，乃命卜筮。曰雨、曰霁、曰蒙、曰驿、曰克、曰贞、曰悔。凡七，卜五，占用二，衍忒。"所谓"卜五，占用二"，"卜"指龟卜，"占"指筮占。"卜五"即雨、霁、蒙、驿、克五者，当为卜法的兆体。"占用二"即贞、悔两者。《左传·僖公十五年》云：

---

① （清）阎若璩：《尚书古文疏证》，上海古籍出版社1987年版，第975—976页。

"《蛊》之贞，风也；其悔，山也。"是内卦为贞，外卦为悔，也就是重卦的下体和上体。这说明在《洪范》制作的时代不只卜筮并重，而且筮法的发展已达到相当完备的程度。这只能是周代筮法盛行以后的情形。如《诗·卫风·氓》云："尔卜尔筮，体无咎言。"又《诗·小雅·杕杜》云："卜筮偕止。"《左传·僖公四年》载："晋献公欲以骊姬为夫人，卜之，不吉；筮之，吉。公曰：从筮。卜人曰：筮短龟长，不如从长。"这种卜筮并重的情况在商末周初似未出现。尽管当时一些甲骨、彝器、陶文上刻有数的图形画被不少学者断定为筮数，但这些筮数恐怕与其后《周易》的筮卦还不能等量齐观。如安阳四盘磨有胛骨契数为："七八七六七六，八六六五八七，七五七六六六。"[1] 又如周原81号卜甲的契数为："七六六七六六。"[2] 根据奇为阳爻、偶为阴爻的原则，有学者把上述数字释为易卦的"未济"、"明夷"、"否"、"良"[3]。应该说这种探索是有价值的，对于我们进一步认识易卦的起源不无裨益。问题在于，这些筮数既与易卦所用老阴、老阳、少阴、少阳之数不全相应，也无相关的卦画和卦名，若径以易卦释之，似乎勉强了一点。"《易》以道阴阳"[4]，而商末周初并无阴阳观念的产生，所以这些筮数与创造出以阴阳对立观念为核心的易卦还有相当的距离。说易卦与这些筮数有渊源关系则可，说这些筮数就是易卦则不可。总之，筮法在此时还处于初创阶段，远未达到足以使商周统治者卜筮并重的程度，这在殷墟和周原甲骨文中反映至为明显，没有必要再详加申说了。

此外，《洪范》所言卜筮之法，还有兼重人道的倾向。这也与殷末周初的时代精神不太相合。文中说："汝则有大疑，谋及乃心，谋及卿士，谋及庶人，谋及卜筮。"在这五种因素中，固然天命神

---

[1] 郭宝钧：《一九五〇年春殷墟发掘报告》，《中国考古学报》第5册，1951年。
[2] 陕西周原考古队：《陕西岐山凤雏村发现周初甲骨文》，《文物》1979年第10期。
[3] 张政烺：《试释周初青铜器铭文中的易卦》，《考古学报》1980年第4期。
[4] 《庄子·天下篇》。

意处于支配地位，但人道的作用也不可忽视，否则人君就没有谋及臣民的必要了。只有王、卿士、庶人与卜筮的意向一致（大同），王才能"身其康强，子孙其逢。吉"。然而殷末周初是一个神权政治笼罩大地的时代，统治者的决策是无须"谋及庶人"的。只有到了春秋时期，情况才为之一变，一种轻卜筮、重人道的进步思想渐有抬头。如楚斗廉说："卜以决疑，不疑何卜。"① 郑子产说："天道远，人道迩。"② 孔子也说："未能事人，焉能事鬼。"③ 这说明《洪范》卜筮并重又兼重人道的思想应属晚出，不可能在箕子"明用稽疑"时代就如此先声夺人。由此看来，《洪范》既非箕子所作，亦非周史所录箕子之言，很有可能是后世伪托之作。

二

《洪范》作于周初说难以成立，那么，它应该是什么时代的作品呢？我的看法是：《洪范》成书于春秋中叶，是周史附会武王访箕子的传说以曲申己意的一篇政论文章。兹作论证如次。

（一）从《洪范》的主体思想特征看其成书年代

洪范就是大法，即人君治国义民的基本法则。《洪范》篇首借武王访箕子问以天道的传说，导出洪范九畴的具体内容，表明作者所言大法九章是服务于王者"阴骘下民"的需要的。按照这样的思想逻辑，《洪范》应着力论说人君的治国方略，至于人君自身行为准则虽是治国立政的重要条件，但不当构成本文的核心思想。可是事情刚好相反，《洪范》偏偏把人君如何修身立政的问题放在了第一位。

《洪范》第二畴"敬用五事"："一曰貌，二曰言，三曰视，四曰听，五曰思。貌曰恭，言曰从，视曰明，听曰聪，思曰睿。恭作

① 《左传·桓公十一年》。
② 《左传·昭公十八年》。
③ 《论语·先进》。

肃，从作乂，明作哲，聪作谋，睿作圣。"这是对人君行为准则的要求。如果人君于"五事"合符规范，当有休征相应："曰肃，时雨若；曰乂，时旸若；曰哲，时燠若；曰谋，时寒若；曰圣，时风若。"如果不符合规范，即有咎征相应："曰狂，恒雨若；曰僭，恒旸若；曰豫，恒燠若；曰急，恒寒若；曰蒙，恒风若。"作者借助天人感应的神秘力量把人君"敬用五事"说得如此重要，足见人君修身立政的问题绝不可等闲视之。宋儒钱时说："人君为天地万物之主，其大本莫先于修身，修身之要莫过于五事。事者，曰所从事之谓也。不敬用之，则貌、言、视、听、思皆失则矣。"① 前贤对《洪范》这种思想脉络的把握，可以说是卓有识见的。

除《洪范》第二畴外，最能体现人君应以修身为立政之本思想的，是第五畴"建用皇极"。关于"皇极"的训释，汉儒已有两种不同的意见。《汉书·五行志》云："皇之不极，是谓不建，皇，君也；极，中。"又注引应劭曰："皇，大；极，中也。"伪孔传本后说，谓"凡立事当用大中之道"。两说相较，后说影响虽大，但远不如前说合理。不过，这里有一点应予指出，皇之训君，其义后起。只有到了秦始皇时，"皇"才"成了人王的位号"②。而《洪范》"皇极"原本当作"王极"。《尚书大传》即云："爰用五事，建用王极。"刘起釪认为"皇"字为汉人根据当时"皇"已训君并高于王的用法所改③，或属事实。因此，以皇训君立说来考察《洪范》的成书年代，便失所依据。由于"皇极"本作"王极"，自与"大中之道"相隔天壤，那么应当怎样理解"皇极"（王极）的含义呢？历代注家虽多，独有朱熹《皇极辨》所论深得其旨。朱子云：

> 自孔氏传训皇极为大中，而诸儒皆祖其说。余尝独以经之

---

① （宋）钱时：《融堂书解·洪范》，《四库全书》本。
② 顾颉刚：《三皇考》，《古史辨》第七册中，上海古籍出版社1982年版，第68页。
③ 刘起釪：《〈洪范〉成书年代考》，《中国社会科学》1980年第3期。

文义语脉求之，而有以知其必不然也。盖皇者君之称也；极者，至极之义，标准之名，常在物之中央，而四外望之以取正焉者也。故以极为在中之准的则可，而便训极为中则不可。若北辰之为天极，脊栋之为屋极，其义皆然。……即如旧说，姑亦无问其他，但即经文而读皇为大，读极为中，则夫所谓惟大作中，大则受之，为何等语乎？……但先儒未尝深求其意，而不察乎人君所以修身立道之本。是以误训皇极为大中。……其弊将使人君不知修身立政，而附于汉元帝之优游，唐代宗之姑息，卒至于是非颠倒，贤否贸乱，而祸败随之，尚何敛福赐民之可望哉？①

由此看来，《洪范》的主体思想并非宣扬源于上帝意志的神权政治论，而是强调人君应以修身立道为治国之本。它要求臣民"惟皇作极"（以人君为至极之标准），做到"无偏无陂，遵王之义；无有作好，遵王之道；无有作恶，遵王之路"；也希望人君为天下表率，做到"无偏无党，王道荡荡；无党无偏，王道平平；无反无侧，王道正直"。这样才能使"天子作民父母，以为天下王"。说到底，就是要人君万万不能丢开"修身以立政"这个治国的根本准则。

　　说到这里，人们不禁要问：周天子什么时候在修身立道方面出了问题，以致《洪范》的作者要如此用心良苦来写这篇劝谏之文呢？检诸史籍，恐怕最深刻的教训莫过于"赫赫宗周，褒姒灭之"②了。尽管前此曾有"厉王专利"在西周政治舞台上掀起轩然大波，但宗周的江山到底还是苟延残存下来。及至西周末年，幽王任用小人，滥用民力，嬖幸艳妻，政失常轨。结果"国人皆怨"③，周王朝失去了维持统治的民众基础。嗣后申侯发难，犬戎入攻，幽王被杀，宗周遂亡。东迁以后，天子式微，"礼乐征伐自诸侯出"。这种王道崩坏的局面使姬周统治者痛定思痛，不能不进行深刻的历

---

① （元）王天与：《尚书纂传·洪范》引，《四库全书》本。
② 《诗·小雅·大东》。
③ 《史记·周本纪》。

史反思。当然，他们不可能从复杂的社会矛盾中找到真正的答案，而是把人君的行为准则（王极）作为关系社会治乱的决定性因素，于是发出了天子当"敬用五事"、"建用皇极"的浩叹。

如果说，这种强调人君修身以立政的思想在《洪范》中还表述得较为曲折隐晦，那么，到春秋晚期则由微而显，自晦而明了。如《左传·襄公十四年》载，师旷与晋侯讨论"卫人出其君"一事，就鲜明地提出了"良君"与"困民之主"的界划。《论语》中也每每可见"邦有道"与"邦无道"的评说。孔子主张"修己以敬"，"修己以安人"，"修己以安百姓"①，正是他所希冀的圣贤政治。又说："政者，正也"，"其身正，不令而行；其身不正，虽令不从"②，也表明孔子对人君修己以立政问题的高度重视。其后，《中庸》、《大学》、《孟子》等儒家著作对此有更进一步的发挥和申说，从而使之成为儒家伦理政治思想的重要内容之一。从这个事实来看，《洪范》所隐含的这一主体思想当不会晚于孔孟时代，它的成书亦当不出春秋这个时代范围。

另外，《洪范》第五畴"农用八政"称："一曰食，二曰货，三曰祀，四曰司空，五曰司徒，六曰司寇，七曰宾，八曰师。"本来，"国之大事，在祀与戎"，在这里"祀"与"戎"（师）的地位退居次要，而关系国计民生的"食"与"货"却排在了八政的首位。这正是春秋时的一种政治风尚。如管仲相齐，"通货积财，富国强兵，与俗同好恶，故其称曰：'仓廪实而知礼节，衣食足而知荣辱。'"③又如子严执掌郑国政权，殖田畴，重农功，备受民众称颂。④《论语·颜渊》载："子贡问政，子曰：足食，足兵，民信之矣。"孔子也把"足食"比"足兵"看得更为重要。《洪范》以食货为八政之首的思想特征，也是它作于春秋时代的又一佐证。

---

① 《论语·宪问》。
② 《论语·颜渊》、《子路》。
③ 《史记·管晏列传》。
④ 《左传·襄公三十年》。

（二）从《洪范》五行说看其成书年代

"五行"一词，一般以为最早见于《尚书·甘誓》。其实，"《甘誓》篇的写成当在春秋战国之际"①，故不宜把"五行"一词的成立提前到文献不足征的夏代。比较可靠的说法是，五行说出现于西周末年。据《国语·郑语》载，幽王时史伯曾对郑桓公说："故先王以土与金木水火杂，以成万物。"这种五行相杂说揭示的是"五行"与"万物"之间的依存关系，有一定朴素唯物的因素。《洪范》五行说与此相比，则有所发展，它既注意到"五行"与"万物"之间的联系，也注意到"五行"在化生"万物"过程中的差别：

> 一曰水，二曰火，三曰木，四曰金，五曰土。水曰润下，火曰炎上，木曰曲直，金曰从革，土爰稼穑。润下作咸，炎上作苦，曲直作酸，从革作辛，稼穑作甘。

但从实质上看，二者并没有什么不同，它们都还停留在探讨五行与万物关系的认识层次上，而对五行之间的内部联系却未能注意，这与后来的五行生胜说是大异其趣的。从五行思想的逻辑发展来说，《洪范》这种没有任何主从和生克关系的五行说，应当早于揭示五行内部联系的五行生胜说的出现。下面我们就来探讨五行生胜说出现的时间问题，对于我们正确认识《洪范》的成书年代或有助益。

先说五行相胜说。

据《左传·文公七年》载："水、火、金、木、土、谷，谓之六府。"昭公三十一年史墨说："火胜金，故弗克。"哀公九年史墨又说："水胜火，伐姜则可。"后两条材料说明五行相胜说在春秋末年业已存在，并用于说明军事行动的胜败得失。而第一条材料说"六府"中含有五行，并按照相胜秩序整齐地排列着，这大概不是

---

① 赵光贤：《新五行说商榷》，《文史》第 14 辑，1982 年。

偶然的或随便的。这种相胜次序又不同于后来邹衍"土、木、金、火、水"的次序，邹衍是反着说的："土德后木德继之，金德次之，火德次之，水德次之"①，这里却是正着说的。这说明五行相胜说的形成时代应向上推溯到春秋晚期。② 春秋末年，孙武用兵，主张"因敌变化而取胜"，"故五行无常胜，四时无常位"。这是用五行递相胜、四时迭相代的道理"喻兵之变化非一道也"③。《墨子·经下》亦云："五行毋常胜"，反对五行无条件相胜的说法，如"火铄金，火多也"，又水多可胜火，杯水车薪则水不胜火。这表明人们对五行相胜的认识在不断深化。可见五行相胜说的形成不宜推迟到战国末年，并把它和邹衍死死地捆在一起。

再说五行相生说。

五行相生说出现的时间似较生胜说为晚。在《左传》中我们还未看到有明确的五行相生的排序或说法，唯有《史记·货殖列传》给我们提供了一条线索。此传载春秋末年范蠡之师计然曰："故岁在金，穰；水，毁；木，饥；火，旱。"此言五行独缺土，但金生水、水生木、木生火的次序判然可见。所缺之土既可放在前，为土生金，也可放在后，为火生土，都不影响五行顺次相生的循环过程。此或为相生说之滥觞。这种五行相生说发展到墨子时代，开始与五色、五方相配，日见完备。《墨子·贵义》云："帝以甲乙杀青龙于东方，以丙丁杀赤龙于南方，以庚辛杀白龙于西方，以壬癸杀黑龙于北方。"（毕沅据《太平御览》增"以戊己杀黄龙于中方"）此五色与五方的顺序完全符合五行相生的序列，与《管子·五行》所言五色的顺序亦相吻合。该篇云：黄帝作五钟，一曰青钟，二曰赤钟，三曰黄钟，四曰景（象征白色）钟，五曰黑钟。据此，说五行相生说产生于春秋末年，至战国前期已经正式形成，应该没有问题。

从上可知，五行相胜与相生说的形成实早于邹衍，至于邹衍在此基础上作变本加厉的发挥，那是另一回事，此不备论。而《洪

---

① 《文选·魏都赋》注引《七略》。
② 庞朴：《五行思想三题》，《山东大学学报》1964 年第 1 期。
③ 《孙子·虚实篇》及王皙注。

范》五行说不含任何主从和生克关系，当属于相胜与相生说形成之前的原始五行说。故《洪范》的成书年代也不会迟至春秋晚期。

（三）从《洪范》与其他先秦典籍的关系看其成书年代

《洪范》与其他先秦典籍的关系可以分为两类：一是引用其他先秦典籍；二是被其他先秦典籍所引用。而这些典籍的写作时代或其内容所反映的时代大都可以确定，这对我们分析《洪范》的成书年代不失为一个很好的依据。

首先，我们来讨论《洪范》与《诗经》中的《小旻》、《大东》孰先孰后的问题。

《洪范》"五事"所说肃、义、哲、谋、圣，也见于《诗·小雅·小旻》。其诗云："国虽靡止，或圣或否。民虽靡胀，或哲或谋，或肃或艾。"刘节认为，"洪范五事与庶征本前后连属为义，乃一有组织之作。……此所言，并无时雨休征之义，且诗义有六，此节有五，其为袭诗，显然有据"①。联系先秦说诗的风尚，可以证明刘说的可靠性。先秦时代说诗的人，要用不到四万字的诗篇，来应付千变万化的事态，不得不使用一些特殊的方式，常见的有下列三种：一是断章取义；二是就诗义加以引申；三是用诗句作比喻。②《洪范》袭《小旻》正是用的第二种方式，所以才有五事与庶征前后连属为义的现象。作者以借申诗说的巧妙手法还可达到掩饰《洪范》真实制作年代的目的。王应麟谓《小旻》"为洪范之学"③，就受到这样的蒙蔽。有学者认为，《洪范》所言"肃、义、哲、谋、圣"五项属于君主的动作，《小旻》所言则属于人民，小民根本没有资格秉有君主这些嘉德，故二者之间原没有直接的联系。④ 引《诗》如此拘泥诗义，与先秦时代说诗风尚实不相符。如孔子说："《诗》三

---

① 刘节：《洪范疏证》，《古史辨》第五册，上海古籍出版社1982年版。
② 屈万里：《先秦说诗的风尚和汉儒以诗教说诗的迂回》，《南洋大学学报》1970年第5期。
③ 《困学纪闻》卷二，《四库全书》本。
④ 刘起釪：《〈洪范〉成书年代考》，《中国社会科学》1980年第3期。

百，一言以蔽之，曰：‘思无邪。’”① “思无邪”的“思”字在《诗·鲁颂·駉》中为虚词，到孔子口中变成了实词，意思迥然有别，我们恐怕不好说这二者之间也没有直接联系吧！从来诗无达诂，说《诗》自有引申发挥的余地，这没有什么可怪的。

《洪范》不只袭《小旻》，而且袭《大东》。这本来是有迹可寻的，却被《墨子》一句"周诗曰"弄得扑朔迷离。《墨子·兼爱下》云：

> 《周诗》曰："王道荡荡，不偏不党，王道平平，不党不偏。" "其直若矢，其易若底（砥），君子之所履，小人之所视。"

孙诒让考证说："古《诗》、《书》亦互称"②，也就是说《墨子》所言"周诗"当为"周书"。在这里，孙氏只看到《墨子》引《洪范》的一面，却未道明《洪范》袭《大东》的关系，真是千虑一失。实际上，《墨子》所谓"周诗"者，前四句见于《洪范》，后四句见于《大东》，只是文字和句次略有不同。这里有一个颇值得我们思考的问题是：《墨子》的作者为什么要把《洪范》与《大东》之句连缀成文而称为"周诗"呢？如果两者没有某种因袭关系，墨子后学是不会把风马牛不相及的东西硬扯在一起的。这种因袭关系，就是《洪范》"王道"数语，本从《大东》"周道若砥，其直若矢"衍化而来。这有什么证据呢？我们看看《诗经》对"道"字的用法就清楚了。

《诗经》以"道"作名词用多指道路而言。例如：

> 鲁道有荡。（《南山》）
> 道阻且长。（《蒹葭》）

---

① 《论语·为政》。
② （清）孙诒让：《墨子间诂》，中华书局 2001 年版，第 124 页。

　　　顾瞻周道。（《匪风》）

　　　周道倭迟。（《四牡》）

　　　踧踧周道。（《小弁》）

　　　行彼周道。（《何草不黄》）

　　　行道兑矣。（《绵》）

在《诗经》中，"道"间有指方法者，如"有相之道"（《生民》）。而作为抽象的概念使用唯有《韩奕》所云："有倬其道"，"道"指道德。然而，《洪范》所言"王道"的"道"，虽也与"路"相对为言，如"以王朝之道路譬喻王者之政治"①，但"形而上"的色彩已十分浓厚，完全可以视为一个相当抽象的政治概念了。这种情况为春秋时代所习见，如"邦有道，如矢；邦无道，如矢"②。从"其直若矢"的"周道"衍化为"无偏无党"的"王道"，正符合人们认识事物从具体到抽象、从个别到一般的逻辑发展进程。因此，《大东》所言"周道"应当在前，《洪范》所言"王道"应当在后。这与时人说诗推演其义的风尚亦相合拍。《墨子》改铸《诗》、《书》以成其文，本给我们提供了一条《洪范》袭《大东》的线索，不料"周诗"二字迷惑了不少人，或谓《大东》套用《洪范》文句作诗，或言"王道"数句当为古诗，为《洪范》和《大东》所袭用。这些看法都是没有根据的，不足凭信。

　　《洪范》袭《诗》，殆无疑问。《洪范》的成书年代，于此亦可得到说明。据《诗序》，《小旻》为刺幽王诗，《大东》为春秋初年诗，那么，《洪范》后此成书，不会早于春秋中叶，似可肯定。

　　接下来，我们开始讨论《洪范》为其他先秦典籍所引用的问题。为了论述方便，这里先把先秦典籍（除《墨子·兼爱下》）称引《洪范》的材料胪列如下。

　　《左传·文公五年》："晋阳处父聘于卫，反过宁，宁嬴从之，

---

① 顾颉刚：《史林杂识初编》，中华书局1977年版，第121页。

② 《论语·卫灵公》。

及温而还。其妻问之，赢曰：'以刚。'《商书》曰：'沈渐刚克，高明柔克'，夫子壹之，其不没乎?"

《左传·成公六年》："于是军帅之欲战者众，或谓栾武子曰：'圣人与众同欲，是以济事，子盍从众？子为大政，将酌于民者也。子之佐十一人，其不欲战者三人而已，欲战者可谓众矣。《商书》曰：'三人占，从二人'，众故也。'"

《左传·襄公三年》："君子谓祁奚于是能举善矣。称其雠，不为谄；立其子，不为比；举其偏，不为党。《商书》曰：'无偏无党，王道荡荡'，其祁奚之谓矣。"

《荀子·修身篇》云："《书》曰：无有作好，遵王之道；无有作恶，遵王之路。此言君子之能以公义胜私欲也。"（另《天论篇》引同）

《吕氏春秋·贵公篇》云："凡主之立也生于公，故《鸿范》曰：'无偏无党，王道荡荡；无偏无颇；遵王之义，无或作好，遵王之道；无或作恶，遵王之路。'"同书《君守篇》云："《鸿范》曰：惟天阴骘下民。阴之者所以心发之也。"

《韩非子·有度篇》云："先王之法曰：'臣毋或作威，毋或作利，从王之指；毋或作恶，遵王之路。'"

根据以上材料，我们要讨论的问题是：其一，各书所引《洪范》之文，由于当时竹简繁重，不易翻阅核对，故举其大意者为多，文字上略有出入，但引文出自《洪范》，则为事实。各书对引文出处的说明，除《吕氏春秋》直以篇名外，另有称"书"、"商书"、"先王之法"者。言"书"者是泛称，《洪范》当包括在内。言"商书"者是认为《洪范》为"箕子商人所说，故传谓之《商书》"[1]。言"先王之法"者是由于"洪范"的"范"可训为"法"，韩非属法家，这样做是为了给自己的法治理论贴金。因此，我们没有理由怀疑称"书"、"商书"、"先王之法"者"不必即为

---

① 《左传·文公五年》正义。

《洪范》之句也"①。

其二，《左传》三引《洪范》之文而称"商书"，无非是把《洪范》视为箕子所陈罢了。即使后来《洪范》被编入《周书》中，也依然没有抹掉这一阴影。可见无论称《洪范》为"商书"还是"周书"，对于确定它的制作年代都不具有决定的作用。试想一下，如果这种称呼是实质性的，那么《尧典》、《禹贡》就应当实实在在是虞夏书而不可能被判定为战国时期的作品了。但是，有的学者偏偏把这种称呼看得重要之至，并由此推知《洪范》的原本最初当是商代的，而现在所见到的《洪范》是经过周代史官层累地加工粉饰过的。这样的论断多少有些简单化也绝对化，是无法令人信服的。

其三，在引用《洪范》的先秦典籍中，以《左传》及《墨子》成书为早，一般认为不迟于战国中期。再从二者所记史实来看，又当以《左传》为早。过去，今文家断言《左传》为刘歆伪作，疑古派亦踵其说。故有"《左传》是否先秦旧籍尚成问题，则《左传》引《书》未可据为典要"②的说法。今天，随着研究的深入，《左传》的真伪问题基本得到解决，把它作为可靠的春秋史料来使用，大概不会有人再持异议。《左传》三引《洪范》，以文公五年为前，但行文并非《左传》作者的叙事之笔，而是出自春秋之时宁嬴等人之口。这说明《洪范》在文公前的春秋中叶早已成书并有广泛的流传，才有时人每加称引的可能。

综上所述，无论从《洪范》的主体思想特征，还是从《洪范》五行说发展的逻辑进程，或者从先秦典籍称引《洪范》之文的情况来看，都说明它只能是春秋时代的作品，其成书年代既不可能早到商周，也不可能晚至战国，最大的可能性是在春秋中叶。

（本文原载《人文杂志》1995 年第 3 期；人大复印报刊资料《中国古代史（一）先秦至隋唐》1995 年第 7 期全文转载。文章发表时有删节，今予增补。）

---

① 刘节：《洪范疏证》，《古史辨》第五册，上海古籍出版社 1982 年版。
② 同上。

附录二 清华简《金縢》有关历史问题考论

清华大学藏战国竹简《金縢》系新近出土的重要经学文献之一。与今本《尚书·金縢》相校,其内容大致相合,但也有一些异文非常重要,为解决《金縢》有关历史问题提供了新的线索。本文拟从《金縢》简文出发并结合相关历史文献,对周武王开国在位年数、周公居东三年的历史真相以及竹书内容的真实性问题略作探索,以求教于方家。

一 武王开国在位年数问题

关于周武王的在位年数,可以有两个不同的观察点:一个是文王殁后武王继位为王至其卒年的整个在位年数,另一个是武王伐纣之年至其卒年的开国在位年数,亦即以克商之年起算的在位年数。前者不在这里讨论,后者所涉武王伐纣之年,通常视为武王元年(尽管武王不曾改元),亦即西周开国之年。弄清武王开国在位年数,对于研究西周历史特别是编制符合历史实际的西周年表,无疑具有重要的意义。

在这个问题上,先秦两汉文献虽有不少说法,但最受重视且为大多数学者所信从的还是传世本《尚书·金縢》的有关记载。该篇云:"既克商二年,王有疾,弗豫。……王翼日乃瘳。武王既丧,管叔及其群弟乃流言于国。"《史记·周本纪》据以述说此一史事称:"武王已克殷,后二年……武王病。天下未集,群公惧,穆

236

卜……武王有瘳。后而崩，太子诵代立，是为成王。"从中可看出司马迁解读《金縢》的有关要点：一是训"既"为"已"，肯定"已克商"不等于"克商"；二是略嫌"既克商二年"语义不明，特增一"后"字，称"已克商，后二年"，意即这个"后二年"当从克商次年起算；三是武王卒年就在"后二年"，故于"武王有瘳"句后紧接着即言"后而崩"。今观清华简《金縢》无"王翼日乃瘳"句，而于"周公乃纳其所为功自以代王之说于金縢之匮"一事之后，下接"就后武王力（陟）"，说明武王崩逝就在简文所言"不豫，有迟"① 之年。从今本《金縢》所反映的武王病情看，所谓"有疾"已非小疾，否则不至于周公身自为质，以代武王死。即以"王翼日乃瘳"论，病情看似好转，实则不过回光返照而已。所以司马迁把武王卒年定在武王有疾的"既克商二年"，可谓得其真谛。王国维说："《史记》所记武王伐纣及崩年，根据最古。《金縢》于武王之疾书年，于其丧也不书年，明武王之崩即在是年。《史记》云'武王有瘳，后而崩'，可谓隐括经文而得其要旨矣。"② 这就是说，司马迁依据《金縢》把武王开国在位年数定为三年是可信的，故为王国维《周开国年表》所采用。《淮南子·要略》云："武王立三年而崩"，与《周本纪》同义。《史记·封禅书》说："武王克殷二年，天下未宁而崩。"此言"天下未宁"亦即《周本纪》所说"天下未集"，故"克殷二年"不过是"已克殷，后二年"的缩略语而已，并非史公刻意传疑。

在先秦文献中，关于武王开国在位年数尚有诸多异说。如《逸周书·作雒解》云："武王克殷……既归，乃岁十二月崩镐"，谓武王崩于克殷当年。又《明堂解》云："既克纣六年而武王崩。"《管子·小问》云："武王伐殷克之，七年而崩。"这些文献晚于《金縢》，缺少细节描述，孤证无援，其可信度与《金縢》不侔，是为司马迁所不取。

---

① 李学勤主编：《清华大学藏战国竹简（一）》，中西书局2010年版，第158页。下引不另注，释文尽量用通行字。

② 王国维：《观堂集林》附《别集》卷一《周开国年表》，中华书局1959年版。

此外，在汉代还有两种说法对后世颇有影响。一是西汉刘歆《三统历》说："文王十五而生武王，受命九年而崩，崩后四年而武王克殷。克殷之岁八十六矣，后七年而崩。故《礼记·文王世子》曰：'文王九十七而终，武王九十三而终。'"① 这是说武王开国在位年数为八年，即"克殷之岁"加上"后七年"。二是东汉郑玄注《金縢》说："文王十五生武王，九十七而终，终时武王八十三矣，于文王受命为七年。后六年伐纣，后二年有疾，疾瘳后二年崩，崩时年九十三矣。"② 这是说武王开国在位年数为五年，即伐纣之年加上"后二年有疾"、"后二年崩"。这两种说法所持依据是相同的，一为《大戴礼》曰："文王十五而生武王"③，二为《文王世子》曰："文王九十七而终，武王九十三而终"。但这些依据之荒诞不经是一望即知的。不要说《大戴礼》、《文王世子》的成书晚于《金縢》，即以"文王十五而生武王"论，也与人类生理规律相违。武王为文王次子，前有长兄伯邑考，若文王十五生武王，则只有"文王十三生伯邑考"④，这全然不合情理。再就武王崩年九十三论，亦与《逸周书·度邑解》、真本《竹书纪年》所言武王年不及六十大相抵触，游谈无根。对刘歆、郑玄之说，王国维⑤、顾颉刚⑥曾为文力辩其非，似无必要再作申论。然而，夏商周断代工程却采信郑玄的说法，并据日本学者泷川资言《史记会注考证》引日本高山寺《周本纪》钞本，称武王"于克商后二年病，又后二年而崩"⑦，拟定武王克商后在位四年（含克商之年），似有所失。

虽然今传本《金縢》关于武王开国在位年数的记载具有可靠性

① 《汉书·律历志》，中华书局1983年版。
② 《诗·豳风·豳谱》疏引，《十三经注疏》本，中华书局1980年版。
③ 《史记·周本纪》正义引。
④ 《诗·豳谱》疏引《大戴礼·文王世子》，但今本《大戴礼》无此篇，《小戴礼记》虽有《文王世子》，然无此语。
⑤ 王国维：《观堂集林》附《别集》卷一《周开国年表》，中华书局1959年版。
⑥ 顾颉刚：《武王的死及其年岁和纪元》，《文史》第18辑，1983年。
⑦ 夏商周断代工程专家组：《夏商周断代工程1996—2000年阶段成果报告》，世界图书出版公司2000年版，第49页。

和权威性，但现在又出现新的问题，这就是近出清华简《金縢》所载武王卒年不是"既克商二年"，而是"武王既克殷三年"。那么，这个"三年"与"二年"到底以何者为是呢？

汉初，伏生所传今文《尚书》二十八篇（或说二十九篇），《金縢》为其中之一。伏生在汉文帝时（公元前179—前157年）已九十余岁，若从文帝元年前推90年，伏生生当战国晚期公元前269年前后，到秦统一六国时已是年近半百的儒者了。这就意味着伏生作为秦朝《尚书》博士，既接触过战国本《金縢》，也掌治过朝廷官本《尚书》。因此，从他那里传承下来的《尚书》二十八篇，应是经过秦朝官方整编和认可的版本。蒋善国指出：《尚书》"不论是百篇或二十九篇，都是秦禁《诗》、《书》期间编定的。……《尚书》把《秦誓》列在最末，正是记秦以霸业继周统，为了颂扬当时秦始皇的帝业。这种情形，非到了秦统一天下的时候不能发生"①。经过秦朝整编过的《尚书》，整体上比当时其他传本具有更高的真实性和可信度。虽然今本《金縢》在秦朝整编过程中可能会有一些改动，但对"既克商二年"这种关乎重大历史事件的关键性年代，想必会慎重对待的，故能得到史迁的认同。

如果说传世本《金縢》"既克商二年"的可靠性不宜轻加怀疑的话，那么，这是否意味着清华简所言"既克殷三年"是传抄过程中发生的笔误呢？应该说这种可能性是存在的。但是，当我们联想到清华简另一处"周公宅东三年"而传世本却作"周公居东二年"时，会立即感到这种可能性不大。因为就算是经卷抄手行事粗心，何至于如此凑巧，一遇年代"二"字就误写为"三"呢？这恐怕需要深入分析，做出更合理的解释。

就先秦时期《尚书》传习来说，与其他经籍一样，都是依靠手抄的方式，因而篇中文字在传抄中不免发生某些变异。有些文字错讹衍倒多为无意识行为，有些异体字、通假字、同义字可能出于各种原因有意为之，还有一些增字、减字、改字则可能是传习（抄）

① 蒋善国：《尚书综述》，上海古籍出版社1988年版，第18页。

者加工改造的结果。对于后一种情况，刘起釪曾经指出："先秦诸子都运用《书》篇来称道古史，以宣扬自己的学说。儒墨两家在这方面做得尤为出色。为适应自己学说的需要，就出现上面所述两家所采用同一《书》篇而各有不同的现象。他们大体沿用一些旧《书》篇材料。凡能为自己学说张目者，就径用原书篇。有不尽适合自己的，他们就加工改造，成为体现自己学说观点的古史《书》篇。"① 当然，有时对《书》篇的加工改造，也可能类似于后世的古籍整理，意在求文献之真，得史迹之实。清华简《金縢》中有关"既克殷三年"的异文，可能就属于这种情况。即楚地经师根据自己对西周史事的了解，将武王崩逝之年由所见原本的"既克商二年"改订为"既克殷三年"。

个中缘由在于，人们对"既克商二年"这种纪年方式各有不同的理解。一种是不包括克商之年的后两年，司马迁《周本纪》即是如此；另一种则理解为包括克商之年的第二年，王肃称"克殷明年"、伪孔传称"伐纣明年"② 即是如此。这两种解读恐怕是早就有的，而当时楚地经师认同的是后一种说法。这样，所谓"既克商二年"就与他们所知道的武王逝去的时间，在以克殷起算的第三年不合，于是径改传本之"二"为"三"，以期实现对《金縢》的正确解读。这就形成了我们今天看到的《金縢》今传本与竹书本的关于"二年"、"三年"的异文。也就是说，清华简《金縢》改"二年"为"三年"，只代表对"既克商二年"这种纪年方式在理解上的差异，而对其内涵的把握上并无实质性的不同，均指武王已克商的后二年，同样说明武王开国在位年数仅有三年。这也是历来大多数学者认同的年代。

二 关于周公居东的历史真相

今本《尚书·金縢》第二节有云："武王既丧，管叔及其群弟

① 刘起釪：《尚书学史》，中华书局1989年版，第65页。
② 《尚书·金縢》，《十三经注疏》本，中华书局1980年版。

乃流言于国，曰：'公将不利于孺子。'周公乃告二公曰：'我之弗辟，我无以告我先王。'周公居东二年，则罪人斯得。"其中周公所言"我之弗辟，我无以告我先王"一句，清华简《金縢》断残缺失"弗辟我"三字，但竹简书写位置显示应为四字。特别是今本"周公居东二年"，简文作"周公石（宅）东三年"，从而成为本节最重要的异文之一。《尔雅》云："宅，居也。"① 是"宅东"与"居东"同义。问题只在于"居东"的时间不同：今本为"二年"，简文为"三年"。

然而，"居东"究为何意？历史上看法颇为分歧，大体有东征说与待罪说两种意见。前者如《史记·鲁世家》说："周公乃告太公望、召公奭曰：'我之弗辟而摄行政者，恐天下畔周，无以告我先王太王、王季、文王'……管、蔡、武庚等果率淮夷而反。周公乃奉成王命，兴师东伐，作《大诰》。遂诛管叔，杀武庚，放蔡叔。……宁淮夷东土，二年而毕定。"是史迁以"居东"为"兴师东伐"，所获"罪人"即管、蔡、武庚等叛乱势力。《金縢》伪孔传亦云："周公既告二公，遂东征之，二年之中，罪人此得。"后者如马融、郑玄以为"居东"是"避居东都"②，即管蔡流言一出，周公即"出处东国待罪，以须君之察己"③。对于这两种意见，后世学者各有阐发，所见不一。

清华简《金縢》的面世，让人们看到了解决问题的一线曙光。李学勤认为，关于周公居东的"种种异说，都是由于《金縢》'居东二年'与《诗·东山》所云周公东征三年不合。现在清华简的这一句不是'二年'而是'三年'，就恰与东征一致了"④。廖名春认为，这"三年"与"二年"一字之异，证明了伪孔传的正确，"破解了西周史研究上的一大疑难"⑤。说一字之异破解千年难题，

① 《尔雅·释言》，《十三经注疏》本，中华书局1980年版。
② 《尚书·金縢》疏引。
③ 《诗·豳风·豳谱》疏引郑玄注。
④ 李学勤：《清华简九篇综述》，《文物》2010年第5期。
⑤ 廖名春：《清华简与〈尚书〉研究》，《文史哲》2010年第6期。

态度相当乐观。可传世文献亦有"居东三年"的说法，却未见这样的作用。《列子·杨朱》篇云："武王既终，成王幼弱，周公摄天子之政。邵公不悦，四国流言。居东三年，诛兄放弟。"① 今本《列子》经唐宋以来历代学者研究，认为已非《汉书·艺文志》著录的先秦古籍，可能是魏晋时代的伪书。即使如此，它也应同伪孔传一样，代表着魏晋时人的一种学术观点，而某些历史叙事亦当有其材料来源。《列子》讲周公"居东三年"，与简文《金縢》同，却未引起人们的注意。

其实，单从时间上证明周公"居东"为东征，"三年"与"二年"所起作用是没有多少差别的。《金縢》孔疏云："《诗》言初去及来，凡经三年。此直数居东之年，除其去年，故二年也。"这是说称"三年"或"二年"，并不妨碍"居东"与东征为一事。就汉语的使用习惯来说，"二年"或"三年"往往具有不确定性。如某一事件历时两周年，其起讫年代却占了三个年头，谓之二年可，谓之三年亦可。周公东征的时间表正是这样。据我们先前研究，周公东征始于周公摄政（成王继位）元年秋天，东征班师则在周公摄政三年秋天，说周公东征三年是指占了三个年头，说二年是指整整用了两年时间。② 前者如《东山》诗云："自我不见，于今三年。"《尚书大传》云："周公居摄，一年救乱，二年克殷，三年践奄。"③《史记·周本纪》云："管蔡叛周，周公讨之，三年而毕定。"后者如《史记·鲁世家》云：周公"宁淮夷东土，二年而毕定"。可见用二年或三年记述周公东征的时间，只说明计算方法略有不同，本质上并无差异。因此，欲说周公"居东"即是东征，还需要从其他方面加强论证。这里不妨再补充几点理由。

第一，从《大诰》看，"居东"当为东征。武王死后不久，管蔡放出流言，攻击周公摄政具有取代成王的政治野心。然据《逸周书·度邑解》所记，武王病危时曾对周公说"我兄弟相后"，欲将

---

① 《列子·杨朱》，《诸子集成》（3），上海书店1991年版。
② 杜勇：《〈尚书〉周初八诰研究》，中国社会科学出版社1998年版，第33页。
③ 《诗·豳风·豳谱》疏引。

王位传给明达有智的叔旦。周公闻之悲恐，涕泣沾裳，拱手不肯接受。如果周公欲得王位，这是最好的时机，何待武王传位于成王后才处心积虑来篡夺王位呢？在王位继承问题上，周公心迹可昭日月，何至于流言一出，他就顿感有罪，甚至弃位东去，来证明自己的清白呢？

武王欲以"兄弟相后"这件事，当时社会上或少知情者，但管、蔡等高层人物则不会一无所闻。所以在武王死后，管、蔡与武庚暗中勾结，散布周公意欲篡权的流言，显然是煽动是非，包藏祸心。这一点，周公是看得很清楚的，东征的态度也是很坚决的。《尚书·大诰》作为东征的战前动员令，充分显示了周公平定三监之乱的刚毅果敢的政治性格。周公说"殷小腆诞敢纪其叙"（殷小主武庚竟敢整理他的王业），又说"西土人亦不静"（管、蔡流言滋事），表明周公清醒地看到"管蔡启商，惎间王室"①，使新造周邦面临被颠覆的严重危机，东征平叛已刻不容缓。虽然兹事体大，当时邦君庶士认为"不可征"，劝周公说"王害（曷）不违卜"，但周公表示"不卬自恤"（不暇忧及自身），"予曷不越卬敉宁（文）王大命"（我怎敢不在这时来安定当年文王所受的国运），"朕诞以尔东征"（我一定要和你们同去东征）。凡此说明，尽管管、蔡流言汹汹，但周公并未消极地避位待罪，让成王这个年仅十多岁又不具政治经验的小孩子经过一番历练后再来明察是非。相反，周公面对重重危机，不顾个人得失，积极采取对策，动员各种力量，全力兴师东伐，以确保周室于不坠。而居东待罪说与史实相违，全然不像一代大政治家解决问题的方式。

第二，从《鸱鸮》看，"居东"当为东征。今本《金縢》说：周公居东归来"乃为诗以贻王，名之曰《鸱鸮》"。其后《史记·鲁世家》、《诗小序》等均谓《鸱鸮》一诗为周公所作。于今清华简《金縢》不言周公"为诗"，只说"周公乃遗（赠）王志（诗）曰《周鸮》"。其中"周鸮"，今本作"鸱鸮"，整理者疑"周"当

---

① 《左传·定公四年》，《十三经注疏》本，中华书局1980年版。

读"雕"。然先秦文献不见"雕鸮"连称者，有可能是鸱鸮之误。据此简文，可以确定周公只是"遗诗"而非"为诗"。或因"遗"（余纽微部）与"为"（匣纽歌部）音近，后世在文献传抄整编过程中发生混淆。《孟子·公孙丑上》称引《鸱鸮》第二章"迨天之未阴雨"诸句，谓孔子曰"为此诗者，其知道乎！"是知至、亚二圣亦不知《鸱鸮》为周公所作，故未言及"为此诗者"之名。现在看来，《鸱鸮》可能只是当时流传的一首禽言诗，"这是一个人借了禽鸟的悲鸣来发泄自己的伤感"，"是做诗的人在忧患之中发出的悲音"①。周公以此诗遗王，其性质与春秋时代"赋诗言志"应相仿佛。

虽然《鸱鸮》不必为周公所作，但周公居东归来拿它赠给成王，其心境必与诗义有所契合，始可为用。全诗今见于《诗·豳风》，核心在于开篇的头三句："鸱鸮鸱鸮，既取我子，无毁我室"，用的是比兴艺术表现手法。那么，周公遗诗于王，用"鸱鸮"、"我子"、"我室"所比何事？毛传云："宁亡二子，不可毁我周室。"孔疏："其意言：宁亡管蔡，无能留管蔡以毁我周室。"朱熹《诗经集传》也说："公乃作诗以贻王，……以比武庚既败管、蔡，不可更毁我王室也。"②马瑞辰以为，"《诗》以鸱鸮取子喻武庚诱管、蔡"，"言其既诱管、蔡，无更伤毁周室，以鸟室喻周室也"③。所言周公遗诗于王，把"鸱鸮"比作武庚，"我子"比作管、蔡，"我室"比作周室，与今本《金縢》说"周公居东二年，罪人斯得"（简文作"祸人乃斯得"）正相表里。周公历时二年之久，所获罪人非武庚、管、蔡等叛乱势力不足以称其事。周公遗诗《鸱鸮》，无非借以说明管、蔡虽为兄弟，但勾结武庚作乱，危害周室，不得不进行征伐，目的是进一步消除朝中君臣的疑虑，求得更多的理解与支持，也为嗣后封藩建卫、营洛迁殷、经略东土做好

①　顾颉刚：《诗经在春秋战国间的地位》，《古史辨》第三册，上海古籍出版社1982年版，第316页。

②　朱熹：《诗经集传·豳风·鸱鸮》，宋元人注《四书五经》，中国书店1989年版。

③　马瑞辰：《毛诗传笺通释》，中华书局1989年版，第471页。

统一思想的准备。可见周公遗诗《鸱鸮》与其东征归来的境况相合，所谓"居东"不过是东征的别样表述。

那么，《鸱鸮》可否支持郑玄的避居待罪说呢？郑玄对《鸱鸮》头三句的解释是："鸱鸮言：已取我子者，幸无毁我巢。"又云：当管、蔡流言时，"成王不知周公之意，而多罪其属党"。周公贻诗"喻此诸臣乃世臣之子孙，其父祖以勤劳有此官位土地，今若诛杀之，无绝其位，夺其土地"。孔疏："郑以为，武王崩后三年，周公将欲摄政，管、蔡流言，周公乃避之，出居于东都。周公之属党与知将摄政者，见公之出，亦皆奔亡。至明年，乃为成王所得。此臣无罪，而成王罪之，罚杀无辜，是为国之乱政，故周公作诗止成王之乱。"① 这是说周公避居东都，成王欲罪其属党，故周公遗诗意在阻止成王罚杀无辜的乱政。虽说诗无达诂，但郑玄的诠释也未免太离谱了。一是以"我"为鸱鸮，既非诗意，又悖情理。从诗三百中"硕鼠硕鼠，无食我黍"的相同句式看，绝不能把"我"与鸱鸮混为一谈。鸱鸮今俗称猫头鹰，现代科学认为是一种益鸟，但在古人眼中却是不祥之鸟。如《管子·封禅》说："今凤凰麒麟不来，……鸱枭数至，而欲封禅，毋乃不可乎!"《诗·陈风·墓门》"有鸮萃止"，毛传："鸮，恶声之鸟也。"《大雅·瞻卬》"为枭为鸱"，郑笺："鸱，恶声之鸟。"鸱鸮既为恶鸟，作诗者或遗诗者岂能以此自比？二是以"我子"比"世臣之子孙"，以"我室"喻世臣之官属土地，说成王得周公属党，欲加杀罚，不只于史无征，也与《金縢》明言"罪人"乃为周公所得大相抵牾。三是当时东都洛邑尚未营建，周公如何避居待罪？如果周公已成罪魁，不论避居何处，又岂有资格佑其属党？王肃说郑玄"横造此言"②，清人牟庭说"郑君经注之谬，当以此为最"③，并非诬言。可见若把"周公居东"说成避居待罪，周公归而遗诗将无法得到合理的解释。

---

① 《诗·豳风·鸱鸮》郑笺。
② 《诗·豳风·鸱鸮》疏引。
③ 牟庭：《同文尚书》，齐鲁书社1981年版，第749页。

　　第三，从竹书《金縢》看，"居东"即是东征。对于传世本《金縢》篇，清代经学家孙星衍曾将其分为三节，第一节从开篇到"王翼日乃瘳"，是为经文；第二节始于"武王既丧"，止于"王亦未敢诮公"，为史臣附记其事；第三节自"秋大熟"以下，则是《亳姑》逸文。① 这个意见颇得经学家赞同，如皮锡瑞即称"孙说近是"②。孙星衍把《金縢》最后一节割裂开来，理由是《史记·鲁世家》载此"秋未穫，暴风雷"一事，发生在周公卒后。如今清华简《金縢》显示，第二节与第三节实际是不可分割的整体。上节末尾说"王亦未逆公"，后节说"王乃出逆公至郊"，前后正相呼应。而第三节"秋大熟"之前，简文亦有"是岁也"一句，对前后两段记事起连接作用，说明"王亦未逆公"与"王乃出逆公至郊"发生在同一年，均为周公生前之事。司马迁将最后一节有关内容置于周公卒后，属于对传闻异词未加细审所形成的误记。

　　由于第二节与第三节同为周公生前之事，则说明周公居东并非待罪。因为对于一个待罪归来之人，成王及一班大臣似无必要"出郊"亲迎，而且成王也不应说出"惟余冲人其亲逆公，我邦家礼亦宜之"这样的话来。相反，只有把第三节视作周公东征归来发生的史事，才能弄清成王何以用"邦家礼"出郊相迎的缘由。此即周公东征归来，驻师郊外，等待宣命入京。不巧适逢险恶天气，雷雨交加，飓风拔木，禾稼尽偃。这对当时颇多迷信思想的周人来说，势必产生祸福莫测的重重疑虑。三监被诛，东土以宁，周公归报并遗诗于王，但成王及朝中大臣或因先前管蔡流言而疑虑未消，"王亦未逆（迎）公"，凯旋之师有家归不得，仍在郊外忍受着风餐露宿的煎熬。待雷雨飓风发生，求卜以问应对之策，启金縢之柜，得周公之书，众人方知叔旦公忠为国的一片赤诚。于是成王等人出城至郊，以"邦家礼"亲迎周公班师回朝。这里提到的"邦家礼"旧说以天子之礼改葬周公，实为班师凯旋所当进行的归告之礼，诸如

　　① 孙星衍：《尚书今古文注疏》，中华书局 1986 年版，第 323 页。
　　② 皮锡瑞：《今文尚书考证》，中华书局 1989 年版，第 299 页。

献捷礼之类。《左传·桓公二年》说："凡公行，告于宗庙，反行，饮至、舍爵、策勋焉，礼也。"《左传·僖公二十八年》说："秋七月丙申，振旅，恺以入于晋。献俘授馘，饮至大赏。"这里说的是诸侯，天子之礼亦当如此。清华简《耆夜》也说到武王伐黎归来"乃饮至于文大室"。是知献捷礼包括献恺乐、献俘献馘、告祭祖先、饮至大赏等内容与环节。成王以"邦家礼"亲迎周公，充分说明这是周公东征凯旋，而非待罪归来。

以上说到的三条理由，第一、第二条已有学者从不同角度言及①，第三条则是清华简《金縢》为我们提供的一条最新的有力证据。这就是说，与其过于倚重简文"居东三年"的佐证，倒不如把《金縢》三部分作为一个整体看待更易看清所谓"周公居东"实即东征。至于简文称"周公宅东三年"，不过是改用了另一种时间计算法而已。周公东征，战事相当激烈绵长，不只"既破我斧，又缺我斨"②，而且是"我徂东山，慆慆不归"，"自我不见，于今三年"③。广大将士在周公率领下，身居东土，进退相依，转战有期，待战事告捷，始见归程。故以"居东"言东征，以见战期之长，故土难归，实无不当。

三　竹书《金縢》内容的真实性问题

关于清华简《金縢》内容的真实性问题，从小处看是指其异文是否可靠，从大处看则涉及该篇的制作年代和史料价值。《金縢》所记为周初史事，而清华简是战国中晚期遗物，自不能保证其初始本也来自周初。退一步讲，即使它成篇于西周，经过数百年流传到战国时期，错讹衍倒也在所难免。如果在文献传抄过程中有人主观地进行加工改造，以便符合自己的历史认识或理论需要，问题就更

---

① 赵光贤：《说〈尚书·金縢〉篇》，《古史考辨》，北京师范大学出版社1987年版。
② 《诗·豳风·破斧》。
③ 《诗·豳风·东山》。

为复杂了。所以对待出土文献，仍需持辩证态度，具体问题具体分析，避免盲从带来不必要的混乱。

清华简《金縢》的问世，可以说在相当程度上解决了该篇曾被目为伪书的问题。宋代程颐、王廉颇疑《金縢》非圣人之书，清人袁枚甚至认为它是汉代伪造的。如今《金縢》竹书本与传世本的内容基本一致，所谓汉代伪书说也就完全不能成立。那么，《金縢》又是何时制作成篇的呢？

《书序》说："武王有疾，周公作《金縢》。"伪孔传不以为然，只说周公"为请命之书，藏之于匮"，即周公所作的是藏在匮中的告神册书。但《书序》所谓"作"者，正如孔颖达所说"谓作此篇也"，并非单指篇中告神册书而言。《金縢》篇处处以第三者口吻来记述周公事迹，当然不会出自周公手笔。清华简《金縢》说："周公乃纳其所为功自以代王之说于金縢之匮，乃命执事人曰：'勿敢言。'"今本《金縢》亦载诸史等说："公命我勿敢言。"既然周公将此告神册书藏于匮中，不欲人知，事后何至于又作《金縢》广告世人。且全篇多为叙事之文，事件时间跨度很大，不只文体与《尚书·周书》多为诰体不类，而且文字较为平顺，不似周初诸诰那样艰涩古朴（这与简文为楚系古文字，释读较为困难是两回事）。这些情况说明，《金縢》不仅非周公所作，而且不像是西周时期形成的作品。

过去有学者根据今本《金縢》称周公为诗《鸱鸮》，孔、孟却不知《鸱鸮》作者为谁，证明《金縢》为孔、孟所未见，显然"出于孟子之后，至早当在战国之中世"[1]。如今清华简的发现，其年代（公元前305±30年）与孟子生活的年代（公元前372—前289年）略相对应，是知《金縢》的制作年代不在孟子之后，而是在他之前即已成篇问世了。其时《金縢》已流传到边远的楚地，身处中原文化核心圈的孟子自然不可能对其一无所知。孟子说："以友天下之善士为未足，又尚论古之人。颂其诗，读其书，不知其

---

[1]　张西堂：《尚书引论》，陕西人民出版社1958年版，第192页。

人，可乎？是以论其世也。是尚友也。"① 这种论世尚友观反映了孟子学诗的态度，即读诗不光限于吟咏，还要了解诗人的行事为人及其所处时代的历史。以孟子对诗篇全面关注的立场来说，与《鸱鸮》一诗有关的《金縢》是不会从他眼中逸出的，而且他引述孔子以《鸱鸮》论"道"的话亦非向壁虚构。这意味着孔、孟都曾看到过《金縢》的传本，只不过他们当时接触到的本子可能与今本不同，而与清华简《金縢》相近，故言《鸱鸮》不以周公为其作者。今本《金縢》将周公"遗诗"误改为"为诗"，当是孔孟以后的事。由此看来，《金縢》的制作年代当在周室东迁之后，而不晚于孔子之前的春秋之中世。

细绎《金縢》可以发现，周天子始终处于权力核心的地位，位尊权重的周公也只能附从这个最高权力执政。先是武王病重，周公作祝词祷告三王，愿意身自为质，以代武王死。继之是管、蔡流言，周公居东归来，以《鸱鸮》一诗相遗成王，成王却未出郊迎接周公。最后是遭风雷之变，成王与一班朝臣启金縢之匮，得周公之书，方知周公公忠为国的心迹，并以邦国礼出郊亲迎周公回朝。周公虽是三个故事的主线，但王权高于卿权的思想却隐现于字里行间。哪怕成王当时如简文所说"犹幼在位"，还是一个不谙政事的小孩子，大权在握的周公也只有俯首听命，方显出对王室的一片忠诚。这样的观念很符合周室东迁以后，在卿权膨胀的情况下而倾力维护王权的情势。或许《金縢》就是出于这种维护和强化王权的政治需要，由王室史官根据自己掌握的有关材料在春秋前期写成的一篇文字。顾颉刚认为，《金縢》"决是东周间的作品"②，是深中肯綮的。

当《金縢》的制作年代明确以后，人们会发现它原来也不是第一时间的原始记录，事件发生与文献制作的时间差至少不下三百年。这种晚出文献的史料价值如何，似亦悬宕。

---

① 《孟子·万章下》。
② 顾颉刚：《论今文尚书著作年代书》，《古史辨》第一册，上海古籍出版社 1982 年版，第 201 页。

　　近来人们对"顾颉刚难题"① 即所谓"不能以一部分之真证全部皆真"颇有讨论，认为这个命题是专门针对王国维的二重证据法提出的。我以为它实际体现的是顾氏从疑古书到疑古史一贯坚持的疑古方法论，考量的是晚出文献的可信度问题。顾氏强调"我们不该用战国以下的记载来决定商周以前的史实"②。这样，盘庚迁殷之前的历史均因无当时的文字记录，统统不得以信史观之。他认为夏代史只是传说的堆积，黄帝、尧、舜、禹只是非人格的神话人物，其立论依据都是从这个方法论来的。应该说，这个方法论在审查史料真实性上还是有积极作用的一面，只是一旦把问题绝对化、极端化就难免走向反面。在这个问题上，我们的基本看法是，晚出文献资料（当然也包括出土文献）"应有长期流传的历史素材做依据，既不能谓其凭空捏造，也不能不加分析地照单全收，可取的做法是尽可能找出事实的本相和真实的内核"。但是，"晚出文献的真实性并不是开卷即见的，它还需要一个由表及里、去伪存真的探索过程，才能揭示出历史的本相"③。对清华简《金滕》这样的出土文献，我们亦须持同样态度。

　　《金滕》所叙述的三则故事，是各有不同的资料来源的。第一则讲周公为代武王死而作告神册书之事，应来自周王室原有档案资料。过去有人怀疑这些迷信鬼神的活动非圣人所为，事属荒诞，故疑为伪作。其实，不仅有类似民族学材料④，而且近年出土的战国楚简祷辞⑤，都提供了该篇成于古时的证据。赵光贤先生认为，本段"从思想和文字上看，都不像是后人作的，可以看作西周史官的

---

① 张京华：《顾颉刚难题》，《中国图书评论》2008 年第 2 期。

② 顾颉刚、童书业：《夏史三论》，《古史辨》第七册下，上海古籍出版社 1982 年版，第 195 页。

③ 杜勇：《关于历史上是否存在夏朝的问题》，《天津师范大学学报》2006 年第 4 期。

④ 顾颉刚：《〈金滕〉今译》，《古史辨》第二册上，上海古籍出版社 1982 年版。

⑤ 李学勤：《〈尚书·金滕〉与楚简祷辞》，《文物中的古文明》，商务印书馆 2008 年版。

记事，即令不是当时的记载，应相去不远"①。刘起釪也说："篇中所载周公册祝之文，不论是它的思想内容，还是一些文句语汇，也都基本与西周初年的相符合。因而这篇文件的主要部分确是西周初年的成品，应该是肯定无疑的。"② 至于后两则故事，叙事简略，文字平易，风格与真《周书》迥异，应是作者根据有关传闻资料写成的，所以在一些文献中还可看到与此相关并异中有同的说法。这说明《金縢》所用材料都有一定的来源和根据，不能因为它的晚出而全盘否定其历史叙事的真实性。

不过，我们肯定《金縢》记事内容的真实性，是从文献的总体性上来把握的，并不是说不同传本的任何文字都是可靠的。《金縢》竹书本和今传本互有歧异，本身也需要考证，才能去伪存真，厘清各自的史料价值。

由于《金縢》成篇在春秋前期，到战国时代必有多种抄本传布于世，如同郭店楚简《老子》有三种抄本，《缁衣》、《性自命出》有郭店简和上博简两种抄本一样。清华简《金縢》出自楚地，又与传世本相异，应是中原文化向四外辐射的反映。这与当时所谓"天子失官，学在四裔"③ 的时代背景是相合的。

根据简本没有传世本《金縢》中涉及占卜的文句，有的学者认为二者"分属于不同的传流系统"④，视为共时关系；也有学者认为竹书本《金縢》经"后人删节"，"从整体上要晚于今本"⑤，视为历时关系。由于简本与今本并非只有详略不同，还有很多文字和内容上的歧义，所以不会是历时关系。而共时关系说虽有理致，但对两种文本为何同中有异未作说明。就文献流布来说，《金縢》成篇时的写本可视为初始本，这个初始本在其后辗转传抄过程中，由

---

① 赵光贤：《说〈尚书·金縢〉篇》，《古史考辨》，北京师范大学出版社1987年版。

② 顾颉刚、刘起釪：《尚书校释译论》（第三册），中华书局2005年版，第1253页。

③ 《左传·昭公十七年》。

④ 李学勤：《清华简九篇综述》，《文物》2010年第5期。

⑤ 廖名春：《清华简与〈尚书〉研究》，《文史哲》2010年第6期。

于各种原因不免要发生某些变异。现在我们看到的两种《金縢》文本在很多地方存在歧义，而且这种歧异并非全由删节或摘抄所致，说明它们虽然基本保留了初始本的原貌，但在传习过程中都有一定程度的加工与改造，已成为与初始本有别的两种变异本。在这种情况下，对传世文献和出土文献的真实性考察，必须具体问题具体分析，既不可一概而论，也不可厚此薄彼。这里略举数例如下。

其一，竹书本中的"既克殷三年"、"周公宅东三年"，似为楚地经师改其初始本所致。而今传本均为"二年"，应出自初始本。如前所言，这种改动只反映传习者对《金縢》有关史事年代的表述方式存在理解上的差异，而对其内涵的把握并无实质性的不同。

其二，竹书本说"王亦未逆公"，应源于初始本。今传本"王亦未敢诮公"，则有可能为秦汉时期整编所改，而成为一种揣度之辞。观其后"王执书以泣"（简文作"王布书以泣"），说明成王对周公遗诗之后"亦未逆公"多有悔恨之意，而不是不敢责备周公，这才符合情理。

其三，竹书本说"周公乃遗王诗曰《周（鸱）鸮》"，当为初始本之文，故孔、孟言及《鸱鸮》不知其作者。而今传本在整编时将"遗诗"与"为诗"混为一谈，将文本改为"公乃为诗以贻王，名之曰《鸱鸮》"，致使周公成为该诗的作者，以讹传讹。

其四，竹书本"就后武王陟"，"是岁也，秋大熟，未穫"，"是夕，天反风"诸句当出自初始本，其中有关"就后"、"是岁也"、"是夕"等时间副词，在整编时可能认为事件发生的时间为人所熟知，故被删除，殊不知却造成后世在《金縢》诸多问题理解上的严重分歧。

其五，竹书本"王乃出逆公，至郊"，当为初始本之文。今传本求其简洁，省作"王出郊"，则不能清楚表达成王出郊意欲何为，乃至后来生出成王复以王礼改葬周公使得郊祭，或成王出郊迎接周公待罪归来等不同说法，使周公东征的史实晦而不彰。

其六，竹书本无"王翼日乃瘳"句，可能同于初始本。今传本此句与简文"就后武王陟"（今本作"武王既丧"）相矛盾，当为整编时依据传闻异词所增益。

此外，《金縢》竹书本尚有其他异文，因与史事关联不大，不再作对比分析。可以说，竹书本除删去有关占卜文字外，大体上更接近初始本。与今传本相较，二者互有歧异而各见优长，都具有重要的史料价值。

总的说来，对传世文献和出土文献的价值评估，既需要总体上的把握，也需要细节上的考证，方可得其真相。只有对不同传本细加考证，同中析异，异中求真，才能较好地发掘不同类型文献的史料价值，发挥其在学术研究中的应有作用。

（本文原载《古籍整理研究学刊》2012 年第 2 期。）

附录三　《古文尚书·说命》真伪与
傅说身份辨析

　　傅说是商朝的一代名相。商王武丁继位后，思圣求贤，举傅说于版筑之间，接政治民，朝夕规谏，于是殷道复兴，其国大治。傅说辅佐武丁中兴的功业，为历代史家所传颂。但是，今日研究傅说的学者，或以今传孔传本《古文尚书·说命》言其思想，或以奴隶论其身份，均有可商。本文拟就此略陈管见，以求教正。

一　关于《古文尚书·说命》的真伪问题

　　研究傅说的思想，当以《说命》为依据，这是毋庸置疑的。只是《说命》完篇今已不存，零星资料保留于《孟子》、《礼记》、《国语》等先秦典籍之中，略可利用。至于今传孔传本《古文尚书·说命》，其为伪作久已定谳，是不适合用作研究傅说思想的文献资料的。

　　今传本《古文尚书》二十五篇，经宋元明清诸多学者反复探究，已断为伪书，经称伪《古文尚书》，传称伪《孔传》，这在学术界久已达成共识。但随着近年简帛佚籍的不断发现，证明有的古籍未必全是伪书，于是人们对历史上伪书的认识逐渐发生变化。以今传本《古文尚书》来说，即有学者认为它是汉魏孔氏家学的产物①，非一人一时之伪造②，现存诸篇皆为真书③，伪《古文尚书》

---

① 李学勤：《竹简〈家语〉与汉魏孔氏家学》，《孔子研究》1987年第2期。
② 杨善群：《〈古文尚书〉流传过程探讨》，《学习与探索》2003年第4期。
③ 刘建国：《先秦伪书辨正》，陕西人民出版社2004年版，第59页。

的定案无法成立①。涉及这样严肃的学术大案，非作系统研究不足以回应。这里我们只能就《古文尚书·说命》的真伪略加分析，以见一斑。

《说命》在先秦典籍中被冠名征引，主要见于《礼记·文王世子》、《学记》、《缁衣》诸篇。今出郭店楚简《缁衣》未见引用《说命》之文，不知是否版本不同所致。另据学者研究，郭店楚简《成之闻之》"允师济德"一句，当为《说命》佚文。②此外，《国语·楚语上》、《孟子·滕文公上》所引"《书》曰"，因与武丁使求傅说有关，学者亦谓为《说命》之文。是知秦火之前，《说命》曾广为流布。

从文献上看，正式把《说命》纳入《尚书》体系的，应为百篇《书序》。百篇《书序》为西汉成帝时东莱张霸所采编，其伪造的古文《尚书》"百两篇"被废黜后，"但所载百篇《书序》却流传并盛行起来"③。其后可能有过进一步整编，并经东汉马融、郑玄作注，传布愈广。今传孔传本《百篇书序》与马、郑注本略同④，大体保留了汉儒整编时的原貌。

虽然百篇《书序》是应《古文尚书》之征而提出的，但两汉时期先后发现的《古文尚书》中并不见《说命》的踪影。

最早见于记载的《古文尚书》，为《史记·儒林传》所载的孔氏本。该《传》云："孔氏有《古文尚书》，而安国以今文读之，因以起其家。逸《书》得十余篇，盖尚书兹多于是矣。"比《今文尚书》多出十余篇的这个孔氏家传本，后来又被称为孔壁本，并实定逸《书》为十六篇。如刘歆《移太常博士书》说："时汉兴已七八十年，离于全经，固已远矣。及鲁恭王坏孔子宅，欲以为宫，而得古文于坏壁之中，《逸礼》有三十九篇，《书》十六篇。天汉之

---

① 张岩：《审核〈古文尚书〉案·序言》，中华书局 2006 年版，第 1 页。
② 李学勤：《试论楚简中的〈说命〉佚文》，《烟台大学学报》2008 年第 4 期。
③ 刘起釪：《尚书学史》，中华书局 1989 年版，第 108 页。
④ 蒋善国：《尚书综述》，上海古籍出版社 1988 年版，第 72 页。

后，孔安国献之，遭巫蛊仓卒之难，未及施行。"① 又《汉书·艺文志》云："孔安国者，孔子后也，悉得其书，以考二十九篇，得多十六篇。"据今传《尚书·尧典》正义所录十六篇篇名，其中无《说命》。

又《汉书·景十三王传》说：河间献王"修学好古，实事求是。从民得善书，必为好写与之，留其真。……献王所得书皆古文先秦旧书，《周官》、《尚书》、《礼》、《礼记》、《孟子》、《老子》之属，皆经传说记，七十子之徒所论"。其古文《尚书》被称为河间献王本，篇目不详。又《汉书·艺文志》说："刘向以中古文校欧阳、大小夏侯三家经文，《酒诰》脱简一，《召诰》脱简二。率简二十五字者，脱亦二十五字，简二十二字者，脱亦二十二字，文字异者七百有余，脱字数十。"刘向所用中古文本（中秘本）不知是否源自孔安国所献，有无其他《尚书》逸篇亦未言明。

东汉所传杜林本《古文尚书》，据学者研究实为"杜林用古文书写的今文本"②。《后汉书·杜林传》载，"（杜）林前于西州得漆书《古文尚书》一卷，常宝爱之，虽遭难困，握持不离身。出以示宏等曰：'林流离兵乱，常恐斯经将绝。何意东海卫子、济南徐生复能传之，是道竟不坠于地也。古文虽不合时务，然愿诸生无悔所学。'宏、巡益重之，于是古文遂行"。杜林所得漆书《古文尚书》仅有一卷，应非古文完本，与其实际所传有别。《隋书·经籍志》说："后汉扶风杜林，传《古文尚书》，同郡贾逵为之作训，马融作传，郑玄亦为之注。然其所传，唯二十九篇，又杂以今文，非孔旧本。自余绝无师说。"这说明东汉所传《古文尚书》篇目不出今文二十九篇之外，《说命》亦不在其中。

应予说明的是，两汉时期除上述《古文尚书》孔氏家传本（孔壁本）、河间献王本、中秘本、杜林本外，并无民间收藏或传授《古文尚书》的相关记载。《汉书·艺文志》说："汉兴，改秦

---

① 《汉书·楚元王传》。
② 刘起釪：《尚书学史》，中华书局1989年版，第130页。

之败，大收篇籍，广开献书之路。……至成帝时，以书颇散亡，使谒者陈农求遗书于天下。"又《后汉书·儒林传》说："及光武中兴，爱好经术，未及下车，而先访儒雅，采求阙文，补缀漏逸。先是四方学士多怀协图书，遁逃林薮。自是莫不抱负坟策，云会京师。"在这种时代氛围下，民间所藏《古文尚书》是不可能不为朝廷所知的。《尚书序》正义引刘向《别录》云："武帝末，民有得《泰誓》书于壁内者，献之。与博士使读说之，数月皆起，传以教人。"一篇《泰誓》尚且轰动朝廷，一部完整的《古文尚书》流传民间，岂能失诸载籍？可见民间所传《古文尚书》有《说命》篇的看法也是没有根据的。

不仅两汉所出《古文尚书》看不到有《说命》篇的记载，而且经学大师也无人见过《说命》全文。《礼记·学记》载："《兑命》'念终始典于学'。"郑玄注："兑当为说之误也。高宗梦傅说，求而得之，作《说命》三篇，在《尚书》，今亡。"可见东汉学者郑玄所看到的只是典籍中有关《说命》的引文，至于《说命》完篇则称"今亡"。"亡者，竟亡其文。"① 东汉学者王逸《楚辞章句·离骚》亦云：《说命》"是佚篇也"。这是《说命》早已失传的确证。

令人不解的是，东汉学者明言《说命》亡佚，今有学者却说到了三国时期韦昭还见到过《古文尚书·说命》篇。② 其依据是，《国语·楚语上》记楚大夫白公子张谏言云："武丁于是作《书》，曰：'以余正四方，余恐德之不类，兹故不言。'如是而又使以象梦，旁求四方之贤，得傅说以来，升以为公。"对于"武丁于是作《书》"一语，韦昭的注解是："贾、唐云：《书》，《说命》也。昭曰：非也，其时未得傅说。"论者以为贾逵、唐固、韦昭大谈《说命》的内容和写作过程，表明"他们看过《说命》，并对之十分熟悉"③。这恐怕是有问题的。

---

① 孙星衍：《尚书今古文注疏·书序》，中华书局1986年版，第559页。
② 杨善群：《〈古文尚书〉流传过程探讨》，《学习与探索》2003年第4期。
③ 杨善群：《〈古文尚书·说命〉与傅圣思想研究》，《晋阳学刊》2007年第1期。

在今传本《古文尚书》中，"以余正四方"数语，正在《说命》上篇。如果韦昭看到过《古文尚书·说命》，为什么要对贾逵、唐固把《书》释作《说命》提出质疑呢？是否他读书有限，不曾见到当时流布于世的《说命》三篇呢？《三国志·吴书·韦曜传》说："韦曜（昭）笃学好古，博见群籍"，曾"为太史令，撰《吴书》"，后"为中书郎、博士祭酒"，奉命"依刘向故事，校订众书"。可见他绝不是一个见闻有限、学识浅陋的人。如果今传《古文尚书·说命》当时见存于世，作为博士祭酒的韦昭怎么可能把本属《说命》的文句用"非也"二字加以否定呢？合理的解释只有一个，那就是当时既无《说命》篇传世，今传本《古文尚书·说命》亦非真古文。当然，韦昭以为"以余正四方"数语非《说命》篇所应有，其实也有他的考虑。他在后文的注解中引《说命》书序云："高宗梦得说，使百工营求诸野，得诸傅岩，作《说命》三篇。"依其文意，《说命》必作于武丁访得傅说之后。而"以余正四方"数语，在《楚语》中却是未得傅说时武丁所言，从逻辑上讲当然不应为《说命》之文。所以韦昭才会对贾逵、唐固以《书》为《说命》的解释提出异议。

那么，贾逵、唐固以《书》为《说命》，是否表明他们看到过《说命》完篇呢？其实，贾逵、唐固与韦昭一样，也是根据《书序》事实的相关性来推断的，并不代表他们真见过今传本《古文尚书·说命》篇。在今文《尚书》中，一些诰命体的篇章，除记录诰命之辞外，相关史事每每连类而及。如《尚书·洛诰》既有"周公曰"，又有"王若曰"，还有"王在新邑烝"等相关叙事。又如《尚书·顾命》书序说："成王将崩，命召公、毕公率诸侯相康王，作《顾命》。"但该篇实际所记，有成王顾命之辞，也有"惟四月哉生魄，王不怿"等背景资料，以及成王殁后丧礼和康王继位仪式。这说明《尚书》中的诰命体，并非仅限于收录诰辞或命辞，相关史事亦时有记录。贾逵、唐固以"以余正四方"数语为《说命》之文，正是依据《尚书》体例做出的判断，并不意味着当时尚有《说命》传世，并为其所亲见。贾逵为古文经学家，但所传

《尚书》为杜林本，与《说命》篇无关。至于唐固，与韦昭基本是
吴国同一时代的学者。《三国志·吴书·唐固传》载："唐固亦修
身积学，称为儒者，著国语、公羊、谷梁传注，讲授常数十人。"
如果唐固能看到《说命》篇，学术地位比唐固要高的韦昭又怎么可
能不曾知见呢？

从以上分析可以看出，西汉所出各种《古文尚书》内无《说
命》篇，自东汉至三国所传《古文尚书》亦无《说命》篇，贾逵、
王逸、郑玄、唐固、韦昭等学者均未见过《说命》篇，所以今传孔
传本《古文尚书》包括《说命》在内的二十五篇，由梅鷟、阎若
璩等学者断为晚出伪作，并非冤假错案。这里，特别要提到的是，
近出清华简发现有多篇《尚书》，经专家初步研究，其中《傅说之
命》"即先秦不少文献引用过的《说命》，和今天流传的《说命》
伪古文不是一回事"①。因此，以《古文尚书·说命》为研究傅说
思想的文献资料，应该是不可取的。

二 关于傅说的社会身份问题

傅说未做商王武丁的宰辅之前，其社会身份据说是相当低贱
的。屈原《离骚》云："说操筑于傅岩兮，武丁用而不疑。"此以
傅说为傅岩服役的建筑工。《吕氏春秋·求人》云："傅说，殷之
胥靡也。"则谓傅说这个建筑工是以胥靡的身份来服役的。继后，
西汉贾谊《鹏鸟赋》亦云："傅说胥靡兮，乃相武丁。"又《史
记·殷本纪》云："是时说为胥靡，筑于傅险。"表明傅说在入相
之前，身为胥靡，是战国以后的流行说法。

何为胥靡？历代注家说法很多，但大体都认为是一种刑罚。如
《吕氏春秋·求人》高诱注云："胥靡，刑罪之名也。"胥、靡二
字，甲骨金文未见，商周时期有无这种刑罚，情况不明。但银雀山
竹简本《尉缭子》云："故今世千金不死，百金不胥靡。"这是说

---

① 李学勤：《初识清华简》，《光明日报》2008 年 12 月 14 日。

用一百金即可免去胥靡之刑，表明战国后期这种刑罪相当普遍。对刑罪主要的惩罚手段是役作，"刑徒要戴上铁钳釱，脸上施以黥墨，实际上刑徒是被官府当作奴隶一样来役使的"。"较重的罪犯必须服满三年之役才有可能获释。"① 这是战国时期胥靡的大致情形。所谓"傅说胥靡"，应是战国时人依其身份的相近性，拿当时制度比况殷制的一种说法。今日学者大都认同此说，称武丁"用奴隶傅说做宰相"②，或谓"傅说是奴隶出身，武丁擢以为相"③，均其例。

傅说为奴隶出身，仅就其服刑时的身份来说，或相近似。但是，傅说在行役前是否奴隶，这就需要认真分析了。因为一个处在社会底层的人，没有政治经历，缺少执政才干，一下子从奴隶到宰相，就能担当起辅君治国的重任，恐怕不是一件容易办到的事。这与从奴隶到将军，可以恃其勇武，挥戈沙场，建功立业，是大不相同的。基于这种考虑，我们对文献上关于傅说另一种身份的记载就不能不重视了。

《墨子·尚贤下》说："昔者傅说居北海之洲，圜土之上，衣褐带索，庸筑于傅岩之城。"这里说到的"圜土"，即是牢狱。傅说身陷牢狱，则为犯罪之人。"庸筑"之时，"衣褐带索"，已无人身自由。《墨子·尚贤中》亦云："傅说，被褐带索，庸筑乎傅岩。"此"庸"与"傭（佣）"通，是说傅说为人雇佣，代服刑役。《韩非子·难言》称"傅说转鬻"，王先慎集解云："转次而佣，故曰鬻。"也是说傅说受雇于人，代为役作。《史记·游侠列传》云："傅说匿于傅险。"今传《古文尚书·说命上》伪孔传云："傅氏之岩在虞虢之界，通道所经，涧水坏道，常使胥靡刑人筑护此道。说贤而隐，代胥靡筑之以供食。"《水经注·河水四》谓"傅说佣隐"。均谓傅说代人行役，是一种聊解衣食之忧的隐匿行为。依此看来，傅说并非真是犯罪的刑徒，而是身怀韬略的隐士，只是归隐的方式较为特别罢了。

---

① 吴荣曾：《胥靡试探——论战国时的刑徒制》，《中国史研究》1980 年第 3 期。
② 范文澜：《中国通史》（第一册），人民出版社 1978 年版，第 41 页。
③ 郭沫若主编：《中国史稿》（第一册），人民出版社 1977 年版，第 163 页。

把傅说的身份归为隐士，与《史记·殷本纪》称武丁得傅说"与之语，果圣人"，有其杰出思想表现是相符合的。这从古籍所引《说命》片段中，即可略见端倪。

《礼记·缁衣》引《说命》曰："惟口起羞，惟甲胄起兵，惟衣裳在笥，惟干戈省厥躬。"郑注："'惟口起羞'，当慎言语也。'惟甲胄起兵'，当慎军旅之事也。'惟衣裳在笥'，当服以为礼也。'惟干戈省厥躬'，当恕己不尚害人也。"这是说作为君王，口出为令，不能做出蒙羞的决策；甲胄用于伐罪，不要反被兵戎所害；朝服所赐，不可加非其人；兴师征伐，不可妄加无罪。认为君王发号施令，特别是用兵、授命方面，事关大局，尤须谨慎，轻率决策会给国家和民众带来祸殃。

《缁衣》又引《说命》曰："爵无及恶德。民立而正事，纯而祭祀，是为不敬。事烦则乱，事神则难。"郑注："言君祭祀，赐诸臣爵，毋与恶德之人也。民将立以为正，言放（仿）效之疾。事皆如此，而以祭祀，是不敬鬼神也。恶德之人使事烦，事烦则乱，使事鬼神又难以得福也。"这是说国君不能对道德败坏之人加官晋爵，否则民众竞相仿效，正不压邪。特别不能让这种人主掌祭祀，亵渎神灵。主张君王治国，要任贤使能，给民众树立一个为政以德的良好形象。

《礼记·学记》凡三引《说命》，一曰"念终始典于学"。孔疏："言恒思念，从始至终，习礼典于学也。"二曰"学（教）学半"。孔疏："言教人乃是益己学之半也。"三曰"敬孙务时敏，厥修乃来"。孔疏："当能敬重其道，孙（逊）顺学业，而务习其时，疾速行之"，"则其所修之业乃来。"这是说君王要始终重视教育的作用，以学习礼典达到化民成俗的教育目的。施教者的教学活动，半是传道授业过程，半是自我提高途径。受教者要重道逊业，学以时进，知行合一。强调教育在治国方略中的重要地位，主张教与学、知与行的辩证统一。

上述《说命》所体现出的傅说治国思想，即使在今天看来，也都是富有高度的启发意义的。特别是对教育的地位和作用、教与学的有关原则与方法的认识，没有一定的社会地位和阅历是无从体会并加以总结的。而这一切，对于一个身处社会底层的人来说，显然是难以做到的。由此看来，与其说傅说出身奴隶，不如说他是一个隐士更近情理。

《水经注·河水四》云："河水又东，沙涧水注之。水北出虞山，东南迳傅岩，历传说隐室前，俗名之为圣人窟。孔安国《传》：传说隐于虞、虢之间，即此处也。傅岩东北十余里，即巅轹坂也，《春秋左传》所谓入自巅轹者也。"《左传·僖公二年》杜注："河东大阳县东北有颠轹坂。"又《史记·殷本记》正义引《括地志》云："傅险即傅说版筑之处，所隐之处窟名圣人窟，在今陕州河北县北七里。"汉置大阳县，北周改为河北县，地在即今山西平陆县。可见傅说行役之地的傅岩，已远在商王畿之外。这里在虞国未建之前，当是商朝所属某方国的辖地，而傅说即为该国隐士。

傅说游离于本国社会上层，甚至跑到刑徒队伍中混饭吃，是何缘故今所不明，不知是否受到相貌方面的影响。《荀子·非相》说："傅说之状，身如植鳍。"王先谦《集解》引郝懿行曰："鳍在鱼之背，立而上见，驼背之人似之。"或许傅说作为驼背之人，不能受到本国上层社会的赏识。这反倒给商王武丁提供了知遇傅说的机缘。

《尚书·无逸》云："其在高宗（武丁），时旧劳于外，爰暨小人。"孔疏："在即位之前，而言久劳于外，知是其父小乙使之久居民间，劳是稼穑，与小人出入同为农役，小人之艰难事也。"武丁被其父小乙置放民间，由此深知稼穑之艰难，并有机会结识民间有识之士。可能就在此期间，武丁认识了傅说。《史记·殷本纪》说："武丁夜梦得圣人，名曰说。以梦所见视群臣百吏，皆非也。于是乃使百工营求之野，得说于傅险中。"这里说武丁即位后"梦得圣人"，不过是在迷信深沉的社会环境中延揽贤才、以餍人心的一种政治技巧而已。

《国语·楚语上》说：武丁"使以象梦旁求四方之贤，得傅说以来，升以为公，而使朝夕规谏，曰：'若金，用女作砺。若津水，用女作舟。若天旱，用女作霖雨。启乃心，沃朕心。'"武丁把傅说看作磨刀的砺石、渡河的舟楫、天旱的甘霖，事事虚心听取傅说的规谏，以减少决策过程中的过失，这无疑是促成王业中兴的重要因素。傅说以此名垂青史，不亦宜乎！

（本文原载《天津师范大学学报》2009 年第 5 期；宋镇豪、宫长为主编：《中华傅圣文化研究文集》，文物出版社 2010 年版。）

附录四 《左传》"德乃降"辨析

近年来，伪《古文尚书》案不断有学者重新提起，以为这是学术史上的一宗冤假错案，应予平反。要讨论这样一个严肃的学术问题，当然不是一篇小文可以胜任的。但就相关问题加以研究，或可以小见大，辨其是非。

前人以今传孔传本《古文尚书》为伪作，是有一系列证据的。如阎若璩《尚书古文疏证》举证列目128条（阙29条），其第九言《左传》"德乃降"之语今误入《大禹谟》，即其一。近有学者认为，阎氏此条明显是颠倒先后，混淆是非①，不能构成有效的"作伪"证据②。今借纪念徐中舒先生诞辰110周年机会，为文略作辨析。

一

为方便论述，不妨先把《左传·庄公八年》有关文字移录如下：

> 夏，师及齐师围郕。郕降于齐师。仲庆父请伐齐师。公曰："不可。我实不德，齐师何罪？罪我之由。《夏书》曰：皋陶迈种德，德乃降。姑务修德以待时乎。"秋，师还。君子

---

① 杨善群：《辨伪学的歧途——评〈尚书古文疏证〉》，《淮阴师范学院学报》2005年第3期。

② 张岩：《审核〈古文尚书〉案》，中华书局2006年版，第219页。

是以善鲁庄公。

在上述引文中，问题是从杜预注引发出来的。杜注"皋陶迈种德"一句曰："《夏书》，逸《书》也。称皋陶能勉种德。"又于"德乃降。姑务修德以待时乎"之后注曰："言苟有德，乃为人所降服。"杜预认为"德乃降"与"姑务修德以待时乎"一气相接，同为庄公之语。可是在孔传本《古文尚书·大禹谟》中，"德乃降"紧接"皋陶迈种德"之后，并为大禹之言。为什么会有这样的歧义？这种歧异又意味着什么？这个问题后来成为孔传本《古文尚书》真伪论辩的焦点之一。

唐代孔颖达作《春秋左传正义》涉及这个问题，无可回避，乃以"杜不见古文"巧作解释。他说：

> 此《虞书·皋陶谟》① 之文，以述禹事，故传谓之《夏书》。孔安国以为迈，行；种，布；降，下也。言皋陶能行布其德，德乃下洽于民，故民归之。今引之断章，取证降义，当言皋陶能布行其德，由其有德，乃为人降服也。杜不见古文，故以为逸《书》，以迈为勉，言皋陶能勉力种树功德，不知"德乃降"亦是《书》文，谓为庄公之语，故隔从下注，言能慕皋陶之种德，乃人自降服之。自恨不能如皋陶也。

从上引杜注、孔疏看，二人对《左传》的理解是有严重分歧的。一是杜注认为"德乃降"为鲁庄公之语，孔疏则认为"德乃降"与"皋陶迈种德"不可分割，同为《大禹谟》之文。二是杜注认为"德乃降"之"降"为"降服"之义，孔疏则认为其义为"下"，庄公引《书》为断章取义。三是杜注认为庄公所引《夏书》为逸《书》，孔疏则认为此非逸《书》，只不过"杜不见古文"而已。孔颖达的全部见解立足于一个基本前提，那就是孔传本《古文

---

① 阮元校勘记云："皋陶谟"，陈树华云："皋陶谟"当作"大禹谟"。

尚书》是一部无可怀疑的真书。

宋元以降，孔传本《古文尚书》作为真书的地位不断受到质疑。明代学者梅鷟即以前引《左传》杜注为据，来推断《大禹谟》为伪书。他说：

> 《大禹谟》，伪书也。《春秋·庄公八年》鲁庄公引《夏书》曰："皋陶迈种德"，此《书》词也。"德乃降"三字，乃庄公自言。杜预注此甚明。今乃连袭成文，而以鲁庄公之语为《书》词，此非伪乎？①

依梅氏所论，"德乃降"为庄公之语，则《大禹谟》把它说成是大禹之言，确有作伪嫌疑。但问题在于，杜预说"德乃降"为庄公语，是否就一定可靠并具有排他性呢？梅氏使用了这个未经论证的逻辑前提，显然说服力不强。清代学者阎若璩注意到这一点，试图提出更有力的证据。

阎氏先从"降"字音义上加以分析，认为《大禹谟》"德乃降"之"降"，孔传其义为"下也"，陆德明注其音为"江巷反"（jiàng），此与《左传》所用"降"之音义绝不相同。杜预注此字义为"降服"，其音为胡江切（xiáng），且必读此音，始与上文"郕降于齐师"相合。又引《左传》所载文王伐崇、文公围原、穆子围鼓等史事为例，证明杜注"言苟有德，乃为人所降服"之可信。这是通过比较《左传》与《大禹谟》语义上的差异，说明"德乃降"非《书》语。

同时，阎氏又以前人引典之例，进一步说明"德乃降"应为庄公释《书》之语。他说：

> 一部《左氏》引古人成语，下即从其末之一字申解之者，

---

① 梅鷟此语不见所著《尚书考异》与《尚书谱》，今转引自毛奇龄《古文尚书冤词》卷四，《四库全书》本。

固不独庄八年夏为然也。宣十二年君子引《诗》曰："乱离瘼矣，爰其适归。归于怙乱者也夫。"襄三十一年北宫文子引《诗》云："靡不有初，鲜克有终。终之实难。"昭十年臧武仲引《诗》曰："德音孔昭，视民不佻。佻之谓甚矣。"皆其例也。又不独《左传》为然也。《中庸》卒章引《诗》曰："德輶如毛。毛犹有伦。"亦其例也。若必以"德乃降"为《书》语，则"毛犹有伦"亦应见于《烝民》诗矣。何未之见也？……凡"德乃降"之为庄公释《书》之语，皆历历有证。而伪作古文者一时不察，并窜入《大禹谟》中，分明现露破绽。①

尽管阎氏对此条证据颇为自信，实际上立论并不坚实。一方面，《左传》"德乃降"之"降"在音义上即使与《大禹谟》有矛盾，但也不能排除庄公引《书》是断章取义。孔颖达早就指出过这个问题，可阎氏未作任何回应。在文献上，其实这种例子是有的。如《论语·为政》载孔子曰："《诗》三百，一言以蔽之，曰：思无邪。""思无邪"的"思"字在《诗·鲁颂·駉》中为虚词，到了孔子口中却变成了实词，意思也迥然有别。即其例证。另一方面，古人引典，形式多样，并不限于"下即从其末之一字申解之者"。毛奇龄《古文尚书冤词》对此分析说："明是以邲降之故，故引《书》之称降者以解之。使只'迈种德'三字，则与'邲降'何与而引其语？且德足降物，引《书》甫毕，然后以'修德'起意，故曰'如务'。未有连作己语而复加'如务'以起意者。"② 在这个问题上，我认为毛奇龄的驳议还是有道理的。可见阎氏反复论证"德乃降"为庄公语，其实仍不可据。

---

① （清）阎若璩：《尚书古文疏证》，上海古籍出版社1987年版，第95—97页。
② 毛奇龄：《古文尚书冤词》卷四，《四库全书》本。

二

　　前贤通过《左传》"德乃降"一语的分析，试图证明《大禹谟》为伪《书》，看来并不十分成功。那么，杜注其他线索是否有助于解决这个问题呢？我以为，从杜注"皋陶迈种德"出自"逸《书》"着眼，在一定程度上不失为一条可行的路径。

　　杜预说载有"皋陶迈种德"的《夏书》为"逸《书》"，这个"逸"字应如何理解呢？《说文》："逸，失也。"段注："此以叠韵为训亡逸者，本义也。引申之，为逸游，为暇逸。"显然，所谓"逸《书》"之"逸"，杜预所用为其本义，是指业已亡失或失传的《书》篇。不过，这是就"逸《书》"作为通名而言的。但"逸《书》"作为专名则不能作如是观。如《史记·儒林传》云："孔氏有《古文尚书》，而安国以今文读之，因以起其家。逸《书》得十余篇，盖《尚书》滋多于是矣。"这里所说的"逸《书》"，是指新发现的孔壁《古文尚书》十六篇，实际是失而复得。这是"逸《书》"用作专名的含义，亦可标点为"《逸书》"。如《孟子·万章》赵歧注云："《逸书》有《舜典》之叙，亡失其文。"即其例。

　　杜预注《左传》以"逸《书》"为通名，可先从有关《夏书》的注文说起。《左传》称引《夏书》凡十四次，大体分为三种情况。

　　第一种情况是，所引《夏书》见于孔传本今文《尚书》，此计一则。《左传·僖公二十七年》引《夏书》曰："赋纳以言，明试有功，车服以庸。"字句与《皋陶谟》（今传本《益稷》）小异。杜注："《尚书》，《虞夏书》也。"

　　第二种情况是，所引《夏书》不见于孔传本今古文《尚书》，此亦一则。《左传·昭公十四年》引《夏书》曰："昏、墨、贼，杀。"杜注："逸《书》。"

　　第三种情况是，所引《夏书》见于孔传本《古文尚书》，计十二则。庄公八年，僖公二十四年，文公七年，襄公五年、二十一年、二十三年、二十六年，哀公十七年，计引八则，见于《大禹谟》。成公十六年，哀公六年，计引二则，见于《五子之歌》。襄公十四年，昭公十七年，计引二则，见于《胤征》。杜预均注为"逸《书》"。

以上情况表明，杜注今文称《尚书》，其时完篇犹在。而昭公十四年所引《夏书》既不见于今文，也不见于古文，杜注为"逸《书》"，知已失传。那么，其他见于孔传本《古文尚书》的《夏书》引文，杜预亦注为"逸《书》"，取义必同，都是当时不能见到的《尚书》佚篇。可见杜预所说的"逸《书》"绝非专名，而是指业已亡佚的《书》文。

这个推论是否可靠，不妨扩大范围续加验证。

观《左传》引《书》，可分为三类，一是称《书》，二是称《某书》，三是直引篇名。下面分类考察。

《左传》引《书》凡七次。其见于今文二则。襄公十三年引《书》曰："一人有庆，兆民赖之，其宁为永。"杜注："《周书》，《吕刑》也。"又襄公二十三年引《书》曰："惟命不于常"，杜注："《周书》，《康诰》。"其余五则出自襄公十一年、二十一年、二十五年，昭公六年、十年，杜预均注为"逸《书》"，其文句亦分见于孔传本《古文尚书》的《周官》、《胤征》、《蔡仲之命》、《说命》、《太甲》诸篇。

《左传》引《某书》者，凡二十九次，细分又有《虞书》、《夏书》、《商书》、《周书》之别。其中，文公十八年引《虞书》一次，文见今文《尚书·尧典》，杜预无说。引《夏书》十四次，前已述及。又引《商书》五次，均为今文。隐公六年，庄公十四年所引《商书》，杜注："《商书》，《盘庚》。"文公五年，成公六年，襄公三年所引《商书》，杜注："《商书》，《洪范》。"又云："《洪范》，今谓之《周书》。"又引《周书》九次。其僖公五年，襄公三十一年所引《周书》二则，杜预均注为"逸《书》"，其文句亦见于孔传本《古文尚书·蔡仲之命》、《武成》。余下七则出自僖公二十三年，宣公六年、十五年，成公二年、八年、十六年，昭公八年，见于今文《尚书》，杜注为"《周书》，《康诰》"①。

《左传》直引《尚书》篇名者有五。一为《盘庚》，哀公十一年所引，文见于今文《尚书》，杜注："《商书》也。"二为《康诰》，僖公三十年，昭公二十年所引，杜注："《康诰》，《周书》"，或曰"《尚书·康诰》"。但其文句已不见于今本。三为《蔡》（《蔡仲之命》），定公四年所引，杜注："命为蔡侯。"四为《仲虺》（又称《仲虺之志》），宣公十二年，襄公十四年、三十年所引，杜预均注为"仲虺，汤左相"。五为《大誓》，成公二年所引"商兆民离，周十人同"。杜注："《大誓》，《周书》。"襄公三十一年，昭公元年所引"民之所欲，天必从之"。杜注"今《尚书·大誓》亦无此文"，又云"逸《书》"。昭公二十四年所引"纣有亿兆夷人，亦有离德；余有乱臣十人，同心同德"。杜注："今《大誓》无此语。"《左传》四引《太誓》，除成公二年外，其余均见于孔传本《古文尚书·泰誓》。

从杜预对《左传》引《书》的注文看，涉及今文《尚书》的，除个别不出注外，一般注为《尚书》或某书某篇，从不与"逸《书》"发生关系。所引《康诰》文句，有两则已不见于今本，可能在后世流传过程中脱漏。而杜注涉及孔传本《古文尚书》的，除《仲虺》、《蔡》不作《书》篇出注外，余皆以"逸《书》"言之。其中《大誓》出注内容不一，很说明问题。《左传》四引《大誓》，唯成公二年杜注为"《大誓》，《周书》"。说明此则引文在西晋时期传存的《大誓》中仍可见到，故以"《周书》"出注。此篇《大誓》应是汉代传下来的，由于文内没有先秦文献所引的有关《大誓》文句，马融曾怀疑它不是古本《大誓》。但不管怎样，杜预当时所能见到的《大誓》只此一家，别无他本。而《左传》襄公三十一年，昭公元年、二十四年所引《大誓》文句，由于不见于西晋犹存的《大誓》篇，故杜注《尚书·大誓》无此文句，或注为

---

① 《左传·成公八年》引《周书》曰："不敢侮鳏寡。"此句除见于《康诰》外，又见于《尚书·无逸》，杜预未曾注出。

"逸《书》"。这也说明杜预注《左传》，凡言"逸《书》"者，非为专名，而是作为通名来使用的。其含义只有一个，即是指当时不能见到的业已亡佚的《书》篇。

对于杜注"逸《书》"的含义，其实孔颖达也是这样理解的。他说："杜不见古文，故以为逸《书》。"即是明证。但是，承认这一点，也就意味着载有"皋陶迈种德"诸语的《大禹谟》必为杜预未见的晚出之作，孔传本《古文尚书》有可能不是真正的古文经。这在孔颖达所处时代是无法想象的。所以他除了用"杜不见古文"来强为弥缝外，已找不到更好的理由进行解释。在孔颖达看来，包括《大禹谟》在内的《古文尚书》并未亡佚，相反是流传有序，只是杜预不曾见到而已。《尚书正义》"虞书"疏引《晋书》云：

> 晋太保公郑冲以古文授扶风苏愉，愉字休预。预授天水梁柳，字洪季，即谧之外弟也。季授城阳臧曹，字彦始。始授郡守子汝南梅赜，字仲真。

孔颖达当时所见到的此家《晋书》今已不存，其述梅赜所献孔传本《古文尚书》传授系统为：

郑冲—苏愉—梁柳—臧曹—梅赜

在这个传授统中，郑冲（？—274）与杜预（222—284）基本上是同时代人，如果魏晋时真有孔传本《古文尚书》传世，有无可能发生"杜不见古文"这样的事情呢？

据《晋书·杜预传》载，杜预字元凯，"博学多通，明于兴废之道，常言：'德不可以企及，立功立言可庶几也。'"杜预对自己"立功立言"颇为自信。以立功为例，杜预曾为镇南大将军，都督荆州诸军事，表伐吴之策，建平皓之功，为西晋开国元勋。以立言为例，他自称"有《左传》癖"，"既立功之后，从容无事，为

271

《春秋左氏经传集解》"。《左传》有不少地方引用《尚书》，这对于一个要深入钻研《左传》的学者来说，有关《尚书》的资料是绝不可能轻易放过的。传赞"元凯文场，称为武库"，表明杜预学识渊博，治学态度严谨，不是对学问浅尝辄止的人。若当时有孔传本《古文尚书》传世，杜预恐怕不会放弃搜求机会的。此其一。其二，若郑冲真为传授孔传本《古文尚书》的经师之一，则杜预就不可能"不见古文"。从司马炎即帝位算起，杜预与郑冲同朝为官达十年之久，且于职事多有往来。如《晋书·刑法志》说："于是令贾充定法律，令与太傅郑冲、司徒荀𫖮、中书监荀勖、中军将军羊祜、中护军王业、廷尉杜友、守河南尹杜预、散骑侍郎裴楷、颍川太守周雄、齐相郭颀、骑都尉成公绥、尚书郎柳轨及吏部令史荣邵等十四人典其事，就汉九章增十一篇，……合二十篇，六百二十条，二万七千六百五十七言。"在这次定律令的工作中，郑冲与杜预都是重要角色。《晋书·文帝纪》说："中护军贾充正法律，……太保郑冲总而裁焉。"《晋书·杜预传》说："与车骑将军贾充等定律令，既成，预为之注解。"注解律令的杜预与总裁郑冲之间，工作中的联系是少不了的，也不免要涉及引经断狱一类案例。若郑冲有孔传本《古文尚书》传授，杜预绝不会一无所知，也不会在《左传》经传集解中疏于采用。

问题的本质在于，西晋时期既无孔传本《古文尚书》传世①，

---

① 《晋书·荀崧传》载："时方修学校，简省博士，置《周易》王氏，《尚书》郑氏，《古文尚书》孔氏，《毛诗》郑氏，《周官礼记》郑氏，《春秋左传》杜氏、服氏，《论语》、《孝经》博士各一人，凡九人。其《仪礼》、《公羊》、《穀梁》及郑《易》皆省不置。崧以为不可。乃上疏曰：……世祖武皇帝（司马炎）应运登禅，崇儒兴学。经始明堂，营建辟雍，……太学有石经古文先儒典训。贾、马、郑、杜、服、孔、王、何、颜、尹之徒，章句传注众家之学，置博士十九人。九州之中，师徒相传，学士如林，犹选张华、刘寔居太常之官，以重儒教。'"荀崧疏中追述西晋立有孔氏，当非指孔安国《古文尚书传》。王国维说："《孔传》释《尧典》'曰若稽古'为顺考古道，与贾、马、王肃同。而瘐峻对高贵乡公问，仅言贾、马及肃以为顺考古道，不及孔安国，是魏时未立《尚书》孔传之证也。"（《观堂集林》卷四《汉魏博士考》，中华书局1959年版，第190页）晋承魏制，西晋初年亦无孔传立学。据学者研究，西晋所立十九博士里面的孔氏传注，当是"指孔安国《论语注》和《古文孝经传》"（蒋善国：《尚书综述》，上海古籍出版社1988年版，第128页）。

也无郑冲的传授活动。对此，刘起釪根据朱彝尊《经义考》、程廷祚《晚书致疑》等作过专门讨论，其要义有这样几点。

（1）高贵乡公曹髦讲《尚书》，司空郑冲执经亲授，与郑小同俱被赐。若郑冲已得孔氏古文，为何不进献之？

（2）郑冲与郑小同授魏帝经及魏帝到太学与博士们论难，所反复争辩的只是郑玄、王肃两家的异同。若郑冲当时真有孔氏古文，为何不在这场辩论中拿出来折服郑、王二家？

（3）郑冲与何晏等共集《论语集解》，其《为政》篇所引《书》云"孝乎惟孝，友于兄弟，施于有政"诸句，为何不以孔传《古文尚书·君陈》解之，反而用包咸之说？《论语集解》所载孔注，为何与孔氏古文颇相刺谬？

（4）入晋以后，郑冲官至太傅，备极荣遇。其有孔氏古文自可奏之于朝，为何只是私授苏愉，秘而不进？刘氏的结论是："所有这些，都优足证明郑冲与伪《古文尚书》无关，说他传授，完全是后来梅赜等献此书时攀上的。"①

由此可见，孔颖达关于"杜不见古文，故以为逸《书》"的说法，只是臆想，并无根据。而毛奇龄的解释就更为离奇了，他说："古文不立说，故赵岐、杜预辈皆不见古文。"② 又说："不立学者即称为逸《书》。"③ 凡此均与杜注"逸《书》"的意旨大相违迕。《四库全书提要》针对毛奇龄《古文尚书冤词》这一点说："杜预、韦昭所引《逸书》，今见于古文者，万万无可置辨，则附会《史记》、《汉书》之文，谓不立学官者，即谓《逸书》。不知预注《左传》，皆云文见《尚书》某篇。而《逸书》则皆无篇名。使预果见古文，何不云《逸书》某篇耶？且赵岐注《孟子》，郭璞注《尔雅》，亦多称《尚书》逸篇。其见于古文者，不得以不立学官假借矣。"是为的当之论。

---

① 刘起釪：《尚书学史》，中华书局1989年版，第178—179页。
② 毛奇龄：《古文尚书冤词》卷四，《四库全书》本。
③ 毛奇龄：《古文尚书冤词》卷一。又孙星衍《尚书今古文注疏·书序》也说："逸者，不立学官，逸在秘府也。亡者，竟亡其文。"

现在，不妨把本文的主旨略作归纳：《左传·庄公八年》所引《夏书》，杜预注为"逸《书》"，是指业已亡佚的《书》篇。其引文句读应为"皋陶迈种德，德乃降"。庄公引此《书》文，不过是断章取义。而载有"皋陶迈种德，德乃降"诸语的《大禹谟》之为伪作，仍可信从。今有学者欲翻伪《古文尚书》之案，恐非妥善。

（本文原载四川大学历史文化学院编《纪念徐中舒先生诞辰 110 周年国际学术研讨会论文集》，巴蜀书社 2010 年版。）

附录五　清华简《尹诰》与晚书 《咸有一德》辨伪

　　清华简《尹诰》简文公布后，已有多篇文章展开讨论。但比起竹书《保训》来，它受关注的热切程度似有未逮。其实，失传近两千年的《尹诰》重见天日，对于解决梅本《古文尚书》的真伪问题提供了前所未有的新证据，意义极为重大。从竹书《尹诰》已有的研究成果看，除了文字考释方面各有所见外，对于《尹诰》是否《咸有一德》以及清人辨伪成果是否可信等问题也有不同看法。本文拟就此略作考察，以为弄清历史真相之一助。

一　《尹诰》何以又称《咸有一德》

　　《尹诰》是先秦时期的一篇古文献。《礼记·缁衣》曾两引其文：一曰"惟尹躬及汤咸有一德"，二曰"惟尹躬天见于西邑夏，自周有终，相亦惟终"。但《缁衣》称其篇名为《尹吉》，郑玄注云："吉当为告，古文诰字之误也。尹告，伊尹之诰也。"郑氏这个推断的正确性，今由郭店简、上博简《缁衣》所证实。郭店简《缁衣》作"《尹诰》云：'惟尹允及汤咸有一德。'"上博简与之同，唯"汤"用通假字"康"。尤其令人惊喜的是，近出清华简竟有《尹诰》全文。其首句即作"惟尹既及汤咸有一德"，下接"尹念天之败西邑夏"①之文，

────────────

① 李学勤主编：《清华大学藏战国竹简（一）》，中西书局 2010 年版。其说明、释文见第132—133 页，后引不另注，释文尽量用通行字。

但无"自周有终，相亦惟终"诸语。由于本篇原无标题，整理者据以命名为《尹诰》。尽管《尹诰》全文为传世文献所未见，简文有此二句与之契合，完全可以断定它就是历史上久已失传的《尹诰》。沈霾近两千年的《尹诰》重见天日，对于解决今传孔传本《尚书·咸有一德》的真伪问题有着重要的学术意义。

清华简《尹诰》整理者李学勤所撰《说明》说："《尹诰》为《尚书》中的一篇，或称《咸有一德》。据《书·尧典》孔颖达《正义》所述，西汉景帝末（或说武帝时）曲阜孔壁发现的古文《尚书》即有此篇，称《咸有一德》。《史记·殷本纪》和今传孔传本《尚书》及《尚书序》，也都称《咸有一德》。"这是说《尹诰》与《咸有一德》为同一篇文献，只是篇名有所不同罢了。《尹诰》又称《咸有一德》的文献依据亦来自《缁衣》郑注："《书序》以为《咸有一德》，今亡。"然考《书序》，仅言"伊尹作《咸有一德》"，并未说《咸有一德》或称《尹诰》。加之《咸有一德》已亡，郑玄自不可见，他又何以得知《尹诰》与《咸有一德》必为一事呢？所以郑玄的说法是否可靠，就不免引起学者的怀疑。如清程廷祚说："《缁衣》两引《尹诰》，此必古有其书而《序》阙焉。……篇名《尹诰》，何为又以《咸有一德》名篇，此亦《序》之误也。"① 康有为说："所引虽有'咸有一德'之言，而明曰《尹吉》，篇名显异。即以吉为告，亦不能以辞句偶同即断为《咸有一德》。郑注不足据。"② 今日亦有学者持相同观点③。看来，这个问题尚须进一步研究，才能得出可信的结论。

《尹诰》是否《咸有一德》的问题，关键在于郑玄说"《书序》以为《咸有一德》"到底是何意蕴？其根据是否可靠？这个问题看似平淡，实则涉及诸多史实。这里不妨先说明一下程廷祚等质疑的表层问题，即《尹诰》何以又称《咸有一德》？

---

① （清）程廷祚：《晚书订疑》卷下《杂论晚书二十五篇》，金陵丛书本。
② 康有为：《新学伪经考》，中国人民大学出版社 2010 年版，第 312 页。
③ 黄怀信：《由清华简〈尹诰〉看〈古文尚书〉》，《鲁东大学学报》2012 年第 6 期。

首先，《尚书》同篇异名的情况并不罕见。以今传百篇《书序》所涉《尚书》篇名为例，可以发现此种现象所在多有。譬如：

《尧典》，《礼记·大学》引其文曰《帝典》。

《益稷》，马郑本《书序》称《弃稷》。

《甘誓》，《墨子·明鬼下》引其文曰《禹誓》。

《仲虺之诰》，《荀子·尧问篇》作《中蘬之言》，《左传·襄公三十年》作《仲虺之志》，《史记·殷本纪》称"中蘬作诰"。

《盘庚》，《左传·哀公十一年》引其文曰《盘庚之诰》。

《泰誓》，《墨子·天志中》引其文曰《大明（盟）》，《非命下》又称《去发》（或谓《太子发》之误）。

《分器》，《史记·周本纪》称作《分殷之器物》。

《酒诰》，《韩非子·说林上》引其文曰《康诰》。

《康王之诰》，《史记·周本纪》称《康诰》。

《吕刑》，《史记·周本纪》、《礼记·表记》等称《甫刑》。

《费誓》，《尚书大传》作《鲜誓》，《史记·鲁世家》作《肸誓》，《集解》谓肸字又作狋或粊。

上述一篇多名情况的发生，诚如程元敏所说："当时《尚书》篇名尚未固定，各随己意定名，致异而已。"①《尚书》篇名的固定经历了一个相当长的历史过程，至东晋梅本《古文尚书》出，唐孔颖达据此作《尚书正义》成为官方定本之后，才基本凝固下来。前溯东周时期，官学下移，百家横议，各随己意以定《尚书》篇名，自属正常现象。故《尹诰》又称《咸有一德》不足为怪。

其次，《诗》、《书》等古书篇名多为后人追题，最常见的方式是摘取首句要语作为篇名。宋程大昌说："《荡》之诗以'荡荡上帝'发语，《召旻》之诗以'旻天疾威'发语。盖采诗者摘其首章要语以识篇第，本无深意。"② 余嘉锡说："古人之著书作文，亦因事物之需要，而发乎不得不然，未有先命题，而强其情与意曲折以

① 程元敏：《尚书学史》，台北五南图书出版公司2008年版，第99页。
② （宋）程大昌：《考古编》卷二《诗论九》，《四库全书》本。

赴之者。故《诗》、《书》之篇名，皆后人所题。……故编次之时，但约略字句，断而为篇，而摘首句二三字以为之目。"① 前人关于古书篇题形成过程的说法，可得今日出土文献的验证。

从近年出土的竹书看，大多不具篇名。上博简整理出的古文献一百多篇，竹简背面书有篇题的如《子羔》、《恒先》等仅二十来篇。经考古发掘的郭店楚墓竹简《老子》、《缁衣》等十余篇文献，全无篇题。已公布的清华简《保训》等九篇，只有《耆夜》、《金縢》、《祭公》原有篇题。郭店简、上博简所见《缁衣》，清华简所见《皇门》，与传世本基本相合却无篇名。清华简《金縢》原题《周武王有疾周公所自以代王之志》，《祭公》原题《祭公之顾命》，亦与今名相异。江陵张家山汉简的《盖庐》原为简上标题，盖庐即是吴王阖庐，或作阖闾。若仅从篇题推想，文中内容应为阖闾的话语或思想，但实际情况并不如此。"篇中阖闾只是提问，主要内容都是申胥（即伍子胥）的话，因此实际上是记述申胥的军事思想。"② 类似情况还有山东银雀山汉简的《唐勒》，其原有篇题"唐勒"亦取自首句"唐勒与宋玉言御襄王前"③。篇中除了唐勒的话，尚有不少宋玉之言。凡此说明古书篇名不是一开始就有的，多为后人追题。追题的方式一般是取首句要语名篇，与篇中主旨无甚关联。

在传世的先秦典籍中，这种例证更为习见。诗三百除《雨无正》、《巷伯》、《常武》、《酌》、《赉》、《般》等篇外，均取首章或首句要语名篇。《礼记》四十九篇，其中《曾子问》、《礼器》、《郊特牲》、《玉藻》、《哀公问》、《孔子燕居》、《孔子闲居》、《大学》等亦为摘取首句二三字以为目。《论语》二十篇，《孟子》七篇，则无一例外。至于《尚书》篇名，以现存今文二十八篇论，大都属于这种情况。清阎若璩说："二十八篇之《书》，有整取篇中字面以名，如《高宗肜日》、《西伯戡黎》之类，有割取篇中字面

---

① 余嘉锡：《古书通例》，上海古籍出版社 1985 年版，第 28—29 页。
② 张家山汉墓竹简整理小组：《江陵张家山汉简概述》，《文物》1985 年第 1 期。
③ 吴九龙：《银雀山汉简释文》，文物出版社 1985 年版，第 15 页。

以名，如《甘誓》、《牧誓》之类，皆篇成以后事。"① 阎氏所谓"取篇中字面以名"，不管是"整取"还是兼顾典、谟、训、诰、誓、命等著作体例的"割取"，均以首句居多。例如：

《尧典》首句："曰若稽古帝尧，曰放勋。"

《皋陶谟》首句："曰若稽古皋陶。"

《禹贡》首句："禹敷土，随山刊木，奠高山大川。"

《甘誓》首句："大战于甘，乃召六卿。"

《盘庚》首句："盘庚迁于殷，民不适有居。"

《高宗肜日》首句："高宗肜日，越有雊雉。"

《西伯戡黎》首句："西伯既戡黎，祖伊恐，奔告于王。"

《微子》首句："微子若曰。"

《牧誓》首句："时甲子昧爽，王朝至于商郊牧野，乃誓。"

《大诰》首句："王若曰：猷！大诰尔多邦越尔御事。"

《无逸》首句："周公曰：呜呼！君子所其无逸。"

《君奭》首句："周公若曰：君奭！"

《吕刑》首句："惟吕命。"

以上十三篇已近今文《尚书》之半，说明摘取首句要语名篇是最为通行的方式。若再加上以篇中之语作为篇名者，如《洪范》、《金縢》、《梓材》、《多方》、《多士》、《立政》等，已占《尚书》篇名的三分之二。这个事实告诉我们，若摘取《尹诰》首句要语"咸有一德"名篇，与古书通例适相符合，并不存在什么费解之处。

最后要说明的是，以《尹诰》为篇名亦与《尚书》体例相合。从清华简《尹诰》的内容看，如此命名虽也与其首句"尹"字有关，但更多的是突出和强调作诰者伊尹的中心地位。商汤在篇中只有提问，并无实质性的谈话内容。而伊尹一言夏朝背弃民众招致亡国的历史教训，二言商朝新立民心不附的政治危机，三言赉民致众的治国方略，正体现出本篇为伊尹之诰。

"诰"作为《尚书》的一种体例，主要记述君臣间的讲话，如

---

① （清）阎若璩：《尚书古文疏证》，上海古籍出版社1987年版，第513—514页。

《史记·殷本纪》说："（汤）既绌夏命，还亳，作《汤诰》。"《书序》亦云："汤既黜夏命，复归于亳，作《汤诰》。"其作诰者为汤，因称《汤诰》。《史记·周本纪》云："康王即位，遍告诸侯，宣告以文武之业以申之，作《康诰》。"《书序》云："康王既尸天子，遂诰诸侯，作《康王之诰》。"其作诰者为康王，故称《康王之诰》，或省称《康诰》，是为君之告臣。《召诰》为召公诫勉成王之辞①，与《尹诰》同属臣之告君。可见本篇以《尹诰》作为篇题，与称《咸有一德》一样，亦无不当。

　　总之，清华简《尹诰》以此名篇可，以《咸有一德》名篇亦可。郑玄说《书序》称《尹诰》为《咸有一德》，仅以古书命名方式看不为无据。清江声说："以《尚书》篇目无《尹诰》而有《咸有一德》，又此文有'咸有一德'之语，乃其篇名所取谊也，则是《咸有一德》文矣。"②清段玉裁说：《书序》"以为《咸有一德》者，《记》曰《尹诰》，《书序》则谓之《咸有一德》也，以四字适相合知之也。"③江、段二氏所言，实为通达之论。

二　《尹诰》即《咸有一德》的二重证据

　　《尹诰》即《书序》所言《咸有一德》，以篇名论之虽可立说，但证据远非坚实。因为今传孔传本《尚书》已有《咸有一德》篇，其内容与清华简《尹诰》迥然有异，可是篇中也有"惟尹躬暨汤咸有一德"之语，这就不免令人真伪莫辨。不要说篇中仅一语相同，即使同一古书篇名相同者，也有非为一篇的例证。如诗三百以《扬之水》为篇名者即有三首，且每篇并有"扬之水"之句，但实际是三首不同的诗。又如《尚书·康王之诰》别称《康诰》，却与周公诰康叔的《康诰》其事非一。《缁衣》在《礼记》和《诗经》中一为文一为诗，更相异趣。因此，在有的学者看来，仅以一句相

----

① 杜勇：《〈尚书〉周初八诰研究》，中国社会科学出版社1998年版，第54页。
② （清）江声：《尚书集注音疏·咸有一德》，《皇清经解》本。
③ （清）段玉裁：《古文尚书撰异·书序》，《皇清经解》本。

同来证明清华简《尹诰》即是真本《咸有一德》，并以此指证晚书《咸有一德》为伪作，似乎说服力不强。这就需要我们对郑注《尹诰》提出的证据即"《书序》以为《咸有一德》"从史实层面再加考索，以说明问题的实质所在。

清惠栋对郑注曾予阐释说："郑为此言者，据孔氏逸《书》为说。盖古文《书序》《咸有一德》次《汤诰》后，故郑以《尹告》为伊尹告成汤，即《书序》之《咸有一德》也。"①　这就是说，郑玄虽以《书序》说明《尹诰》即《咸有一德》，但真正的证据却来自前汉孔安国所得逸《书》十六篇。

据《尚书·尧典》孔颖达《正义》，《咸有一德》为孔壁发现的多出今文的十六篇《古文尚书》之一。《隋书·经籍志》云："晋世秘府所存有《古文尚书》经文，今无有传者。及永嘉之乱，欧阳、大小夏侯《尚书》并亡。"《经典释文·叙录》云："永嘉伤乱，众家之《书》并灭亡。"②　这当然是就官方藏书而言的，其中自然包括逸《书》十六篇，也都亡于西晋永嘉之乱。然而，为什么早在东汉时郑玄就说《咸有一德》"今亡"呢？清阎若璩说："《咸有一德》宜云'今逸'，不宜云'今亡'，疑'亡'字误。"原因是"郑注《书》有亡有逸，亡则人间所无，逸则人间虽有而非博士家所读"③。这是说郑玄所用"亡"与"逸"两个概念是有区别的，《咸有一德》既为逸《书》，则不可言亡。钱大昕亦有类似意见，认为"或'今逸'之讹"④。这种看法是否正确呢？

仔细分析郑玄百篇《书序》的注文，可以发现郑玄对于《逸》书十六篇，除《咸有一德》、《武成》二篇用"亡"外，余则皆用"逸"。而对百篇《书序》中除今文二十九篇、逸十六篇外的其余各篇，郑玄有不言其存佚状况者（如《藁饫》、《夏社》、《旅巢

---

① （清）惠栋：《古文尚书考·证孔氏逸书九条》，《皇清经解》本。
② （唐）陆德明：《经典释文》，上海古籍出版社 1985 年版，第 32 页。
③ （清）阎若璩：《尚书古文疏证》，上海古籍出版社 1987 年版，第 123—124 页。
④ （清）孙星衍：《尚书今古文注疏》，中华书局 1986 年版，第 571 页。

命》、《贿息慎之命》），凡言者必称"亡"①。这就意味着郑注百篇《书序》除《咸有一德》外，再也见不到称"今亡"或"今逸"的语例，所以不得用字误或字讹来加以解释。惠栋说："逸《书》有此篇，当康成时已亡也。"这是正确的推断。可以设想，如果当时《咸有一德》未亡，郑玄可得而见之，他完全可以引其文字来判明是非，而不至于用《书序》来间接证明《尹诰》即《咸有一德》，也不至于说《尹诰》"惟尹躬天见于西邑夏"还有《礼记》别本"见或为败，邑或为予"②的异文了。可见郑玄说《咸有一德》"今亡"，与其称"《武成》逸《书》，建武之际亡"③一样，均为事实。

由于郑玄精研今古文，故所注古文《尚书》经字多异，但篇数与伏生所传相同。郑注百篇《书序》涉及逸《书》十六篇，其《咸有一德》出注有"尹陟臣扈曰"④之语，今已不详其义。但说《咸有一德》"今亡"，则表明他不曾看到本篇原文。因此要证明《尹诰》即《咸有一德》，只能用"《书序》以为"立说。不过这个《书序》不是今传孔传本的《书序》，而是郑玄时代的古文《书序》。由于"编《书》以世先后为次"⑤，故从《书序》编次的角度，可以洞察《书》篇有关内容，至少可以明确某篇是什么时代的文献。

关于《咸有一德》在《尚书》中的次第，郑注《书序》与孔传本《书序》微有不同。《尚书·尧典》孔颖达《正义》说："百篇次第，于《序》孔、郑不同。……孔以《咸有一德》次《太甲》，第四十；郑以为在《汤诰》后，第三十二；……不同者，孔依壁内篇次及序为文，郑依贾氏所奏《别录》为次。……考论次第，孔义是也。"孔颖达所谓的"孔"实即伪孔，并非真是前汉的

---

① （清）孙星衍：《尚书今古文注疏·书序》，中华书局1986年版。
② 《礼记·缁衣》郑注。
③ 《尚书·武成》疏引。
④ 《尚书·尧典》疏引。
⑤ 《尚书·蔡仲之命》孔疏。

孔安国，其百篇《书序》的次第也是其自为之说，与孔壁古文遥不相涉，谈不上"孔义是也"。然于此处，孔颖达给我们揭示了郑玄《书序》注本编次的依据，是来自贾逵所奏《别录》。

贾逵是东汉精通《古文尚书》的经学大师，其父徽从刘歆受《左氏春秋》，又从涂恽受《古文尚书》，著《左氏条例》二十一篇。逵悉承父业，"数为帝言《古文尚书》与经传《尔雅》诂训相应，诏令撰《欧阳、大小夏侯尚书》《古文》同异"。建初八年（83），"乃诏诸儒各选高才生，受《左氏》、《谷梁春秋》、《古文尚书》、《毛诗》，由是四经遂行于世"[①]。至于贾逵何以上奏《别录》，今不可晓，但由此我们可以知道一个事实，即郑注《书序》的次第与《别录》同，这就很有意义了。

《别录》是刘向主持纂修的一部目录学著作，其子刘歆的《七略》即是在此基础上完成的。《别录》在唐代尚广为引用，后在社会变乱中亡佚。梁阮孝绪《七录序》云："昔刘向校书，辄为一录，论其指归，辨其讹谬。随竟奏上，皆载在本书。时又别集众录，谓之《别录》，即今之《别录》是也。子歆探其指要，著为《七略》。"[②] 由于受命校书，刘向有机会看到皇家秘府所藏《古文尚书》。他经过与当时立于学官的今文《尚书》对照，曾发现今文不少错误。《汉书·艺文志》说："刘向以中古文校欧阳、大小夏侯三家经文，《酒诰》脱简一，《召诰》脱简二。率简二十五者，脱亦二十五字，简二十二字者，脱亦二十二字，文字异者七百有余，脱字数十。"这里说到的"中古文"是皇家收藏的《古文尚书》，是否来自孔安国所献的家传本尚不好判定。但是，既然刘向研读过包括逸十六篇在内的《古文尚书》，那么《别录》中有关《书序》的次第无疑是与逸《书》内容相应的，《咸有一德》次于《汤诰》后、《明居》前，其文则必属商汤时代，内容为伊尹诰汤，而非孔传本《古文尚书》所说为伊尹诰太甲。

---

① 《后汉书·贾逵列传》。
② （唐）释道宣：《广弘明集》卷三，《四库全书》本。

不宁唯是，《史记·殷本纪》亦以《汤诰》、《咸有一德》、《明居》为次，从另一侧面证明了《咸有一德》为伊尹诰汤之文。

《史记》中有数十条与《书序》近同的文字，康有为《新学伪经考》说是《书序》剿《史记》，崔适《史记探源》认为是刘歆之徒据《书序》窜入的。这都是今文经学家的门户之见，不足深论。至于《书序》，《汉书·艺文志》说是孔子所作，亦无确证。《论语》引《书》不具《书序》所订篇名，似乎表明孔子未作《书序》。但战国时期应有《书序》一类文字的出现，如清华简《金縢》原篇题为"周武王有疾周公所自代王之志"①，即与《书序》略相近似，只是未能进一步绎出《金縢》这样的篇名。郭店简《缁衣》所见《尚书》篇名除《尹诰》外，尚有《君牙》、《吕刑》、《君陈》、《康诰》、《君奭》等。伏生曾为秦朝博士，传授《尚书》已具篇名。这说明与篇名密切相关的《书序》可能在秦季即已形成，故可为西汉司马迁所采用。至汉成帝时，《书序》渐有百篇之称。扬雄《法言·问神》说："至《书》之不备过半矣，而习者不知。……如《书序》，虽孔子亦未如之何矣。昔之说《书》者序以百，而《酒诰》之篇俄空焉。"扬雄看到《酒诰》之文却未见其《序》，表明他见到的百篇《书序》与后来总为一卷的马郑本《书序》其内容是有差异的。《汉书·儒林传》说："世所传百两篇者，出东莱张霸。分析合二十九篇以为数十，又采《左氏传》、《书序》为作首尾，凡百二篇。"张霸伪造百篇《尚书》，所采《书序》应与扬雄所见略同。而马郑本百篇《书序》已无"《酒诰》之篇俄空"的情况，当与此前刘向父子校书有过研究整理有关。这个整编本自然是司马迁所不能看到的，但在《咸有一德》的次第问题上，司马迁的记载为什么与马郑本《书序》恰相一致呢？除了在司马迁之前已有百篇《书序》一类的东西可资参考外，更重要的依据应是他从孔安国问故，得知逸《书》十六篇内容，合理编排出《咸有一德》的次第。此即惠栋所说："郑传贾逵之学，司马迁从

① 李学勤主编：《清华大学藏战国竹简（一）》，中西书局2010年版，第158页。

孔安国问，皆得其实。"①

　　关于司马迁从孔安国问故一事，《汉书·儒林传》有载："孔氏有古文《尚书》，孔安国以今文读之，因以起其家。逸《书》得十余篇，盖《尚书》滋多于是矣。遭巫蛊，未立于学官。安国为谏大夫，授都尉朝，而司马迁亦从安国问故。迁书载《尧典》、《禹贡》、《洪范》、《微子》、《金縢》诸篇，多古文说。"此言"逸《书》得十余篇"与《史记·儒林列传》同，后由刘向、刘歆实定为十六篇。这就是所谓《古文尚书》孔氏家传本，又称孔壁本。这个孔壁本《古文尚书》据说是"武帝末，鲁共王坏孔子宅"②时发现的，继由孔安国得之，并在"天汉以后"③献给朝廷。对此，崔适著《史记探源》大加质疑，认为武帝末年鲁共王已薨，何以得书？孔安国早卒，何从献书？司马迁生不及此，何由问故？且《史记》皆今文说，何来古文？这些问题提得都很尖锐，尚需略作分析。

　　《汉书·景十三王传》载，鲁恭王"以孝景三年王鲁，好治宫室苑囿狗马，季年好音"，则"坏孔子宅"必在他初为鲁王之时而非季年之事，故阎若璩认为当从《论衡·正说篇》订正"武帝末"为"景帝时"，甚有理致，是可信从。《史记·孔子世家》说："安国为今皇帝博士，至临淮太守，蚤卒。"《史记·儒林传》说，儿宽诣博士受业，受业孔安国，由廷尉张汤推荐，补廷尉史。考《汉书·百官公卿表》张汤任廷尉在元朔三年（公元前126），则孔安国任博士不晚于此年。此年至天汉四年（公元前97）即武帝天汉年号的最后一年已相隔30年。故崔适袭梁启超说认为，孔安国任博士"设其年甫逾二十，至巫蛊祸作，已过五十，是时尚在，安得云早卒？"④其实，汉代称人早卒不必尽为年少夭亡，正如清人吴

---

① （清）惠栋：《古文尚书考·证孔氏逸书九条》，《皇清经解》本。

② 《汉书·艺文志》。

③ 《汉书·楚元王传》。

④ 崔适：《史记探源》，中华书局1986年版，第10页。

光耀所言，也有"惜其人功业不终"①之意。《汉书·尹翁归传》
即谓其"早夭不遂，不得终其功业"。尹翁归少孤，曾为狱小吏、
市吏，河东郡卒史，徙署督邮，后征拜东海太守，入守右扶风，死
时必不年少。又古本《竹书纪年》记周武王卒年五十四岁，《史记
·周本纪》仍谓其"蚤终"，例亦相同。孔安国在出任临淮太守之
前，还担任过谏大夫，司马迁从之问故应即此时。《汉书·百官公
卿表》记"初置谏大夫"在元狩五年（公元前118），司马迁从孔
安国问故不能早于此年。据赵光贤先生研究，元狩五年司马迁18
岁，正是青年向前辈求教的年龄。②可见不只孔安国在天汉以后献
书（非"安国家献之"）是可能的，而且此前有司马迁从之问故也
不必视为"讹传"③。

司马迁本人习今文《尚书》，他从孔安国问故当然是讨教逸
《书》十六篇有关问题。故《史记》涉及《尚书》诸篇"多古文
说"，实在是渊源有自。不过这个"多"字不是说数量上居压倒优
势，而是指主采今文而间有古文。章太炎《太史公古文尚书说》曾
举二十许事，以证史迁用古文说。如《殷本纪》尝录逸篇《汤
诰》，并采亡篇《汤征》，即是显证。再以清华简《金縢》为例，
其内容与今传孔传本大体相合，当为《古文尚书》真本。但史迁所
录却有异于今文而与清华简《金縢》相合的文字，如其"旦巧
能"，清华简亦作"巧能"，今文则作"考能"；又如"惟尔元孙王
发"，清华简亦称元孙"发"，今文则作元孙"某"，这是司马迁采
用古文的铁证。当然，史迁亦有不采古文说的地方，如《金縢》
"秋大熟"一节所言风雷之变诸事，马、郑持古文说，以为事件发
生在周公居东归来的同年秋天，故曰"成王既得金縢之书，亲迎周
公"④。此与清华简《金縢》所记适相一致。可史迁录入《鲁世家》
却成周公身后之事，是取伏生今文说。崔适作《史记探源》对

---

① 蒋善国：《尚书综述》，上海古籍出版社1988年版，第46页。
② 赵光贤：《司马迁生年考辨》，《古史考辨》，北京师范大学出版社1987年版。
③ 刘起釪：《尚书学史》，中华书局1989年版，第119页。
④ 《诗·豳风·东山》疏引。

《史记》引《书》逐篇进行考证，认为所用皆今文，"绝无古文说"①，不只武断，更是偏见。可见司马迁从孔安国问故是无可疑，《殷本纪》所列《咸有一德》次第与逸《书》内容相应亦无可疑。

从前面的分析来看，《咸有一德》在《书序》和《殷本纪》中所列第次，充分说明本篇为伊尹诰汤之文，此与清华简《尹诰》的内容若合符节，构成二者同为一篇文献的二重证据，同时也说明今传孔传本《尚书》以《咸有一德》为伊尹诰太甲之书必为伪作。阎若璩指出："此篇郑康成序《书》在《汤诰》后，咎单作《明居》前。马迁亦亲受逸《书》者，即系于成汤纪内，是必与太甲无涉矣。"②阎氏所论虽乏具体考析，其结论却得到清华简《尹诰》的印证，确不可易。

三　清人《咸有一德》辨伪的学术理路

梅本《古文尚书》辨伪是一桩学术大案，历经宋元明清众多学者的不懈努力，终成定谳。清阎若璩的《尚书古文疏证》是其辨伪工作最具标志性的成果。近出清华简《尹诰》、《傅说之命》等真本《古文尚书》，再次以铁的事实证明了今传孔传本《古文尚书》是伪非真，显示了清人辨伪成果的科学性。虽然前贤并无亲见战国竹书的幸运，却能慧眼如炬，洞察到梅本《古文尚书》之为伪作，确是中国学术史上最值得称道和自豪的一件大事。现在，我们利用清华简《尹诰》的发现，认真分析清人对晚书《咸有一德》的辨伪成果和学术理路，对于深化历史文献研究的规律性认识，促进学术水平的提升，想必是不无裨益的。

从清人对《咸有一德》的辨伪工作看，其学术理路大体可分为两个方面：一是从文献传流觅其外证；二是从文献本身求其内证。

从文献传流角度考察梅本《古文尚书》的来源，是明清学者辨

---

① 崔适：《史记探源》，中华书局 1986 年版，第 12 页。
② （清）阎若璩：《尚书古文疏证》，上海古籍出版社 1987 年版，第 342 页。

伪工作的一种重要方法。梁启超总结前人辨伪方法说："其书虽前代有著录，然久经散佚，乃忽有一异本突出，篇数及内容等与旧本完全不同者，什有九皆伪。"① 梅本《古文尚书》即属于这种情况。《经典释文·叙录》云："江左中兴，元帝时豫章内史枚赜奏上孔传《古文尚书》，亡《舜典》一篇。"② 这个具名西汉孔安国作传而由梅赜奏上的《古文尚书》，"其篇章之离合，名目之存亡，绝与两汉不合"③。阎若璩《尚书古文疏证》开篇第一条"言两汉书载古文篇数与今异"说，《汉书·艺文志》、《楚元王传》等均称孔壁《古文尚书》为十六篇，梅本乃增多二十五篇，"无论其文辞格制迥然不类，而只此篇数之不合，伪可知矣"④。又第三条"言郑康成注古文篇名与今异"说，据郑注《书序》，逸书十六篇篇名俱在，其中《九共》九篇，若析之则逸书为二十四篇，梅本却为二十五篇。且本为逸《书》的《九共》、《汩作》、《典宝》却不见于梅本《古文尚书》，非伪而何？尤其是《九共》九篇，补缀无从措手，"此其避难就易，虽出于矛盾，而有所不恤也"⑤。梅本《古文尚书》不只篇卷与文献记载大相抵牾，而且看不到从孔安国那里延续下来的传授系统。阎若璩指出："赜自以得之臧曹，臧曹得之梁柳。……柳得之苏愉，愉得之郑冲，郑冲以上，则无闻焉。"⑥ 且不说郑冲以上"无闻"，即以郑冲论，事实上也无传授孔传本《古文尚书》的任何迹象。⑦

　　如果再从微观上考察《咸有一德》本身的传流过程，也无法掩饰其斑斑伪迹。其一，郑注《礼记》所引《尹诰》，称《咸有一德》"今亡"，又注《书序》说《太甲》三篇"亡"。东汉已经亡

---

① 梁启超：《中国历史研究法》，东方出版社1996年版，第103页。
② （唐）陆德明：《经典释文》，上海古籍出版社1985年版，第31页。
③ （清）阎若璩：《尚书古文疏证》，上海古籍出版社1987年版，第134页。
④ 同上书，第36页。
⑤ 同上书，第86页。
⑥ 同上书，第134页。
⑦ 杜勇：《〈左传〉"德乃降"辨析》，《纪念徐中舒先生诞辰110周年国际学术研讨会论文集》，巴蜀书社2010年版。

佚的《书》篇，历经百余年的战乱与动荡，却由东晋梅赜奏献立于学官，来路不明，令人生疑。可是孔颖达的解释是郑不见古文，致有此说。不独郑玄不见，而且刘向、刘歆、贾逵、马融、服虔、杜预"皆不见也"①。一部几代名儒都不曾见到的《古文尚书》，孔颖达却蹉谬失考，信为真本。故阎若璩说："至唐初贞观，始依孔为之疏，而两汉专门之学顿以废绝。是使此书更信于世者，孔颖达之过也。"② 其二，《礼记》两引《尹诰》之文，在梅本《古文尚书》中却一见于《咸有一德》篇，一见于《太甲》上篇，完全违背文献传流的基本规则。阎若璩说：梅书见《礼记·缁衣》"引《尹吉》曰不知为何书，缘康成所受十六篇有《咸有一德》，知此'惟尹躬及汤咸有壹德'出其中。……果尔，'惟尹躬及汤咸有壹德'既窜入《咸有一德》中，何惟'尹躬天见于西邑夏，自周有终，相亦惟终'均为《尹吉》曰，而窜入《太甲》上篇中耶"③？在这里需要指出，阎氏称"康成所受十六篇有《咸有一德》"应为误笔。马融说："逸十六篇，绝无师说。"④ 既无师说，郑玄何从受业？但阎氏认为作伪者取此《尹诰》之文伪作《咸有一德》，则甚为确当。同为《尹诰》之文岂可两属，这正是作伪者一时疏忽留下的破绽。

除了考察文献传流过程外，从梅本《古文尚书》各篇内容寻求作伪之迹，是清人辨伪的又一重要方法。具体到《咸有一德》篇，阎若璩等人主要是从以下几个方面开展辨伪工作的。

其一，从文辞格制层面辨伪。宋人对梅本《古文尚书》真伪的思考，主要是从文辞格制方面着眼的。梁启超说："各时代之文体，盖有天然界划，多读书者自能知之。故后人伪作之书，有不必从字句求枝叶之反映，但一望文体即能断其伪者。例如东晋晚出《古文尚书》，比诸今文之《周诰》、《殷盘》，截然殊体。故知其绝非三

---

① 《尚书·尧典》孔疏。
② （清）阎若璩：《尚书古文疏证》，上海古籍出版社 1987 年版，第 135 页。
③ 同上书，第 122—123 页。
④ 《尚书·尧典》疏引。

代以上之文。"① 梁氏在这里强调文章风格的差异在辨伪工作中的作用，固然是对的，但观其文章字句以寻伪迹也不失为重要途径。如《咸有一德》篇中多处使用"德"字：凡句末用"德"字者十一次，句末用"一德"字者四次，其句内所用"一"字、"德"字，尚不在此数。这种现象从后世为文的章法看，诰文似乎与篇题紧相呼应，逻辑严密。实则古书篇名多为后人追题，内容与篇题相应且重叠用字者极为罕见，此查今文《尚书》一望即知。所以阎若璩说，晚书《咸有一德》"通篇将题字面纠缠缴绕，此殆学语者所为耳"②。真可谓灼然有见。

在晚书《咸有一德》中，还有伊尹陈戒于太甲曰："惟尹躬暨汤咸有一德。"对此，阎若璩指出："夫赞襄于汤而曰'咸有一德'，似乎喜君臣同德之助，庆明良交泰之休，于义可也。若陈戒于太甲而曰'咸有一德'，是尹以己德告太甲，则为矜功伐善，非人臣对君之言矣。"③ 阎氏认为，伊尹面戒太甲，若自称与汤"咸有一德"，有在少主面前自夸功德之嫌，不是人臣对君主所当讲的话。这确实得乎情理。今出清华简《尹诰》此句正为叙事之辞，非出伊尹之口，证明了他的推断。

这里，附带说明一下清华简《尹诰》"惟尹既及汤咸有一德"的解读问题。郭店简、上博简《缁衣》引《尹诰》此语，"尹"后一字学者多释作"允"，今从清华简《尹诰》看，所谓"允"很可能是"既"字之讹。④ "既"训"已"是通诂，"及"亦非连词，当作动词用。《广雅》云："及，至也。"与甲骨文中"及"之构形及用例相合。这是说伊尹原为夏臣，已至商廷，能与汤一德同心，佐治新邦。由于伊尹自夏归商，故可曰"及"。《礼记·缁衣》郑注："咸，皆也。君臣皆有一德不二，则无疑惑也。"其言近是。

---

① 梁启超：《中国历史研究法》，东方出版社1996年版，第105页。
② （清）阎若璩：《尚书古文疏证》，上海古籍出版社1987年版，第376页。
③ 同上书，第243页。
④ 虞万里：《清华简〈尹诰〉"惟尹既及汤咸有一德"解读》，《史林》2011年第2期。

伪孔传谓此"言君臣皆有纯一之德",是依伪经作解,不只与清华简《尹诰》文意不合,亦违《缁衣》引此以证"君不疑于其臣,而臣不惑于其君"之用意。阎若璩引郝氏言,认为篇名《咸有一德》犹言君臣"各擅一长"①,亦有未谛。

其二,从史实层面辨伪。晚书《咸有一德》篇首云:"伊尹既复政厥辟,将告归,乃陈戒于德。"这里交代诰文的形成背景与史实相违,留下了作伪者杜撰的痕迹。阎若璩引姚际恒语云:"诸经传记,于伊尹并无告归致仕之事。"②即是有力的反证。如《尚书·君奭》说:"在太甲,时则有若保衡。"保衡即伊尹。《左传·襄公二十一年》亦云:"伊尹放太甲而相之,卒无怨色。"都是说"尹奉太甲归后作相之日方长"③,何以见得太甲始复政,伊尹即告归。又《史记·殷本纪》说:"帝太甲既立三年,不明,暴虐,不遵汤法,乱德,于是伊尹放之于桐宫。三年,伊尹摄行政当国,以朝诸侯。帝太甲居桐宫三年,悔过自责,反善。于是伊尹乃迎帝太甲而授之政。帝太甲修德,诸侯咸归殷,百姓以宁。伊尹嘉之,乃作《太甲训》三篇,褒帝太甲,称太宗。"所谓太甲修德,诸侯咸归,百姓以宁,绝非复政初始之事,应有相当时间的执政过程,始可见其功效。可见《咸有一德》不可能是太甲复政、伊尹告归前所作的诰辞。

其三,从礼制层面辨伪。这个问题也与伊尹面对太甲,是否当言"惟尹既及汤咸有一德"有关。阎若璩认为,"尹"是伊尹的字,他在太甲面前讲话,只能自称己名(挚),或称朕、称予、称臣,断不可自称其字,因为称字不符合"君前臣名"的礼仪制度。但在晚书《咸有一德》、《太甲》篇中,"太甲既稽首于伊尹矣,伊尹又屡自称其字于太甲,岂不交相失乎?"④阎氏所言,若以周代礼制言之,无疑是正确的。《礼记·曲礼上》云:"父前子名,君前臣名。"又《檀弓上》云:"幼名,冠字,五十以伯仲,死谥,

---

① (清)阎若璩:《尚书古文疏证》,上海古籍出版社1987年版,第1154页。
② 同上书,第242页。
③ 同上书,第1209页。
④ 同上书,第341—342页。

周道也。"这些都不失为有力的证据。但伊尹是夏商之际人，其时殷礼是否如此，并无确证。此外，伊尹究竟何名何字，亦多异说。如《史记·殷本纪》说"伊尹名阿衡"，《索引》又引《孔子兵书》说"伊尹名挚"，《吕氏春秋·本味》说："有侁氏女子采桑，得婴儿于空桑之中……故命之曰伊尹。"在这种情况下，说晚书《咸有一德》有违君前臣名之礼，确实难成定论。清毛奇龄则从另一角度考虑问题，认为"汤本名履，庙号天乙，其称成汤者，谥也。……假曰告汤，则汤尚未崩，焉得有'尹躬暨汤'预称其谥之理？若谓汤不是谥，则面呼君名，尤为无状。此皆不学人所言者"①。毛氏以"汤"为谥，意在说明《咸有一德》应为伊尹告太甲而非伊尹告汤，以证《咸有一德》不伪。然谥法亦为周制，兴于周初②，谓"汤"为谥号也是以周礼比附殷礼，同样不具说服力。不过，有一点值得我们注意，《尚书》文本的最后形成大多在周代，即使是记事内容或材料来源早于周代的文献，在传流过程中历经变化和改造，恐怕也免不了带有周礼的色彩。以《咸有一德》论，阎若璩说："要王肃注云：'言君臣皆有一德'，是必当时臣工赞美汤君臣之辞，故君则号，臣则字，不必作于汤前。"③ 此言"王肃注"见于《史记·殷本纪》集解所引，阎氏从这里引申说"惟尹既及汤咸有一德"是史臣对汤君臣的赞美之辞，而不是伊尹当面对汤讲的话，极具卓识。观今出清华简《尹诰》，"惟尹既及汤咸有一德"正为史臣叙事之辞，文中载伊尹作诰又称"挚曰"，都说明周代"君前臣名"礼俗对文本形成的影响。

其四，从材料来源层面辨伪。清人对《古文尚书》的辨伪，也采取明梅鷟《尚书考异》揭出《古文尚书》材料来源的辨伪方法。晚书二十五篇在材料上均有依傍和补缀，正如《尚书考异》卷一"孔安国尚书注十三卷"条所说："东晋之伪，无一书不搜葺，无一字无所本。"所以考察出其原始的出处和补缀的痕迹，也就等于

---

① （清）毛奇龄：《古文尚书冤词》卷五，《四库全书》本。

② 杜勇：《金文"生称谥"新解》，《历史研究》2002年第2期。

③ （清）阎若璩：《尚书古文疏证》，上海古籍出版社1987年版，第342页。

找到了伪证。梅鷟《尚书考异》运用这种方法非常自觉和普遍，仅以《咸有一德》论，即从文献方面列出十条证据，说明该篇是杂取先秦文献中的语句写成的。而阎若璩引姚际恒曰："《咸有一德》'后非民罔使，民非后罔事'，本仿《国语》'《夏书》曰：众非元后何戴，后非众无与守邦'，《礼记》'《太甲》曰：民非后无能胥以宁，后非民无以辟四方'。但二者皆以'民非后'在上，兴起下'后非民'，乃是告君语义。今倒置之，则是告民语义，不容出伊尹对太甲之口矣。"① 这条材料在梅鷟《尚书考异》中不曾举出，应是姚际恒的一个新发现。更重要的是姚氏通过比较，认为既是人臣告君之语，落脚点应在"后非民"上，故不得将"后非民"置于"民非后"之前，这才符合《国语》引《夏书》、《礼记》引《太甲》所言夏商君民关系的语例。晚书《太甲》篇称伊尹作书曰："民非后，罔克胥匡以生；后非民，罔以辟四方。"明显带有袭用《礼记》所引《太甲》的痕迹，然其语序亦以"民非后"、"后非民"为次。这表明作伪者在伪撰《咸有一德》时欲作改装，结果因食古不化而暴露出作伪之迹。

综上可见，阎若璩等人在《咸有一德》的辨伪方面，从外证到内证多方揭其破绽，断为伪作，是可信的。尽管在有的地方还不够严密，甚至不免有错误发生，但其学术理路是清晰的，方法是得当的，结论也是正确的。如今清华简《尹诰》的发现，其辨伪成果还能经得起地下出土材料的检验，足见真正的学术精华是有生命力的。前人的学术成果和研究方法，需要我们认真分析与探讨，妥加鉴别与吸收。那种束书不观，訾议古人，自矜自是的做法，应该是不值得提倡的。

（本文原载《天津师范大学学报》2012 年第 3 期；《新华文摘》2012 年第 14 期全文摘载；人大复印报刊资料《先秦、秦汉史》2014 年第 5 期全文转载。）

---

① （清）阎若璩：《尚书古文疏证》，上海古籍出版社 1987 年版，第 1219 页。

附录六　从清华简《说命》
看古书的反思

　　早在 2008 年清华简入藏时，李学勤曾撰文介绍这批竹简有一篇《傅说之命》，即先秦不少文献引用过的《说命》，"和今天流传的《说命》伪古文不是一回事"①。这不仅给学术界带来惊雷般的震撼，也让人们看到了彻底解决关于伪《古文尚书》这一公案的希望。四年之后，《傅说之命》整理完成，命名为《说命》上、中、下三篇付梓②，为人们提供了极其珍贵的第一手研究资料。《说命》亡佚两千余年，一朝惊现于世，使前人关于伪《古文尚书》的论断得到坚确证明，同时也引发许多有关古书辨伪的新课题，值得人们深刻反思。

一

　　清华简《说命》原题《傅说之命》，如同《尚书·盘庚》又名《盘庚之诰》、《分器》又名《分殷之器物》、《金縢》又名《周武王有疾周公所自以代王之志》③一样，都是文献传流过程中篇题进一步凝练简化的结果。由于古书常有篇题相同而实非一篇的情况，所以竹简本《说命》是否就是先秦两汉文献提及的古本《说命》，

<hr/>

① 李学勤：《初识清华简》，《光明日报》2008 年 12 月 1 日。
② 李学勤主编：《清华大学藏战国竹简（三）》，中西书局 2012 年版。其说明、释文、注释见第 121—131 页，后引不另注，释文尽量用通行字。
③ 李学勤主编：《清华大学藏战国竹简（一）》，中西书局 2010 年版，第 157 页。

便成为首先需要讨论的一个问题。

《书序》说："高宗梦得说，使百工营求诸野，得诸傅岩，作《说命》三篇。"这里所谓"作《说命》三篇"，不能机械地理解为《说命》由武丁自己撰作，其实际含义是指本篇主体为商王武丁的命辞。今观清华简《说命》不仅正系三篇，而且篇中除少量记事之语和两句傅说之言外，均为武丁对傅说的讲话。此与《书序》所述该篇文意若合符契，证明竹简本就是先秦两汉文献提及的古本《说命》，此其一。

古本《说命》多次被先秦文献所引用，其文句与竹简本基本一致。《国语·楚语上》云：

> 武丁于是作《书》，曰："以余正四方，余恐德之不类，兹故不言。"如是而又使以梦象旁求四方之贤，得傅说以来，升以为公，而使朝夕规谏，曰："若金，用汝作砺；若津水，用汝作舟；若天旱，用汝作霖雨。启乃心，沃朕心。若药不瞑眩，厥疾不瘳。若跣不视地，厥足用伤。"

又《孟子·滕文公上》云：

> 《书》曰："若药不瞑眩，厥疾不瘳。"

与此近同的语句在竹简本中都可以找到：一则曰"经德配天，余罔有戁言"。二则曰"说来，……王用命说为公"；三则曰"若金，用惟汝作砺。……启乃心，曰沃朕心。若药，汝不瞑眩，越疾罔瘳。……若天旱，汝作淫雨。若津水，汝作舟。……若抵不视，用伤"①。《楚语上》只说武丁作《书》，不言《书》之何篇，韦注引贾逵、唐固云："《书》，《说命》也。"这是根据《书序》所涉相

---

① 李学勤主编：《清华大学藏战国竹简（三）》，中西书局2012年版。

关史实做出的正解推断。① 但《礼记·缁衣》出现篇名的另一引文却可与竹简本对照：

> 《兑命》曰："惟口起羞，惟甲胄起兵，惟衣裳在笥，惟干戈省厥躬。"

《墨子·尚同中》亦云：

> 是以先王之书《术令》曰："惟口出好兴戎。"

孙诒让认为《术令》当是《说命》之假字，"晋人作伪古文《书》不悟，乃以窜入《大禹谟》，疏谬殊甚"②。而清华简《说命》此句正作"且惟口起戎出好"，证实了孙氏的判断。竹简本《说命》与这些引文可相对应，说明它就是先秦时人看到的古本《说命》，此其二。

不过，竹简本《说命》似非完帙。因为先秦文献所引《说命》还有如下四条不见于竹简本：

（1）《礼记·缁衣》："《兑命》曰：爵无及恶德，民立而正事。纯而祭祀，是为不敬。事烦则乱，事神则难。"

（2）《礼记·文王世子》、《学记》："《兑命》曰：念终始典于学。"

（3）《礼记·学记》："《兑命》曰：学学半。"

（4）《礼记·学记》："《兑命》曰：敬孙务时敏，厥修乃来。"

这些不见于竹简本《说命》的佚文来自何处？大体不外两种情况，一是本为《说命》之文，在清华简抄写过程中省略；二是原非《说命》之文，为引用者冒名附益。比较起来，后一种可能性不大。如"念终始典于学"一句，同为《文王世子》和《学记》所

---

① 杜勇：《〈古文尚书·说命〉真伪与傅说身份辨析》，《天津师范大学学报》2009年第5期。

② （清）孙诒让：《墨子间诂》，中华书局2001年版，第85页。

引用，若为造作附益，无此巧合。而《缁衣》所引《说命》已有一条见于竹简本，另一条引文"爵无及恶德"云云，亦当同出一书。所以整理者说："这应该是由于《说命》的传本有异。"从近年出土的简帛书籍看，异本并存的例证已非个别，说明这个推断是有道理的。尽管我们无法知道《说命》初始成篇时的状况，但可以肯定的是，不管先秦时期有多少《说命》的异本并存，今日所见竹简本也应保持了原书的基本面貌。如已公布的清华简中，有至今见存的《尚书·金縢》篇，也有《逸周书》中的《祭公》、《皇门》等篇。用竹简本和这些传世本相比较，固然可以发现不少异文，甚至有些异文对理解传世文献具有正本清源的重要作用，但二者内容并无大异。郭店简、上博简发现的《缁衣》篇，与今本《礼记·缁衣》的情况亦复相同。因此，我们没有理由怀疑竹简本《说命》就是先秦时期的古本《说命》，此其三。

基于清华简《说命》即先秦两汉文献提及的古本《说命》这个根本前提，接下来我们就可以将竹简本与今传本相对照，以观其真伪。

清华简整理者说："东晋时梅赜所献孔传本《尚书》则有三篇《说命》，前人已考定为伪书。与清华简《说命》对照，梅氏献出的《说命》，除自先秦文献中摘辑的文句外，全然不同。"这句话具有很强的概括性，用于说明今本《说命》为伪作还显得有些抽象，这里不妨就其不同点再作一些具体分析。

第一，文章体例不同。从篇名为《说命》看，该篇主要内容应该是记录商王武丁对傅说的命辞。"命"作为《尚书》的一种体例，主要记载王者册命、训戒和赏赐大臣时的讲话，简言之就是王命。西周金文册命之辞甚多，或为王亲命，或由史官代宣王命[1]，本质上并无差别。《尚书·顾命》记有成王临终遗言而无他人话语，《文侯之命》通篇都是周天子的讲话，即是《尚书》"命"体主要特征的反映。《说命》既以"命"称，则应如《书序》所言，

---

① 陈梦家：《尚书通论》（外二种），河北教育出版社 2000 年版，第 168 页。

应把记述武丁命辞放在首位。今观清华简《说命》正是如此，全篇以武丁之言为主，而傅说所讲的话只有两句：一则曰"惟帝以余畀尔，尔左执朕袂，尔右稽首"。二则曰"允若时"。再看今本《说命》，中篇几乎全为傅说之语，上、下篇还占一定篇幅，其字数加起来已超过商王武丁的命辞，主次完全颠倒，体例严重不符。可见今本《说命》只是冒牌货，绝非真古文。

第二，话语主体不同。先秦文献六引古本《说命》，或称《书》，或称篇名，但多不言其话语主体。唯有《楚语上》谓"武丁于是作《书》曰"，可知"以余正四方"和"若金用作汝作砺"云云，出自武丁之口。这与竹简本是一致的。今本《说命》当然也不会错，因为这些引文自身已经显示了讲话者的身份。至于其他几条引文到底是谁人的讲话，仅从引文看并不清楚。郑玄注《礼记·缁衣》"惟口起羞"诸语，认为是傅说"作书以命高宗"，而"爵无及恶德"诸语是"言君祭祀"，都被错误理解为傅说对武丁的诫命。今本《说命》与郑注相同，这些话也都成了傅说对武丁的进言。但在清华简《说命》中，"且惟口起戎出好"诸句的话语主体是武丁，与傅说并无关涉。这说明郑玄不曾见过古文《说命》真本，今本《说命》作者亦然，所以独自揣摩的结果，就出现了如此张冠李戴的现象。

第三，篇章结构不同。将今本《说命》与竹简本对照，发现"若金用汝作砺"诸语，前者置于上篇，后者所见相同文句却在中篇；而"惟德弗类，兹故弗言"诸语，前者置于上篇，后者所见相近文字"经德配天，余罔有斁言"却在下篇。二者在具体文字上出现差异的情况很复杂，可暂置勿论，但略相近同的文字在文本中所处位置的不同，则意味着各自的逻辑结构大相异趣。内容决定形式。今本《说命》与竹简本篇章结构不同，实际也是二者内容相异的反映。尽管今本《说命》通过古籍引文嵌入不少来自古本《说命》的文句，但与竹简本相比，从形式到内容都不是一个东西，绝不可能用同出一源的异本来曲为弥缝。

从以上分析可见，今本《说命》与竹简本的不同不是一般性的，而是足以把二者区别开来的本质性差异，可谓一真一伪，铁证如山。即使有人还想找各种理由来为今本《说命》辩护，恐怕也是徒劳无功的。

二

前人没有我们今天这样幸运，可以一睹先秦古本《说命》芳颜。但他们锲而不舍，艰难求索，终于把梅本《古文尚书》之为伪作铸成铁案，厥功殊伟。这里仅以清人阎若璩《尚书古文疏证》（下文略称《疏证》）为例，着重剖析晚书《说命》辨伪的研究理路，以期对我们今天进行古书的反思有所启迪。

阎若璩对今本《尚书·说命》的辨伪，既从文献传流觅其外证，也从文献本身寻其内证。其外证非一般性旁证可比，实为晚书《说命》辨伪的关键环节。如在宏观上以晚书二十五篇作为一个整体，考其篇卷与传授情况，以证各篇皆伪；① 微观上考察今本《说命》的存佚状况，证其是伪非真，都是正确的路径。我们亦曾为文指出：西汉所出各种《古文尚书》内无《说命》篇，自东汉至三国所传《古文尚书》亦无《说命》篇，贾逵、王逸、郑玄、唐固、韦昭等学者均未见过《说命》篇，足见今本《说命》为晚出伪作。② 不过，这里还有必要强调一下有关的核心证据，此即阎若璩所说："逮梅氏书出，而郑氏所指为逸《书》皆全全登载，无一或遗，其露破绽亦与于《左氏》相等。余独怪其不特规摹文辞，抑且标举篇目。如见六引《兑命》，即撰《说命》三篇。"③ 郑玄关于《说命》三篇存佚状况的说法，见于《礼记·学记》注："在《尚书》，今亡。"出生略早的王逸《楚辞章句·离骚》亦云：《说命》

---

① 杜勇：《清华简〈尹诰〉与晚书〈咸有一德〉辨伪》，《天津师范大学学报》2012 年第 3 期

② 杜勇：《〈古文尚书·说命〉真伪与傅说身份辨析》，《天津师范大学学报》2009 年第 5 期。

③ （清）阎若璩：《尚书古文疏证》，上海古籍出版社 2010 年版，第 52 页。

"是佚篇也"。所谓"亡"就是"竟亡其文"①，就是"人间所无"②。早已亡佚的《说命》，却于东晋梅本古文《尚书》见其完篇，非伪而何？有的学者认为："郑玄称逸，最多只能说明郑玄之时社会上没有流传；而社会上没有流传，不等于世间无有其书，比如今人家有书稿未出版，就不等于世上无有该书稿。"③历史研究讲的是证据，仅凭以今况古的简单推论恐怕是说明不了任何问题的。

关于晚书《说命》辨伪的内证，阎氏《疏证》所作的工作，主要有如下数端。

一是文体对比。梁启超说："这是辨伪书最主要的标准。因为每一时代的文体各有不同，只要稍加留心便可分别。即使甲时代的人模仿乙时代的文章，在行的人终可看出。"④梅本《古文尚书》最初使人动疑，即从文体分辨发轫。如朱熹说古文诸篇皆平易，"伏生所传皆难读"⑤即是。阎若璩认为，这是因为"古文假作于魏晋间，今文则真三代，故其辞之难易不同如此"⑥。以文体辨伪的方法号称高妙，难以言传，因而也很容易受到质疑。明代学者陈第说，《左传》、《国语》、《礼记》及诸书传引二十五篇均显典雅坦明，并非艰深险涩之语，难道那些引文都出于伪造吗？对此，阎若璩例举《说命》佚文"爵无及恶德，民立而正事。纯而祭祀，是为不敬。事烦则乱，事神则难"六句，指出："只观作伪者截首一句，续以'惟其贤'为一段，复截末四句，改作'黩于祭祀，时谓弗钦'为一段，取其类己者，置其不类己者，以俾与己文体一

---

① （清）孙星衍：《尚书今古文注疏·书序》，中华书局1986年版，第559页。
② （清）阎若璩：《尚书古文疏证》，上海古籍出版社2010年版，第53页。
③ 黄怀信：《〈说命〉考信》，《中华傅圣文化研究文集》，文物出版社2010年版。
④ 梁启超：《辨别伪书及考证年代的方法》，《出土文献与古书的反思》，漓江出版社2012年版。
⑤ （清）阎若璩：《尚书古文疏证》，上海古籍出版社2010年版，第681页。
⑥ 同上书，第603页。

类。"① 阎氏没有提到中间两句的改作，实际上还应杂取了《礼记·祭义》、《公羊传·桓公八年》相关文义，如前者曰"祭不欲数，数则烦，烦则不敬"，后者曰"亟则黩，黩则不敬"。阎氏强调对问题要作具体分析，古文固多坦明，亦非全都如此，所以这里才会出现晚书作者对《说命》佚文的难解之处进行分割改作，以便符合自己的文辞格制。虽然此条证据稍显薄弱，但由此揭出晚书作者对相关文句的改作造假之迹，却不乏说服力。

《礼记·缁衣》引《说命》"惟甲胄起兵"，晚书《说命中》作"惟甲胄起戎"。阎氏以为，这是作伪者改"兵"为"戎"所致，以便下与"惟干戈省厥躬"一句叶韵，使文体符合"古人文字多用韵"② 的特点，达到以假乱真的目的。此论看似有理，实则不具说服力。因为辩之者亦可认为，此句原本作"戎"，是传抄者改作"兵"字以示新异，并不能由此证明晚书之伪。除非《礼记·缁衣》所引与原文一字不差，方可使其立论成立。而这一前提恰恰谁也保证不了，遂使阎氏的论证不免悬空。今查清华简《说命》云：

> 且惟口起戎出好，惟干戈作疾，惟衣载病，惟干戈眚厥身。

证明古本《说命》在这里并不存在押韵的问题。尤其是最后一句的"干戈"二字，整理者疑为"甲胄"之误，表明竹简本尚非祖本。可见忽略文献流传过程中可能发生的种种变化，仅从文体方面静止地考察文本真伪，并非任何时候都行之有效的办法。

二是文法对比。造伪者不能不抄袭旧文，观其文法可知抄自何处，这是梁启超所谓从文章上辨识真伪的又一方法。晚书《说命上》"其惟弗言"诸语，阎若璩赞同姚际恒的意见，认为袭自今文

----

① （清）阎若璩：《尚书古文疏证》，上海古籍出版社 2010 年版，第 626 页。
② 同上书，第 261 页。

《尚书·无逸》篇。《无逸》云："乃或亮阴，三年不言。其惟不言，言乃雍"，前后文气相接，不可分易。然晚书《说命》作"既免丧，其惟弗言，群臣咸谏"云云，删改"其惟不言"前后两句，重新措辞，结果致使"其惟"二字竟无着落，语气未完，言辞已止，显为袭用今文不慎致误。① 可见这种文法上的对比分析只要使用得当，对于辨识古书真伪也是具有积极作用的。

三是语词对比。晚书《说命上》言高宗亮阴不称"年"而称"祀"，曰"王宅忧，亮阴三祀"。而《尚书·无逸》、《论语·宪问》、《吕氏春秋·重言》、《礼记·檀弓下》、《丧服四制》等文献均谓"三年不言"，为什么独有晚书用词不同？阎若璩以为这是作伪者"拘拘然以《尔雅》为蓝本而恐或失"造成的。《尔雅·释天》云："夏曰岁、商曰祀、周曰年"，似乎商周用语有别。阎氏考今文《尚书》、《论语》、《礼记》及传世金文，发现"商祀周年亦可互称，不必尽如《尔雅》"②，以此证明今本《说命》的成书晚于汉代始成定本的《尔雅》，并非真古文。阎氏谓"祀、年古通称"极具卓识，可由今天出土的大量商周金文得到进一步证实。但是，祀、年既可互称，则晚书《说命》自可称"商祀"，以此论晚书《说命》之伪不免缺乏足够的逻辑力量。

四是史事对比。晚书《说命中》有傅说对高宗进言曰："黩于祭祀，时谓弗钦。"伪孔传说："高宗之祀特丰数近庙，故说因以戒之。"此言高宗祭祀先祖特别"丰数近庙"，其依据来自今文《尚书·高宗肜日》。该篇记祖己说："（王）典祀无丰于昵"，是说祭礼有常道，王不能对近庙（祢庙）特施丰厚之祭。那么，祖己当时训诫的王是谁呢？《书序》以为是"高宗祭成汤"，《史记·殷本纪》说亦略同。武丁祭祀丰于近庙，既有祖己之训，又有傅说之戒，故阎氏称晚书《说命》以《书序》立意，与《高宗肜日》实相表里，而这恰恰是作伪者对《高宗肜日》本事的错解。③ 阎氏根

---

① （清）阎若璩：《尚书古文疏证》，上海古籍出版社2010年版，第657页。

② 同上书，第552页。

③ 同上书，第137页。

据蔡沈《书集传》、金履祥《通鉴前编》有关见解，认为《高宗肜日》是祖己为祖庚作，非《书序》所言"高宗祭成汤"。从目前主流研究成果看，"可以明确《高宗肜日》就是殷王祖庚对其父殷高宗武丁的宗庙的肜日之祭"①，这对阎氏立论的前提是一个有力的支持。也就是说，若晚书《说命》为真古文，当不致错解事实，把祖庚时代发生的事移植到他父亲武丁的身上。但细加分析，可以发现阎氏这一论证并非完密，一则"高宗肜日"是否真是祖庚祭武丁，尚非定论。上博简《竞建内之》云："昔高宗祭，有雊雉于尸前，召祖己而问焉。"②说明武丁更有可能是主祭者而非祭祀对象。二则傅说所言"黩于祭祀，时谓弗钦"是否为武丁祭祀丰于近庙而发，亦无确证。所以此条关于晚书《说命》的辨伪证据还不能完全成立。

以此观之，阎若璩关于晚书《说命》的辨伪，从文献传流过程所觅外证具有决定性的作用，而从文献本身所寻内证则情况不一，有的可以成立，有的证据不足，有的甚或舛误。但是，其辨伪方向和学术理路仍多可取之处，故可得出正确的结论。我们不能因为个别例证有其缺陷，就连带将其辨伪成果和辨伪方法概加否定。这好像医生做开刀手术一样，若有某个病例因技术问题未能完全成功，就连人带刀打入牢狱，同样会造成违背事理的冤假错案。

三

在清华简尚未问世之前，关于今本《古文尚书·说命》的真伪问题曾有过一场激烈的学术论辩。其机缘是中国先秦史学会在山西平陆县召开的全国首届（2006）和第二届（2008）傅圣文化学术研讨会，与会学者面对面地展开思想交流，会后有关论文结集为

---

① 顾颉刚、刘起釪：《尚书校释译论》（第二册），中华书局2005年版，第1025页。

② 马承源：《上海博物馆藏战国楚竹书（五）》，上海古籍出版社2005年版，第169页。

《中华傅圣文化研究文集》公开出版①。翻开这部文集，即可看到不少学者都肯定晚书《说命》未必伪作，不妨作为可信的史料来使用。我在第二次会议上提交了《〈古文尚书·说命〉真伪与傅说身份辨析》一文，坚持今本《说命》非真古文的意见，反对为伪《古文尚书》翻案。②从当时会议的气氛看，我的声音和多数学者相左，显得有些孤独而又无助。次年在另一次国际学术研讨会上，我另撰一文重申这个意见③，幸得詹子庆教授面言支持，颇觉欣慰。现在，清华简《说命》既出，有关问题是非立见，毋庸多言。但是，其真伪久成定论的东西何以再起波澜，却值得我们认真思考。

唐宋以来的古书辨伪工作，始如涓涓细流，至清则洪波涌起，终于出现像《尚书古文疏证》这样的巅峰之作。20世纪二三十年代，疑古派承接其流，掀起了现代学术史上第一次古书反思的高潮，以古书辨伪、史料求真为宗旨，广考传世古书，使其学术价值大受怀疑。到了70年代以后，随着银雀山汉简、马王堆帛书、八角廊汉简、睡虎地秦简、双古堆汉简、张家山汉简、郭店简、上博简的相继出土，使人们对古书的形成与流变有了新的认识，于是在80年代出现了第二次对古书的反思，其学术走向是不以真伪论古书，而是着力对古书辨伪方法本身的检讨，平反疑古辨伪造成的冤假错案。这次对古书的反思以出土文献为基础，新见迭出，声浪甚高，有的地方也不免走得太远，不少人把伪《古文尚书》、《今本竹书纪年》甚至各种纬书都当成可信为真的材料来使用，即是适例。顾颉刚曾说："以考证方式发现新事实，推倒伪史书，自宋到清不断地在工作，……只有问题得到了合乎事实的令人信服的结论，像伪《古文尚书》一案，才没人浪费精神去写，这是我敢作预

---

① 宋镇豪、宫长为主编：《中华傅圣文化研究文集》，文物出版社2010年版。

② 杜勇：《〈古文尚书·说命〉真伪与傅说身份辨析》，《天津师范大学学报》2009年第5期。

③ 杜勇：《〈左传〉"德乃降"辨析》，《纪念徐中舒先生诞辰110周年国际学术研讨会论文集》，巴蜀书社2010年版。

言的。"① 看来顾氏低估了现代学人的勇气和精神，近年出现好些
为伪《古文尚书》翻案的专著即非所料。

清华简的发现，带来了反思古书的历史性转折。以 2010 年
《清华大学藏战国竹简》第一册整理出版为界标，学术界对古书的
反思开始进入第三个阶段。李学勤在介绍清华简九篇时说："《尹
诰》是《尚书》佚篇，或称《咸有一德》，……至汉末郑玄时业已
佚失。东晋时立于学官的《孔传》本《尚书》的《咸有一德》是
后人伪作，自宋代以来历经学者讨论，已成定谳。"② 这是学术界
反思古书在认识上的一个重大突破，具有补偏救弊的作用。当《尹
诰》发布时，还有学者撰文为孔传本《古文尚书》鸣冤，认为
《尹诰》非《咸有一德》，不能以此推断晚书二十五篇为伪作。现
在清华简《说命》篇的公布，再一次以无可辩驳的事实证明了梅本
《古文尚书》之伪，学术史上的千年公案总算有了彻底的了结。

从近年关于梅本《古文尚书》的辨伪工作看，依据出土文献对
古书的反思，有几个问题似乎需要我们高度重视。

第一，科学认识前人的辨伪成果。近代考古学的发展，使上古
文明以过去不曾见及的物质形态再现于世，极大地丰富和深化了人
们的历史认识。但比起传世文献来说，考古资料对历史反映的系统
性、明晰性、多维性还是有差异的。所以传世古籍对于上古文明的
探索仍有不可替代的作用。为了科学利用传世文献资料，对于真伪
杂陈的古书进行辨伪仍是一项必不可少的基础性工作。前人在这方
面已有大量研究成果，需要我们根据新的出土资料认真加以厘清，
是则吸取，非则驳正。在具体研究中，一定要有客观平实的态度、
严谨周备的学风，那种厚诬前贤、强辞争胜、曲意标新、奇谈钓誉
的做法是不可取的。裘锡圭曾正确指出："疑古派以及其他做过古
书辨伪工作的古今学者，确实对古书搞了不少冤假错案。不过他们
也确实在古书辨伪方面取得了不少成绩，有不少正确的、有价值的

----

① 顾颉刚：《顾颉刚古史论文集》卷一，中华书局 2011 年版，第 174 页。
② 李学勤：《清华简九篇综述》，《文物》2010 年第 5 期。

见解。真正的冤案当然要平反，然而绝不能借平反之风，把判对的案子也一概否定。对古书辨伪的已有成果，我们要给予足够的重视，绝不能置之不理或轻易加以否定。"① 只有这样，才能使中国古典学的重建不致走入歧途，真正为上古文明的重光尽其绵力。

第二，辩证分析传统的辨伪方法。方法是达成目标的途径，其重要性自不待言。梁启超曾总结提炼出古书辨伪的十三法门②，虽然未必全对，但大多具有借鉴意义是肯定的，没有必要也不可能将其全盘推翻③。如梁氏以为史志不曾著录的书籍可定其伪或可疑，今日大量出土文献就证明过于绝对，实际上传世或出土的古书有不少并未被史志著录，不得概以伪书观之。但这个原则在推考传世古书真伪时还是需要遵守的，正如余嘉锡所言："不得举后世伪妄之书，概援此例以借口也。"④ 近年有的学者认为，未见著录或前人曰逸的古书未必世间无有，以此为证据为伪《古文尚书》翻案，即是违背这一规则的结果。又如史志著录其书与传世本篇卷不合，实际也等于该书未曾著录，大有可疑。伪《古文尚书》的论定，这是最为重要的证据，故阎若璩将其列为《疏证》之首。若传统的古书辨伪方法一无是处，怎么会出现论定梅本《古文尚书》是伪古文这样富有生命力的学术成果呢？时下有人主张把二重证据法作为辨伪的根本方法，实则此为论据之法，与论证之法并非一事。阎若璩论证"祀、年古通称"，除证以文献资料外，也曾运用《宣和博古图》有关金文资料，实际与二重证据法无异。退一步讲，即使运用二重证据法辨伪，也必须尽量避免简单化和以偏赅全的倾向。如定州八角廊汉简《文子》发现后，因有部分内容与今传本《文子》

① 裘锡圭：《中国古典学重建中应该注意的问题》，《中国出土文献十讲》，复旦大学出版社 2004 年版。

② 梁启超：《辨别伪书及考证年代的方法》，载《出土文献与古书的反思》，漓江出版社 2012 年版。

③ 廖名春：《梁启超古书辨伪方法平议》，载《出土文献与古书的反思》，漓江出版社 2012 年版。

④ 余嘉锡：《目录学发微》（附《古书通例》），时代文艺出版社 2009 年版，第 124 页。

相合，于是学界决然否定前人关于《文子》为伪书的考证，几近异口同声。近经学者细心研究，发现问题远非以前想象的那么简单，"竹简本《文子》与传世本虽然有前后相因的关系，但二者从形式到内容相去甚远，不能笼统地相提并论"①。这说明来自地下的证据也存在科学运用、周备论证的问题。此外，以现代技术为基础开发新的辨伪方法虽然可以尝试，但必须做到切实可用。如有学者运用现代信息技术对《尚书》进行字频特征分析，以证晚书不伪。②实践证明这种新方法即使穿着现代科学的外衣，令人炫目，也因其不具备古书辨伪功能，同样难获成功。说到底，新的方法可以探索，传统辨伪方法亦须批判继承，一味破旧立新，未必是古书辨伪的正途。

　　第三，正确把握古书的辨伪维度。古书辨伪的目的，是要确认书中信息是否真实可靠，是否可以作为认识中国上古文明的根据。其核心工作是考察作品的实际作者和成书年代，名实相副为真，名实不副即伪。如梅本《古文尚书》经非先秦之旧，传非真孔之言，故皆伪作。不过从价值判断上看，"然真伪者，不过相对问题，而最要在能审定伪材料之时代及作者，而利用之。盖伪材料亦有时与真材料同一可贵"③。顾颉刚亦曾指出："许多伪材料，置之于所伪的时代固不合，但置之于伪作的时代则仍是绝好的史料：我们得了这些材料，便可了解那个时代的思想和学术。"④ 如《尚书》伪孔传，若看作魏晋时人对《尚书》的传注，则仍然不乏参考价值。由于古书大多不题撰人，故其作者常常无法落实到人。但是，此类作品的记事年代与成书年代是否一致也是需要认真审查的，不能未考即信，即使出土文献亦应如此。若为晚出追记之书，又无可靠的材料来源，则其内容仍有作伪的可能，其史料价值也就大打折扣。这

①　张丰乾：《出土文献与文子公案》，社会科学文献出版社2007年版，第223页。
②　张岩：《审核〈古文尚书〉案》，中华书局2006年版。
③　陈寅恪：《〈中国哲学史〉审查报告一》，载冯友兰《中国哲学史》，中华书局1947年版。
④　顾颉刚：《顾颉刚古史论文集》（卷一），中华书局2011年版，第103页。

个问题的复杂性和重要性远远超过通常大家关注的作品真伪辨识。如把《尚书》头三篇即《尧典》、《皋陶谟》、《禹贡》的写定归之于春秋战国的时候，徐旭生即认为是"疑古学派最大的功绩"①。这三篇的成书年代虽然还可进一步讨论，但说它不是尧舜时代的作品，今天恐怕是无人怀疑了。一部（篇）古书的问世，从思想酝酿到走笔成文，从整齐章句到分篇结集，既非成于一时，亦非出于一手，以致定型后的作品与最初师相授受的祖本可能产生很大的差异。即使编定以后，流布过程中也不免发生内容增损、文字错讹、篇章散佚等现象，与成书时的原貌有别。但古书的成书或基本定型必有一个相对可考的年代，否则无从谈其流变。这从清华简《金縢》、《祭公》、《皇门》与今传本基本一致即可知之。因此，对此类文献不管是传世的还是出土的，都有必要仔细研究其成书年代及其内容的真伪，正确把握文献的不同价值。如清华简《保训》、《耆夜》若不能默认为周人克商前的作品，其史料价值就需要有一个正确的评估。只有从不同维度开展古书辨伪工作，才能使中国古典学的重建具备坚实的基础。

综上所述，清华简《说命》、《尹诰》的横空出世，终使争讼千年的伪《古文尚书》案尘埃落定，也给我们反思古书带来不少新的思考和启迪。相信新阶段对古书的反思，坚持"以平实的态度、严密的方法、周备的论证及谨慎的论断来处理古籍真伪的问题"②，必将使重写学术史的工作真正成为经得起事实和历史检验的名山事业，为中华民族文化的复兴与发展添上浓墨重彩的一笔。

（本文原载《天津师范大学学报》2013 年第 4 期；《高等学校文科学术文摘》2013 年第 5 期转载。）

---

① 徐旭生：《中国古史的传说时代》，广西师范大学出版社 2003 年版，第 30 页。
② 郑良树：《古籍真伪考辨的过去与未来》，《文献》1990 年第 2 期。

后 记

20 世纪末，学者出书还是一件相当奢侈的事情，即使"梦里寻他千百度"，亦难如愿。值得庆幸和感激的是，本书作为博士论文申请东方历史出版基金，有幸通过专家评审并获全额资助，于 1998 年由中国社会科学出版社出版。但当时印数有限，不久即告售罄，自己欲购几本赠予师友也无从寻觅。后来不断有朋友问及本书何时再版，我则无言以对。书的再版并非易事，作者没有效益不说，还得筹措出版补贴，徒增不少负担。如果不是脑残，恐怕无人愿做这种赔本的买卖。所以此事也就束之高阁，转眼即近二十年，真是弹指一挥间！

出书之后，当然对作者自会发挥一些功利性作用，这是尽人皆知的。但出乎意料的是，有一次李学勤先生告诉我，此书在清华被指定为研究生必读书。2013 年 7 月，李先生在给拙著《中国早期国家的形成与国家结构》作序时又一次提到："他在上世纪末出版的专著《〈尚书〉周初八诰研究》，已成为有关范围学者的必读书。那部书的特点是分析细密，论证周详，在学术界有很好的影响。"先生奖掖后学，言多溢美，只能看作是对自己的鼓励。同时我也感到，自清华简发现多篇《尚书》后，《尚书》学研究一下子热了起来，再也不是"昨夜西风凋碧树"的落寞景况。因而考虑再版本书，似乎不是多余。

本书作为增订本，所做工作主要有三：一是对书中文字略加订正和润饰，特别是原来那些用来替代古文字的借音、借形、借义字，一律新造其字以更换之。二是引文重新核对，注释力求规范，体例整齐划一。三是增加六篇已发论文作为附录，前两篇属于今文《尚书》研究，后四篇属于古文《尚书》考索，以反映二十年来我

后 记

断断续续对《尚书》所作的研究工作。

从附录中可以看出，我很不赞成为伪《古文尚书》翻案的做法。今传梅本《古文尚书》二十五篇，经宋元明清诸多学者反复探究，已断为伪书，经称伪《古文尚书》，传称伪《孔传》，这在学术界久成定谳。但随着近年简帛佚籍的不断发现，证明有的古籍未必全是伪书，于是人们对历史上伪书的认识逐渐发生变化。以今传梅本《古文尚书》来说，即有不少学者认为它并非伪书，对学术史上这一冤假错案应予平反。2006 年和 2008 年，中国先秦史学会曾在山西平陆召开全国首届和第二届傅圣文化学术研讨会，与会学者面对面地展开思想交流，对今本《说命》真伪问题有过激烈的学术论辩。会后有关论文结集为《中华傅圣文化研究文集》，于 2010 年公开出版。翻开这部文集，即可看到不少论著肯定晚书《说命》未必伪作，不妨作为可信的史料来使用。我在第二次会议上提交了《〈古文尚书·说命〉真伪与傅说身份辨析》一文，坚持今本《说命》非真古文的传统看法，反对为伪《古文尚书》翻案。从当时会议的气氛看，我的声音和多数学者相左，显得既孤独而又无助。次年在另一次学术研讨会上，我另撰《〈左传〉"德乃降"辨析》一文，重申"今有学者欲翻伪《古文尚书》之案，恐非妥善"的意见。其后不久，《清华大学藏战国竹简》渐次公布，其中即有《尹诰》（《咸有一德》）、《傅说之命》（《说命》）等失传两千多年的古文《尚书》。两相对比，可知今传《古文尚书》绝非真本，终使争讼千年的伪《古文尚书》案尘埃落定。古人有言："文章千古事，得失寸心知。"细加体味，诚不我欺！

人生有涯，学海无边。无论何人，都不可能穷尽一切学术问题，充当真理的化身。只有通过学者砥砺偕行，探考切磋，相互发明，才能不断推进学术事业的发展与进步。自然，本书所论也只是作者的一孔之见，是耶，非耶，尚祈学者不吝赐正！

杜　勇
2015. 10. 8